O NOVO SISTEMA DE REGISTRO DE PREÇOS

Comentários ao Decreto Federal nº 11.462/2023

Artigo por artigo

ANTONIO CECÍLIO MOREIRA PIRES
ANIELLO PARZIALE

Prefácio
Sergio Ferraz

O NOVO SISTEMA DE REGISTRO DE PREÇOS

Comentários ao Decreto Federal nº 11.462/2023

Artigo por artigo

Belo Horizonte

2024

© 2024 Editora Fórum Ltda.

É proibida a reprodução total ou parcial desta obra, por qualquer meio eletrônico, inclusive por processos xerográficos, sem autorização expressa do Editor.

Conselho Editorial

Adilson Abreu Dallari
Alécia Paolucci Nogueira Bicalho
Alexandre Coutinho Pagliarini
André Ramos Tavares
Carlos Ayres Britto
Carlos Mário da Silva Velloso
Cármen Lúcia Antunes Rocha
Cesar Augusto Guimarães Pereira
Clovis Beznos
Cristiana Fortini
Dinorá Adelaide Musetti Grotti
Diogo de Figueiredo Moreira Neto (*in memoriam*)
Egon Bockmann Moreira
Emerson Gabardo
Fabrício Motta
Fernando Rossi
Flávio Henrique Unes Pereira

Floriano de Azevedo Marques Neto
Gustavo Justino de Oliveira
Inês Virgínia Prado Soares
Jorge Ulisses Jacoby Fernandes
Juarez Freitas
Luciano Ferraz
Lúcio Delfino
Marcia Carla Pereira Ribeiro
Márcio Cammarosano
Marcos Ehrhardt Jr.
Maria Sylvia Zanella Di Pietro
Ney José de Freitas
Oswaldo Othon de Pontes Saraiva Filho
Paulo Modesto
Romeu Felipe Bacellar Filho
Sérgio Guerra
Walber de Moura Agra

FÓRUM
CONHECIMENTO JURÍDICO

Luís Cláudio Rodrigues Ferreira
Presidente e Editor

Coordenação editorial: Leonardo Eustáquio Siqueira Araújo
Aline Sobreira de Oliveira

Rua Paulo Ribeiro Bastos, 211 – Jardim Atlântico – CEP 31710-430
Belo Horizonte – Minas Gerais – Tel.: (31) 99412.0131
www.editoraforum.com.br – editoraforum@editoraforum.com.br

Técnica. Empenho. Zelo. Esses foram alguns dos cuidados aplicados na edição desta obra. No entanto, podem ocorrer erros de impressão, digitação ou mesmo restar alguma dúvida conceitual. Caso se constate algo assim, solicitamos a gentileza de nos comunicar através do *e-mail* editorial@editoraforum.com.br para que possamos esclarecer, no que couber. A sua contribuição é muito importante para mantermos a excelência editorial. A Editora Fórum agradece a sua contribuição.

Dados Internacionais de Catalogação na Publicação (CIP) de acordo com ISBD

P667n	Pires, Antonio Cecílio Moreira
	O novo sistema de registro de preços: comentários ao Decreto Fed. nº 11.462/2023 – Artigo por artigo / Antonio Cecílio Moreira Pires; Aniello Parziale. Belo Horizonte: Fórum, 2024.
	321p. 14,5x21,5cm
	ISBN 978-65-5518-675-8
	1. Contratações públicas. 2. Sistema de registro de preços. 3. Regulamento federal. I. Parziale, Aniello. II. Título.
	CDD: 342
	CDU: 342

Ficha catalográfica elaborada por Lissandra Ruas Lima – CRB/6 – 2851

Informação bibliográfica deste livro, conforme a NBR 6023:2018 da Associação Brasileira de Normas Técnicas (ABNT):

PIRES, Antonio Cecilio Moreira; PARZIALE, Aniello. *O novo sistema de registro de preços*: comentários ao Decreto Fed. nº 11.462/2023 - Artigo por artigo. Belo Horizonte: Fórum, 2024. 321p. ISBN 978-65-5518-675-8.

Para minha mãe, a Dona Dirce, que me proporcionou o gosto e paixão pela leitura (*in memorian*).

Para minha esposa, Lilian, e minhas filhas, Marília e Heloisa, com todo o meu amor e carinho.

Antonio Cecílio Moreira Pires

Para meus filhos Valentina, Lorena e Francesco.

Para os meus sobrinhos Dorothy, Antonieta, Cecília, Lorenzo e Beatriz.

Aniello Parziale

AGRADECIMENTOS

Agradecemos à Professora Lílian Regina Gabriel Moreira Pires, à Bruna Cristina de Lima, ao Luiz Gustavo Góes pela colaboração na organização de documentos, leituras, repasses etc. Um agradecimento especial também ao Aurici Silva Dias pelo trabalho de revisão.

Agradecemos especialmente ao mestre e professor de todos nós, Sergio Ferraz, por nos ter brindado com o seu generoso prefácio.

SUMÁRIO

PREFÁCIO
Sergio Ferraz 11

APRESENTAÇÃO.. 13

Artigo 1º – Objeto e âmbito de aplicação do SRP 15
Artigo 2º – Definições adotadas pelo decreto federal 27
Artigo 3º – Adoção do SRP 35
Artigo 4º – Indicação limitada a unidades de contratação 57
Artigo 5º – Forma de adoção do SRP 61
Artigo 6º – Competências do órgão ou da entidade gerenciadora 63
Artigo 7º – Competências do órgão ou da entidade gerenciadora 65
Artigo 8º – Competências do órgão ou da entidade participante 85
Artigo 9º – Da intenção de registro de preços 99
Artigo 10 – Necessidade de consulta aos IRPS vigentes 103
Artigo 11 – Critério de julgamento das licitações de SRP 105
Artigo 12 – Possibilidade de adoção de critério de julgamento de menor preço ou de maior desconto por grupo de itens 107
Artigo 13 – Condicionantes para a adoção de critério de julgamento de menor preço ou de maior desconto por grupo de itens 111
Artigo 14 – Modalidades de licitação para processamento do SRP 115
Artigo 15 – Requisitos do edital para o processamento do SRP 117
Artigo 16 – Procedimento para realização da contratação direta por meio de SRP 149
Artigo 17 – Disponibilidade orçamentária 153
Artigo 18 – Formalização da ata e organização do cadastro de reserva 157

Artigo 19 – Assinatura da ata de registro de preços 163

Artigo 20 – Consequências de o convocado não assinar a ata de registro de preços 167

Artigo 21 – SRP: compromisso de fornecimento 171

Artigo 22 – Vigência da ata de registro de preços 177

Artigo 23 – Vedação a acréscimos de quantitativos da ata de registro de preços 187

Artigo 24 – Controle e gerenciamento da ata de registro de preços 189

Artigo 25 – Alteração ou atualização dos preços registrados na ata de registro de preços.. 191

Artigo 26 – Negociação de preços na hipótese de o preço registrado tornar-se superior ao preço praticado no mercado 205

Artigo 27 – Pedido de alteração da ata na hipótese de o valor registrado tornar-se superior ao preço praticado no mercado 209

Artigo 28 – Cancelamento do registro do fornecedor................................... 215

Artigo 29 – Cancelamento dos preços registrados 225

Artigo 30 – Procedimentos para remanejamento de quantitativos 233

Artigo 31 – Regra geral da adesão das atas 237

Artigo 32 – Limites para as adesões das atas 247

Artigo 33 – Vedações às adesões 253

Artigo 34 – Formalização da contratação decorrente da ata 257

Artigo 35 – Alteração dos contratos decorrentes da ata 263

Artigo 36 – Vigência dos contratos decorrentes da ata................................ 277

Artigo 37 – Consequências para o uso indevido de acesso 295

Artigo 38 – Regra de transição 299

Artigo 39 – Competência do Secretário de Gestão e Inovação do Ministério da Gestão e da Inovação em Serviços Públicos....... 311

Artigo 40 – Revogações 313

Artigo 41 – Vigência... 315

REFERÊNCIAS.. 317

ÍNDICE REMISSIVO 319

PREFÁCIO

Os eminentes administrativistas Antonio Cecílio Moreira Pires e Aniello Parziale enriqueceram a bibliografia jurídica nacional ao publicarem, em 2022 (pela conceituada Editora Almedina), seus comentários à Lei nº 14.133, de 2021 (a nossa nova Lei de Licitações e Contratos Administrativos). Bom é que se diga que bem farta foi a publicação de obras dessa estirpe, logo após a publicação da citada Lei nº 14.133.

Mas peço vênia para dar destaque aos "Comentários" de Antonio Cecílio e de Aniello Parziale, pinçando-os do alentado conjunto de obras deste jaez, já em circulação, conquanto todas elas tenham importantes méritos.

É que, ao menos na minha visão e segundo os meus critérios de apreciação e valoração, Antonio Cecílio e Aniello Parziale, em seus comentários à lei, ultrapassaram o estrito conteúdo da norma eventualmente sob análise, traçaram sua evolução histórica desde sua mais remota disciplina positivada, não hesitando em destacar as vantagens ou desvantagens da nova disciplina, bem assim a necessidade ou inutilidade de seu aprimoramento ou de sua reformulação. Especificamente quanto ao sistema de registro de preços, oportuno referir os tópicos mais importantes sublinhados pelos juristas em questão.

Mostram eles que o sistema em questão (para mera conveniência, a partir de agora referido como SRP) não é uma inovação da Lei nº 14.133. Estava ele já presente não só na 8.666/93 como na chamada Lei do RDC (12.462, de 2011). Essa longa prática permitiu agora uma formulação aperfeiçoada do SRP, adaptando-o à "jurisprudência" dos tribunais de contas, ao mesmo tempo em que o legislador procurou outorgar-lhe dinâmica mais célere e eficiente, e mais ampla abrangência, condizente com as necessidades administrativas e os interesses dos candidatos à contratação.

Em linhas bem sintéticas, como próprio de um prefácio, podemos resumir o SRP na configuração de um cadastro de preços alvitrados por eventuais contratantes, para contratação direta da prestação de serviços, realização de obras e serviços de engenharia, bem como aquisição e/ou locação de bens para contratações futuras. A própria Lei nº 14.133 fixa condições básicas para a sanidade do sistema, detalhando, inclusive, os parâmetros a serem observados nos editais do SRP. Cabe enfatizar, como uma das grandes vantagens do SRP, a de propiciar a aquisição de bens ou serviços com entregas parceladas, segundo as necessidades efetivas, evitando-se, destarte, o perecimento dos objetos da contratação ou a realização de onerosas despesas de sua manutenção.

O resumo, antes oferecido, já sublinha a importância da regulamentação do SRP. E isso veio a ocorrer com o Decreto nº 11.462, de 31.03.2023. É exatamente sobre esse extenso diploma, de 41 artigos, que Antonio Cecílio Moreira Pires e Aniello Parziale se debruçaram, comentando um a um de seus preceitos, com objetividade, clareza, justificação e assertividade. Obra preciosa, pois, para os agentes administrativos, o empresariado, os advogados e os magistrados, além, é claro, para os doutrinadores da matéria.

Ouso, a título de encerramento, chamar a atenção do leitor para alguns tópicos importantíssimos, enfrentados de forma impecável pelos consagrados autores:

- o caráter não contratual da ata de registro de preços;
- a não taxatividade das hipóteses em que cabível a utilização do SRP;
- a alteração dos preços em função das realidades do mercado;
- as causas de cancelamento dos registros de preços.

São esses apenas alguns aspectos palpitantes enfrentados pelos autores em seus excelentes comentários.

Em suma: obra importante - fundamental mesmo -, que, inclusive, desafia os dedicados juristas, que com ela nos presentearam, à continuação de seu labor exegético, quando da edição dos futuros regulamentos da Lei nº 14.133.

São Paulo, julho de 2023.

Sergio Ferraz
Professor Titular de Direito Administrativo da PUC-Rio. Procurador Aposentado do Estado do Rio de Janeiro. Membro da Academia Brasileira de Letras Jurídicas. Foi decano do Conselho Federal da Ordem dos Advogados do Brasil e presidente do Instituto dos Advogados Brasileiros. Consultor Jurídico do Ministério da Justiça. É atualmente Consultor Jurídico e Advogado militante.

APRESENTAÇÃO

O Sistema de Registro de Preços desempenha um papel relevante no âmbito das contratações públicas. Desde a promulgação da Lei nº 8.666/93, legisladores federais, estaduais e municipais têm dedicado atenção especial a essa modalidade, inclusive estabelecendo um regulamento específico. Ao abordar o referido assunto num regulamento específico, denota-se uma burocracia peculiar para essa forma de contratação pública.

Todavia, os benefícios alcançados pela Administração Pública brasileira por meio do sistema de preços são tão expressivos, que, por assegurar a eficiência administrativa e o princípio da economicidade, entre outros, justificam a existência de um procedimento peculiar diante dos ganhos efetivamente obtidos pelo poder público.

Tradicionalmente, no âmbito da Nova Lei de Licitações, a Administração Pública federal sempre regulamentou o Sistema de Registro de Preços e igualmente o fez por meio do Decreto nº 11.462, de 31 de março de 2023.

Haja vista a sua importância, na presente obra nos propomos a comentar a nova disciplina regulamentar, cujo teor aborda detalhes relacionados ao que está previsto na Nova Lei de Licitações, introduzindo mudanças profundas no sistema de registro de preços.

Quanto ao conteúdo, considerando que o regulamento federal servirá como base para os demais entes federativos, e que os comentários serão utilizados para embasar decisões administrativas ou orientar particulares no âmbito da União, dos Estados e dos Municípios, as opiniões lançadas buscarão apontar não apenas a realidade federal ou informar àqueles envolvidos no processo de contratação pública da União, mas também tecerão críticas, apresentarão sugestões, caminhos e soluções para os licitantes e para servidores públicos de outras esferas de governo que enfrentam dificuldades nas licitações por meio de SRP.

Os comentários referem-se a uma primeira análise do regulamento federal, que considerou o sistema de contratação pública brasileira lançado na Lei federal nº 14.133/21. Dessa forma, buscou-se comentar, esclarecer, sugerir e lançar opiniões e encaminhamentos em um momento preambular da aplicação da Nova Lei de Licitações, reservando-nos, em um segundo momento, revisar alguns dos entendimentos que consignamos na referida obra.

Esperamos que este livro possa contribuir para a aplicação do novo decreto.

ARTIGO 1º – OBJETO E ÂMBITO DE APLICAÇÃO DO SRP

DECRETO Nº 11.462, DE 31 DE MARÇO DE 2023

Regulamenta os art. 82 a art. 86 da Lei nº 14.133, de 1º de abril de 2021, para dispor sobre o sistema de registro de preços para a contratação de bens e serviços, inclusive obras e serviços de engenharia, no âmbito da Administração Pública federal direta, autárquica e fundacional.

O PRESIDENTE DA REPÚBLICA, no uso da atribuição que lhe confere o art. 84, caput, inciso IV, da Constituição, e tendo em vista o disposto no art. 78, caput, inciso IV, e §1º, da Lei nº 14.133, de 1º de abril de 2021,

D E C R E T A:

CAPÍTULO I
DISPOSIÇÕES PRELIMINARES

Objeto e âmbito de aplicação

Art. 1º Este Decreto regulamenta os art. 82 a art. 86 da Lei nº 14.133, de 1º de abril de 2021, para dispor sobre o sistema de registro de preços – SRP para a contratação de bens e serviços, inclusive obras e serviços de engenharia, no âmbito da Administração Pública federal direta, autárquica e fundacional.

1 Breve escorço histórico

O Decreto federal nº 11.462, de 31 de março de 2023, veio a regulamentar os arts. 82 a 86 da Lei nº 14.133/21, denominada de Nova Lei de Licitações e Contratos Administrativos (NLLC), dispondo sobre o Sistema de Registro de Preços (SRP) para a contratação de bens e serviços, inclusive no que diz respeito a obras e serviços de engenharia, no âmbito da Administração Pública federal direta, autárquica e fundacional.

Desde logo, é bom que se diga que o SRP não é nenhuma novidade, eis que essa figura já se encontrava prevista no Código de Contabilidade da União, Decreto nº 4.536, de 28 de janeiro de 1922, em seu art. 52, que dispôs sobre a possibilidade jurídica de cadastramento de empresas na contabilidade dos Ministérios, bem como para as demais repartições públicas que tivessem interesse, objetivando o fornecimento de bens de constante utilização, mediante preços preestabelecidos.[1]

Posteriormente, o Decreto-Lei nº 200/67 não tratou do SRP de forma explícita. Contudo, é de se ver que o art. 14 do diploma legal em comento disciplinou que o trabalho administrativo deveria ser racionalizado com a simplificação de processos cujo custo fosse evidentemente superior ao risco. Ainda que a racionalização, mediante simplificação de processos, possa ser entendida como um dos fundamentos do SRP, temos para nós que essa hipótese não se constituiu em elemento suficiente para autorizar a adoção do aludido procedimento, haja vista a inexistência de lei prevendo expressamente essa hipótese.[2]

De seu turno, o Decreto-Lei nº 2.300/86, que veio reger as licitações e contratos administrativos, sucedendo, portanto, o Decreto-Lei nº 200/67, previu expressamente a possibilidade de utilização do SRP, para compras, estabelecendo um juízo de conveniência e oportunidade,

---

[1] "Art. 52. Para os fornecimentos ordinarios ás repartições publicas, poderá o Governo estabelecer o regimen de concurrencias permanentes, inscrevendo-se, nas contabilidades dos Ministerios e nas repartições interessadas nos fornecimentos, os nomes dos negociantes que se propuzerem a fornecer os artigos de consumo habitual, com a indicação dos preços offerecidos, qualidade e mais esclarecimentos reputados necessarios.
§1º A inscripção far-se-á mediante requerimento ao chefe da repartição ou ao Ministro, conforme determinação regulamentar, acompanhado das informações necessarias ao julgamento da idoneidade do proponente, indicação dos artigos e preços dos fornecimentos pretendidos.
§2º Julgada dentro de 10 dias a idoneidade do proponente, será ordenada a sua immediata inscripção si este se subordinar ás condições exigidas para o fornecimento.
§3º Os preços offerecidos não poderão ser alterados antes de decorridos quatro mezes da data da inscripção, sendo que as alterações communicadas em requerimento só se tornarão effectivas após 15 dias do despacho, que ordenar a sua annotação.
§4º O fornecimento de qualquer artigo caberá ao proponente que houver oferecido preço mais barato, não podendo, em caso algum, o negociante inscripto recusar-se a satisfazer a encommenda, sob pena de ser excluído o seu nome ou firma do registro ou inscripção e de correr por conta delle a differença."

[2] "Art. 14. O trabalho administrativo será racionalizado mediante simplificação de processos e supressão de controles que se evidenciarem como puramente formais ou cujo custo seja evidentemente superior ao risco."

para a adoção do procedimento.[3] Dito de outra forma, a utilização ficou por conta da discricionariedade da Administração Pública federal, e, portanto, sem caráter de obrigatoriedade.

Anote-se, por oportuno, que o art. 3º, incs. I e II, do Decreto nº 449/92, que veio a regulamentar o Decreto-Lei nº 2.300/86, instituiu o Catálogo Unificado de Materiais, os Sistemas Integrados de Registro de Preços e de Cadastro de Fornecedores, na Administração Direta, nas Autarquias e nas Fundações Públicas.[4]

Com a revogação do Decreto-Lei nº 2.300/86 pela Lei nº 8.666/93, o Sistema de Registro de Preços foi previsto no art. 15, que, no mesmo sentido da legislação revogada, estabeleceu que as compras, sempre que possível, seriam processadas mediante registro de preços, sustentado em ampla pesquisa de mercado, devendo a matéria ser regulamentada por decreto do Chefe do Executivo federal.

Por derradeiro, a Lei nº 14.133/21 dedicou uma seção específica para o SRP, dos arts. 82 a 86, na Seção VI, disciplinando o *modus operandi* para a instauração do procedimento necessário à implementação do SRP, pelo que passamos a tecer os comentários que nos parecem pertinentes.

2 Os conceitos envolvidos no âmbito do Sistema de Registro de Preços (SRP)

O Sistema de Registro de Preços (SRP) tem o seu conceito positivado no art. 7º, que trata das diversas definições das figuras jurídicas trazidas no bojo da NLLC, a saber:

> XLV – sistema de registro de preços: conjunto de procedimentos para realização, mediante contratação direta ou licitação nas modalidades pregão ou concorrência, de registro formal de preços relativos a prestação

---

[3] "Art. 14. As compras sempre que possível e conveniente, deverão:
(...)
II – ser processada através de sistema de registro de preços;
(...)
§1º O registro de preços será precedido de ampla pesquisa de mercado;
§2º Os preços registrados serão periodicamente publicados no Diário Oficial da União para orientação da Administração;;
§3º O sistema de Registro de preços será regulamentado por decreto."

[4] "Art. 3º. Ficam instituídos:
II – o Catálogo Unificado de Materiais e Serviços da Administração;
II – o Sistema Integrado de Registro de Preços – SIREP, de que trata o art. 14 do Decreto-Lei nº 2.300, de 26 de novembro de 1986, destinado à orientação da Administração;"

de serviços, a obras e a aquisição e locação de bens para contratações futuras;

De plano, verifica-se que o SRP é um conjunto de procedimentos que tem por objetivo promover o registro formal de preços para prestação de serviços, obras, aquisição e locação de bens, objetivando futuras contratações, decorrentes de dispensa, inexigibilidade de licitação ou instauração de processo licitatório, na modalidade de pregão ou concorrência.

Como dissemos em nossa obra *Comentários à Nova Lei de Licitações Públicas e Contratos Administrativos*, o SRP é um procedimento administrativo que pode se constituir em uma contratação direta, comportando, assim, as hipóteses de dispensa e inexigibilidade de licitação, como também a instauração de procedimento licitatório, nas modalidades de pregão ou concorrência, objetivando a seleção da proposta mais vantajosa para a Administração, com final celebração do instrumento denominado de ata de registro de preços.[5]

O mesmo art. 7º também dispõe sobre a definição da ata de registro de preços:

> XLVI – ata de registro de preços: documento vinculativo e obrigacional, com característica de compromisso para futura contratação, no qual são registrados o objeto, os preços, os fornecedores, os órgãos participantes e as condições a serem praticadas, conforme as disposições contidas no edital da licitação, no aviso ou instrumento de contratação direta e nas propostas apresentadas;

Despiciendos maiores esforços de interpretação, pois o dispositivo em questão é de hialina clareza ao dispor que a ata de registro de preços é documento de caráter vinculativo e obrigacional, caracterizando-se como um compromisso para futura contratação. Nota-se, portanto, que a ata de registro de preços, em que pese ser de cunho obrigacional, não se caracteriza como contrato administrativo, pois seu objetivo é subsidiar a celebração de futuro contrato. Em outro dizer, a ata de registro de preços muito se aproxima do pré-contrato do direito privado, posto

---

[5] PIRES, Antonio Cecilio Moreira; PARZIALE, Aniello. *Comentários à nova lei de licitações públicas e contratos administrativos*: Lei 14.133 de 1º de abril de 2021. São Paulo: Almedina, p. 110 e 111.

que ambas as partes, ou, ao menos uma delas, se comprometem a celebrar, mais tarde, futuro contrato.[6]

3 O conteúdo dos arts. 82 a 86 da Lei nº 14.133/21

Versam os arts. 82 a 86 sobre o procedimento que deve ser adotado para a implementação do SRP.

De modo evidentemente desnecessário, o art. 82, *caput,* estabelece que o edital de registro de preços deve atender às regras gerais da NLLC. Ora, parece-nos prescindível dizer que o instrumento convocatório do registro de preços deve observar as regras gerais da NLLC, na medida em que essa figura jurídica é instrumento típico das licitações e, portanto, não poderia se sujeitar a regramentos específicos do direito privado.

Em apertadíssima síntese, os incisos, parágrafos e alíneas do art. 82 trazem as disposições que devem constar do edital de licitação para o registro de preços, estabelecendo um rol meramente exemplificativo, dado que outros regramentos se façam necessários para a correta aplicação da legislação.[7]

---

[6] O pré-contrato ou contrato preliminar vem regulado nos arts. 462 a 465 do CC, se constituindo de instrumento em que as partes podem se valer para estabelecer compromisso objetivando a celebração de um futuro contrato, considerado como ajuste principal.

[7] "Art. 82. O edital de licitação para registro de preços observará as regras gerais desta Lei e deverá dispor sobre:
I – as especificidades da licitação e de seu objeto, inclusive a quantidade máxima de cada item que poderá ser adquirida;
II – a quantidade mínima a ser cotada de unidades de bens ou, no caso de serviços, de unidades de medida;
III – a possibilidade de prever preços diferentes:
a) quando o objeto for realizado ou entregue em locais diferentes;
b) em razão da forma e do local de acondicionamento;
c) quando admitida cotação variável em razão do tamanho do lote;
d) por outros motivos justificados no processo;
IV – a possibilidade de o licitante oferecer ou não proposta em quantitativo inferior ao máximo previsto no edital, obrigando-se nos limites dela;
V – o critério de julgamento da licitação, que será o de menor preço ou o de maior desconto sobre tabela de preços praticada no mercado;
VI – as condições para alteração de preços registrados;
VII – o registro de mais de um fornecedor ou prestador de serviço, desde que aceitem cotar o objeto em preço igual ao do licitante vencedor, assegurada a preferência de contratação de acordo com a ordem de classificação;
VIII – a vedação à participação do órgão ou entidade em mais de uma ata de registro de preços com o mesmo objeto no prazo de validade daquela de que já tiver participado, salvo na ocorrência de ata que tenha registrado quantitativo inferior ao máximo previsto no edital;
IX – as hipóteses de cancelamento da ata de registro de preços e suas consequências.

De seu turno, o art. 83 disciplina que o registro de preços, apesar de se constituir em um compromisso de fornecimento, não obriga a Administração a celebrar o contrato administrativo, sendo possível a realização de novo certame para a aquisição pretendida, observado o princípio da motivação.[8]

Calha aqui deixar claro, curialmente claro, que a Administração só poderia instar o detentor do registro de preços a fazer o fornecimento em razão de comprovada necessidade administrativa, e a preço do mercado. A questão do preço é significativamente importante, visto que, se o preço registrado for superior ao mercado, não poderá a Administração fazer a aquisição pretendida, obrigando-a a instaurar novo procedimento licitatório.

Quanto ao art. 84, as suas disposições referem-se ao prazo de vigência da ata de registro de preços, que se encontra circunscrito a 1

---

[8] §1º O critério de julgamento de menor preço por grupo de itens somente poderá ser adotado quando for demonstrada a inviabilidade de se promover a adjudicação por item e for evidenciada a sua vantagem técnica e econômica, e o critério de aceitabilidade de preços unitários máximos deverá ser indicado no edital.
§2º Na hipótese de que trata o §1º deste artigo, observados os parâmetros estabelecidos nos §§1º, 2º e 3º do art. 23 desta Lei, a contratação posterior de item específico constante de grupo de itens exigirá prévia pesquisa de mercado e demonstração de sua vantagem para o órgão ou entidade.
§3º É permitido registro de preços com indicação limitada a unidades de contratação, sem indicação do total a ser adquirido, apenas nas seguintes situações:
I – quando for a primeira licitação para o objeto e o órgão ou entidade não tiver registro de demandas anteriores;
II – no caso de alimento perecível;
III – no caso em que o serviço estiver integrado ao fornecimento de bens.
§4º Nas situações referidas no §3º deste artigo, é obrigatória a indicação do valor máximo da despesa e é vedada a participação de outro órgão ou entidade na ata.
§5º O sistema de registro de preços poderá ser usado para a contratação de bens e serviços, inclusive de obras e serviços de engenharia, observadas as seguintes condições:
I – realização prévia de ampla pesquisa de mercado;
II – seleção de acordo com os procedimentos previstos em regulamento;
III – desenvolvimento obrigatório de rotina de controle;
IV – atualização periódica dos preços registrados;
V – definição do período de validade do registro de preços;
VI – inclusão, em ata de registro de preços, do licitante que aceitar cotar os bens ou serviços em preços iguais aos do licitante vencedor na sequência de classificação da licitação e inclusão do licitante que mantiver sua proposta original;
§6º O sistema de registro de preços poderá, na forma de regulamento, ser utilizado nas hipóteses de inexigibilidade e de dispensa de licitação para a aquisição de bens ou para a contratação de serviços por mais de um órgão ou entidade."

[8] "Art. 83. A existência de preços registrados implicará compromisso de fornecimento nas condições estabelecidas, mas não obrigará a Administração a contratar, facultada a realização de licitação específica para a aquisição pretendida, desde que devidamente motivada."

(um) ano, com possibilidade de prorrogação, por igual período, observada a vantajosidade do preço.[9]

Diferentemente do normativo anterior, que fixava que a ata de registro teria um prazo de vigência de 1 (um) ano, compreendidas nesse lapso temporal todas as prorrogações, a NLLC mantém o prazo de vigência de 1 (um) ano, admitida a prorrogação por igual período, ou seja, mais um ano.

Vale dizer, ainda, que o ato de prorrogação é de regramento discricionário, implicando um juízo de valor daquilo que é melhor para o interesse público, sendo possível a prorrogação desde que o preço seja vantajoso para a Administração. Ainda que o art. 84 não traga a necessidade de colocar o comportamento do detentor da ata como elemento de análise para a prorrogação pretendida, é claro que tal requisito deve ser observado, visto que não há sentido em prorrogar qualquer instrumento que seja, em face de empresas aventureiras que não venham a executar os ajustes públicos com a presteza e qualidade desejadas.

Continuando, é no art. 85 que se encontra a possibilidade do Sistema de Registro de Preços ser aplicado à execução de obras e serviços de engenharia, atendidos os requisitos de existência de projeto padronizado, sem complexidade técnica e operacional, bem como a necessidade permanente ou frequente de obra ou serviço a ser contratado.[10]

Por derradeiro, o art. 86 vem a dispor sobre a fase preparatória ou fase interna da licitação, estabelecendo um procedimento público com o objetivo de propiciar a participação de outros órgãos ou entidades na respectiva ata e determinar a estimativa total de quantidades da contratação, sem prejuízo daqueles que não atenderam à convocação da Administração, aderir à ata de registro de preços na condição de não participante, observados os condicionantes da NLLC.[11]

---

[9] "Art. 84. O prazo de vigência da ata de registro de preços será de 1 (um) ano e poderá ser prorrogado, por igual período, desde que comprovado o preço vantajoso.
Parágrafo único. O contrato decorrente da ata de registro de preços terá sua vigência estabelecida em conformidade com as disposições nela contidas."

[10] "Art. 85. A Administração poderá contratar a execução de obras e serviços de engenharia pelo sistema de registro de preços, desde que atendidos os seguintes requisitos:
I – existência de projeto padronizado, sem complexidade técnica e operacional;
II – necessidade permanente ou frequente de obra ou serviço a ser contratado."

[11] "Art. 86. O órgão ou entidade gerenciadora deverá, na fase preparatória do processo licitatório, para fins de registro de preços, realizar procedimento público de intenção de registro de preços para, nos termos de regulamento, possibilitar, pelo prazo mínimo de 8 (oito) dias úteis, a participação de outros órgãos ou entidades na respectiva ata e determinar a estimativa total de quantidades da contratação.

4   Art. 1º do Decreto nº 11.462/23

Com a edição do Decreto federal nº 11.462, de 31 de março de 2023, regulamentaram-se os arts. 82 a 85 da Lei nº 14.133/21, que veio a dispor sobre o SRP com vistas a possibilitar a contratação de bens e serviços, inclusive obras e serviços de engenharia, para a Administração Pública federal direta, autárquica e fundacional, nos termos do art. 1º do aludido decreto.

Impende considerar que o art. 1º usa a expressão "sistema de registro de preços" referindo-se, nestes termos, não só à ata de registro de preços propriamente dita, mas também ao procedimento necessário

---

§1º O procedimento previsto no caput deste artigo será dispensável quando o órgão ou entidade gerenciadora for o único contratante.
§2º Se não participarem do procedimento previsto no caput deste artigo, os órgãos e entidades poderão aderir à ata de registro de preços na condição de não participantes, observados os seguintes requisitos:
I – apresentação de justificativa da vantagem da adesão, inclusive em situações de provável desabastecimento ou descontinuidade de serviço público;
II – demonstração de que os valores registrados estão compatíveis com os valores praticados pelo mercado na forma do art. 23 desta Lei;
III – prévias consulta e aceitação do órgão ou entidade gerenciadora e do fornecedor.
§3º A faculdade de aderir à ata de registro de preços na condição de não participante poderá ser exercida: (Redação dada pela Lei nº 14.770, de 2023)
I – por órgãos e entidades da Administração Pública federal, estadual, distrital e municipal, relativamente a ata de registro de preços de órgão ou entidade gerenciadora federal, estadual ou distrital; ou (Incluído pela Lei nº 14.770, de 2023)
II – por órgãos e entidades da Administração Pública municipal, relativamente a ata de registro de preços de órgão ou entidade gerenciadora municipal, desde que o sistema de registro de preços tenha sido formalizado mediante licitação. (Incluído pela Lei nº 14.770, de 2023)
§4º As aquisições ou as contratações adicionais a que se refere o §2º deste artigo não poderão exceder, por órgão ou entidade, a 50% (cinquenta por cento) dos quantitativos dos itens do instrumento convocatório registrados na ata de registro de preços para o órgão gerenciador e para os órgãos participantes.
§5º O quantitativo decorrente das adesões à ata de registro de preços a que se refere o §2º deste artigo não poderá exceder, na totalidade, ao dobro do quantitativo de cada item registrado na ata de registro de preços para o órgão gerenciador e órgãos participantes, independentemente do número de órgãos não participantes que aderirem.
§6º A adesão à ata de registro de preços de órgão ou entidade gerenciadora do Poder Executivo federal por órgãos e entidades da Administração Pública estadual, distrital e municipal poderá ser exigida para fins de transferências voluntárias, não ficando sujeita ao limite de que trata o §5º deste artigo se destinada à execução descentralizada de programa ou projeto federal e comprovada a compatibilidade dos preços registrados com os valores praticados no mercado na forma do art. 23 desta Lei.
§7º Para aquisição emergencial de medicamentos e material de consumo médico-hospitalar por órgãos e entidades da Administração Pública federal, estadual, distrital e municipal, a adesão à ata de registro de preços gerenciada pelo Ministério da Saúde não estará sujeita ao limite de que trata o §5º deste artigo.
§8º Será vedada aos órgãos e entidades da Administração Pública federal a adesão à ata de registro de preços gerenciada por órgão ou entidade estadual, distrital ou municipal."

para a sua celebração. Desde logo, é bom que se diga, que o SRP envolve a necessidade de implementação de licitação, nas modalidades de pregão ou concorrência, sem desprestígio da possibilidade de contratação direta, mediante dispensa ou inexigibilidade de licitação, se assim for possível.

É oportuno lembrar que a possibilidade de se celebrar ata de registro de preços mediante dispensa ou inexigibilidade de licitação é uma novidade trazida pela NLLC, tendo em vista que na legislação anterior admitia-se tão somente licitação nas modalidades de pregão ou concorrência, não contemplando, assim, a contratação direta.

Releva asseverar que o fato de se admitir a contratação direta, por dispensa ou inexigibilidade, não autoriza a Administração a celebrar atas de registro de preços a livre critério do administrador público, na medida em que os princípios aplicáveis à licitação devem ser observados, quando cabíveis no caso concreto.

Por conseguinte, em se tratando de contratação direta, deverá a Administração promover uma ampla pesquisa de preços e escolher aquela proposta que venha contemplar a qualidade exigida, observado o ciclo de vida do objeto, quando cabível, e, por conseguinte, o preço, atendendo, desse modo, os princípios da legalidade, impessoalidade,[12] moralidade e eficiência, com posterior divulgação do despacho autorizatório da contratação direta, em homenagem ao princípio da publicidade.

5 Definições

Bens e serviços comuns – "Bens e Serviços Comuns – aqueles cujos padrões de desempenho e qualidade possam ser concisa e objetivamente definidos no objeto do edital, por meio de especificações usuais de mercado." (BRASIL. TCU. *Manual de orientações*, 2010, p. 889).

---

[12] Sobre o referido princípio, já tivemos a oportunidade de anotar que: "No que diz respeito ao princípio da impessoalidade, calha aqui lembrar que este se encontra umbilicalmente ligado ao princípio da isonomia. Ora, se a Administração Pública, em razão da isonomia, está obrigada a tratar a todos no mesmo pé de igualdade, certo é afirmar que o princípio da impessoalidade vem, em última análise, a concretizar a imposição constitucional trazida no conteúdo da isonomia. Isso porque, pelo princípio da impessoalidade, a Administração está obrigada a pautar os seus atos, única e exclusivamente, com vistas ao cumprimento do interesse público, sendo vedado, portanto, o estabelecimento de cláusulas ou condições que imponham privilégios ou prejuízos a quem quer que seja, de modo a permitir que todos sejam tratados de forma igualitária". (PIRES, Antonio Cecílio Moreira, PARZIALE, Aniello Reis. *Comentários à nova Lei de Licitações Públicas e Contratos Administrativos:* Lei n. 14.133, de 1. de abril de 2021. São Paulo: Almedina, 2022, p. 43)

Bens e serviços comuns – "Entrevêem-se como comuns, para os fins de aplicação do pregão, compras e serviços que apresentem três notas distintivas básicas: (a) aquisição habitual e corriqueira no dia-a-dia administrativo; (b) refiram-se a objetos cujas características encontrem no mercado padrões usuais de especificação; (c) os fatores e critérios de julgamento das propostas sejam rigorosamente objetivos, centrados no menor preço." (Conceito proposto por Jessé Torres Pereira Junior, 2009, p. 1057).

Bens e serviços comuns – "XIII – bens e serviços comuns: aqueles cujos padrões de desempenho e qualidade podem ser objetivamente definidos pelo edital, por meio de especificações usuais de mercado;" (Art. 6º, inc. XIV, Lei nº 14.133/21).

Bens e serviços especiais – "XIV – bens e serviços especiais: aqueles que, por sua alta heterogeneidade ou complexidade, não podem ser descritos na forma do inciso XIII do caput deste artigo, exigida justificativa prévia do contratante;" (Art. 6º, inc. XIV, Lei nº 14.133/21).

Bens de consumo – são os produtos destinados ao consumo pessoal ou familiar, como alimentos, roupas, calçados, eletrodomésticos, eletrônicos, entre outros (Decreto nº 10.818, de 27 de setembro de 2021).

Bens de consumo comum – são os produtos de uso diário ou frequente, que atendem a necessidades básicas do consumidor, como alimentos básicos, medicamentos, produtos de higiene pessoal e de limpeza doméstica. (Decreto nº 10.818, de 27 de setembro de 2021).

Bens de consumo de luxo – são os produtos com alto valor agregado, que não são essenciais para a vida cotidiana, mas que atendem a desejos de consumo, como joias, relógios de grife, carros de luxo, entre outros. (Decreto nº 10.818, de 27 de setembro de 2021).

Serviço de engenharia – "serviço de engenharia: toda atividade ou conjunto de atividades destinadas a obter determinada utilidade, intelectual ou material, de interesse para a Administração e que, não enquadradas no conceito de obra a que se refere o inciso XII do *caput* deste artigo, são estabelecidas, por força de lei, como privativas das profissões de arquiteto e engenheiro ou de técnicos especializados, que compreendem:

    a) serviço comum de engenharia: todo serviço de engenharia que tem por objeto ações, objetivamente padronizáveis em termos de desempenho e qualidade, de manutenção, de adequação e de adaptação de bens móveis e imóveis, com preservação das características originais dos bens;

b) serviço especial de engenharia: aquele que, por sua alta heterogeneidade ou complexidade, não pode se enquadrar na definição constante da alínea 'a' deste inciso;" (art. 6º, inc. XXI, Lei nº 14.133/21).

Serviço de engenharia – "1.2.9. adotar como definição do conceito de serviço de engenharia toda a atividade cuja execução exija, por determinação do CREA ou CONFEA, a supervisão de firma ou profissional de engenharia." (TCU – Decisão nº 314/1994 – 2ª Câmara – Relatoria: Ministro Homero Santos).

Serviços de publicidade – "serviços de publicidade o conjunto de atividades realizadas integradamente que tenham por objetivo o estudo, o planejamento, a conceituação, a concepção, a criação, a execução interna, a intermediação e a supervisão da execução externa e a distribuição de publicidade aos veículos e demais meios de divulgação, com o objetivo de promover a venda de bens ou serviços de qualquer natureza, difundir ideias ou informar o público em geral." (art. 2º da Lei nº 12.232/10, que dispõe sobre as normas gerais para licitação e contratação pela Administração Pública de serviços de publicidade prestados por intermédio de agências de propaganda e dá outras providências).

Serviços nacionais – "serviços nacionais – serviços prestados no País, nas condições estabelecidas pelo Poder Executivo federal". (Conceito previsto no art. 6º, inc. XVIII, da Lei nº 8.666/93).

Serviço nacional – "serviço nacional: serviço prestado em território nacional, nas condições estabelecidas pelo Poder Executivo federal; (art. 6º, inc. XXXVI, Lei nº 14.133/21)

Serviços não continuados – "SERVIÇOS NÃO-CONTINUADOS são aqueles que têm como escopo a obtenção de produtos específicos em um período pré-determinado." (Definição fixada no anexo I da Instrução Normativa nº 02/08 da SLTI do MPOG).

Serviço técnico – "Serviço técnico – desempenho de qualquer das atividades técnicas compreendidas no âmbito do campo profissional considerado." Conceito proposto pelo CAU. Anexo da Resolução nº 21/12, do Conselho de Arquitetura e Urbanismo do Brasil.

Obra – "(...) Em sentido administrativo, obra é somente construção, reforma ou ampliação em imóvel. Construção é a obra originária;" (Conceito proposto por Hely Lopes Meirelles, 2000, p. 351 e 352).

Obra – "resultado da execução ou operacionalização de projeto ou planejamento elaborado visando à consecução de determinados objetivos;".

(Conceito proposto pelo CAU. Anexo da Resolução nº 21/12, do Conselho de Arquitetura e Urbanismo do Brasil).

Obra – "Obra de engenharia é a ação de construir, reformar, fabricar, recuperar ou ampliar um bem, na qual seja necessária a utilização de conhecimentos técnicos específicos envolvendo a participação de profissionais habilitados conforme o disposto na Lei Federal nº 5.194/66." (Conceito proposto pelo Instituto Brasileiro de Auditoria de Obras Públicas (IBRAOP), na Orientação Técnica IBR 002/2009).

Obras de grande vulto – "Obras, serviços e fornecimentos de grande vulto: aqueles cujo valor estimado supera R$228.833.309,04 (duzentos e vinte e oito milhões oitocentos e trinta e três mil trezentos e nove reais e quatro centavos)" (art. 6º, inc. XXII, Lei nº 14.133/21 c/c Decreto nº 11.317, de 2022)

ARTIGO 2º – DEFINIÇÕES ADOTADAS PELO DECRETO FEDERAL

Definições

Art. 2º Para fins do disposto neste Decreto, considera-se:
I – sistema de registro de preços – SRP – conjunto de procedimentos para a realização, mediante contratação direta ou licitação nas modalidades pregão ou concorrência, de registro formal de preços relativos à prestação de serviços, às obras e à aquisição e à locação de bens para contratações futuras;
II – ata de registro de preços – documento vinculativo e obrigacional, com característica de compromisso para futura contratação, no qual são registrados o objeto, os preços, os fornecedores, os órgãos ou as entidades participantes e as condições a serem praticadas, conforme as disposições contidas no edital da licitação, no aviso ou no instrumento de contratação direta e nas propostas apresentadas;
III – órgão ou entidade gerenciadora – órgão ou entidade da Administração Pública federal responsável pela condução do conjunto de procedimentos para registro de preços e pelo gerenciamento da ata de registro de preços dele decorrente;
IV – órgão ou entidade participante – órgão ou entidade da Administração Pública que participa dos procedimentos iniciais da contratação para registro de preços e integra a ata de registro de preços;
V – órgão ou entidade não participante – órgão ou entidade da Administração Pública que não participa dos procedimentos iniciais da licitação para registro de preços e não integra a ata de registro de preços;
VI – compra nacional – compra ou contratação de bens, serviços ou obras, em que o órgão ou a entidade gerenciadora conduz os procedimentos para registro de preços destinado à execução descentralizada de programa ou projeto federal e consolida as demandas previamente indicadas pelos entes federados beneficiados, sem

a necessidade de manifestação de interesse durante o período de divulgação da intenção de registro de preços- IRP;
VII – compra centralizada – compra ou contratação de bens, serviços ou obras, em que o órgão ou a entidade gerenciadora conduz os procedimentos para registro de preços destinado à execução descentralizada, mediante prévia indicação da demanda pelos órgãos ou pelas entidades participantes;
VIII – Sistema de Cadastramento Unificado de Fornecedores – SICAF – ferramenta informatizada, integrante do Sistema de Compras do Governo Federal – Compras.gov.br, disponibilizada pela Secretaria de Gestão e Inovação do Ministério da Gestão e da Inovação em Serviços Públicos, para cadastramento dos licitantes ou fornecedores de procedimentos de contratação pública promovidos pelos órgãos e pelas entidades da Administração Pública federal direta, autárquica e fundacional;
IX – Gestão de Atas – ferramenta informatizada, integrante do Compras.gov.br, disponibilizada pela Secretaria de Gestão e Inovação do Ministério da Gestão e da Inovação em Serviços Públicos, para controle e gerenciamento dos quantitativos das atas de registro de preços e de seus saldos, e das solicitações de adesão e de remanejamento das quantidades; e
X – SRP digital – ferramenta informatizada, integrante do Compras.gov.br, disponibilizada pela Secretaria de Gestão e Inovação do Ministério da Gestão e da Inovação em Serviços Públicos, para o registro formal de preços relativos a prestação de serviços, obras e aquisição e locação de bens para contratações futuras, de que trata o inciso I.

Com efeito, ainda que a Lei nº 14.133/21 traga, nos diversos incisos constantes do art. 6º, as definições das expressões e figuras jurídicas contempladas na NLLC, o decreto regulamentador do SRP, por sua vez, repete as mesmas disposições do novo ordenamento jurídico das licitações, naquilo que se refere aos incisos I a V.

O inciso I trata do conceito do "sistema de registro de preços", a que nos referimos quando do exame do art. 1º do decreto regulamentador. Consoante entendemos, o Sistema de Registro de Preços inclui não só a celebração da ata de registro de preços e sua posterior execução, mas abarca também o procedimento necessário para tanto, envolvendo a licitação, nas modalidades de pregão ou concorrência, e, ainda, as hipóteses de contratação direta, mediante dispensa ou inexigibilidade de licitação.

Em se tratando de licitação, o art. 82 da NLLC dispõe que o edital do certame para o registro de preços deve observar as regras gerais determinadas pela NLLC, bem como regras específicas que devem constar do instrumento convocatório para o registro formal dos preços, tais como as especificidades da licitação, quantidades máximas e mínimas, possibilidade de cotação de preços diferentes, observados os condicionantes de admissibilidade dessa hipótese, possibilidade de o licitante oferecer ou não proposta em quantitativo inferior ao máximo previsto no edital, critério de julgamento da licitação, que será o de menor preço ou o de maior desconto sobre tabela de preços praticada no mercado, condições para alteração de preços registrados; registro de mais de um fornecedor ou prestador de serviços, desde que aceite cotar o objeto em preço igual ao do licitante vencedor, assegurada a preferência de contratação de acordo com a ordem de classificação; vedação à participação do órgão ou entidade em mais de uma ata de registro de preços com o mesmo objeto no prazo de validade daquela de que já tiver participado, salvo na ocorrência de ata que tenha registrado quantitativo inferior ao máximo previsto no edital e hipóteses de cancelamento da ata de registro de preços e suas consequências.

De sua vez, o inciso II conceitua o registro de preços como documento vinculativo e obrigacional, trazendo como característica basilar o estabelecimento de um compromisso para futura contratação. Consoante nosso entendimento, conforme expressado no art. 1º, já examinado, a ata de registro de preços muito se aproxima do pré-contrato do direito privado. Nessa linha de entendimento, com a celebração da ata de registro de preços, as partes – Administração pública e detentor da ata de registro de preços – encontram-se coactadas, e, portanto, vinculadas, de tal forma, que se cria um liame compromissório.

Vale dizer, de antemão, que, embora a ata de registro de preços tenha como fruto o estabelecimento de um vínculo de caráter obrigacional, isso não significa, sob qualquer hipótese, que exista natureza contratual, pois a Administração Pública não está obrigada a adquirir bens ou contratar serviços e obras contemplados no instrumento em questão. Em verdade, a ata de registro de preços deverá ser utilizada se e quando a Administração precisar adquirir bens ou contratar serviços e obras cujos preços tenham sido registrados formalmente.

Diga-se de passagem que, além de registrar os preços obtidos na licitação ou na proposta apresentada, em caso de contratação direta, a ata de registro de preços deverá observar a necessidade de se atenderem requisitos de ordem formal, tais como a descrição detalhada do objeto, os órgãos ou pessoas jurídicas que integram a sistemática adotada enquanto participantes, bem como as condições praticadas, que devem constar do instrumento convocatório ou nas propostas apresentadas em caso de contratação direta.

Na obra *Licitações e Contratos Administrativos: Inovações da Lei 14.133/2021*, coordenada por Maria Sylvia Zanella Di Pietro, encontramos o texto de lavra de Edgar Guimarães, que muito bem observa:

> Tal registro, regra geral, deve ser realizado com base em uma licitação específica para este fim, na modalidade pregão quanto concorrência. Diferentemente de uma licitação comum em que a Administração define o objeto e após a conclusão do certame convoca o vencedor para assinar e executar o pronto contrato, na licitação para registro de preços, que podemos denominá-la de incomum, uma vez encerrada, os licitantes vencedores e seus respectivos preços serão apenas registrados em instrumento próprio, e as contratações ocorrerão ao longo de certo período de tempo e gradativamente na medida do surgimento das necessidades.[13]

Finalmente, o detentor da ata de registro de preços, se e quando convocado, estará obrigado a celebrar os subsequentes contratos administrativos decorrentes da aludida ata de registro de preços.

O inciso III, que traz a definição de "órgão ou entidade gerenciadora", permite concluir que o gerenciamento abarca todo o SRP. Ou seja, o órgão ou entidade gerenciadora será aquela responsável pela instauração do conjunto de procedimentos necessários ao registro de preços, que ocorre mediante licitação ou contratação direta, bem como deverá estender o gerenciamento para a execução da ata de registro de preços, inclusive no que diz respeito à celebração dos subsequentes contratos.

Vale notar, por imprescindível, que a disciplina do inciso III tem como núcleo central a necessidade de se implantar um gerenciamento do SRP. Em outro giro, o gerenciamento exige a implementação de um

---

[13] GUIMARÃES, Edgar. Instrumentos auxiliares das licitações e contratos administrativos. In: *Licitações e contratos administrativos:* inovações da Lei 13.133/2021. DI PIETRO, Maria Sylvia Zanella (coord.). 1. ed. Rio de Janeiro: Forense, 2021, p. 168.

rigoroso planejamento da licitação, que deve ocorrer já na fase preparatória do certame (arts. 18 a 52 da Lei nº 14.133/21), visando a uma maximização dos recursos humanos, materiais e de economia de escala, dentre outros que possam ser suscitados frente ao caso em concreto, mas que envolvam o registro de preços de bens e serviços, inclusive obras e serviços de engenharia, bem assim como para locação de bens.

Quanto ao inciso IV, desnecessários maiores esforços de interpretação para se concluir que o "órgão ou entidade participante" somente poderá encontrar um sentido jurídico se entendermos "órgão" como as diversas unidades de competências, legalmente distribuídas dentro de uma mesma pessoa jurídica, e, portanto, integrante da Administração Pública direta. De outro lado, a referência à "entidade da Administração Pública" deve ser entendida como aplicável à Administração Pública indireta, mais precisamente às autarquias e fundações públicas, pois para as estatais – empresa pública e sociedade de economia mista – o legislador afastou, desde logo, a aplicabilidade da Lei nº 14.133/21, com supedâneo em seu art. 1º, *caput*, permanecendo essas entidades sob a égide da Lei nº 13.303/16.

Pari passu, o inciso V dispensa maiores ilações, em razão das conclusões alcançadas quando do exame do inciso IV. Entretanto, se nos afigura indispensável estabelecer que "órgão ou entidade não participante" abrange os órgãos públicos de dada pessoa jurídica de direito público, bem como suas respectivas Autarquias e Fundações Públicas, que não participaram daqueles procedimentos iniciais, preparatórios à licitação propriamente dita e, portanto, não integram a ata de registro de preços. Contudo, cumpre-nos esclarecer que isso não será impeditivo para que a utilização da ata de registro de preços possa ser deferida ao não participante, observados os condicionantes necessários, como mais à frente será demonstrado.

A compra nacional, nos termos do inciso VI, deve ser entendida como contratação nacional, haja vista que a compra, em sentido estrito, refere-se única e tão somente à aquisição de bens. Portando, se assim interpretado, encontramos um racional jurídico, ao dizer que a contratação de serviços e de obras e serviços de engenharia são espécies de contratação nacional, juntamente com as aquisições de bens.

Destarte, a contratação nacional é aquela em que o órgão, ou, ainda, uma entidade gerenciadora, cuida de todos os procedimentos necessários ao registro de preços, em se tratando de execução descentralizada de programa ou projeto federal, consolidando as demandas previamente indicadas pelos entes federados beneficiados, dispensando-a de manifestação de interesse durante o período de divulgação da intenção de registro de preços (IRP).

Deveras, é de se notar que, somente será considerada contratação nacional aquela que, além de atender os requisitos procedimentais para o registro de preços, trate de execução descentralizada de programa ou projeto federal. Para que não reste qualquer dúvida, não é demais lembrar que as atividades administrativas, para a implementação de determinado programa ou projeto, poderão ser executadas diretamente pela União, como poderão ser descentralizadas.

Cura aqui dizer que somente serão consideradas contratações nacionais aquelas que forem descentralizadas e, portanto, atribuídas a outro ente federado, mediante a celebração de ajustes públicos e, concomitantemente, consolidar as demandas previamente indicadas pelos entes federados beneficiados. É pertinente lembrar que a consolidação das demandas que o registro de preços deverá atender tenha sido previamente indicada, de modo a possibilitar que a licitação seja instaurada com a brevidade necessária. Se assim feito, desobriga-se a entidade federada de manifestar interesse no período de divulgação da IRP, que a seu tempo será examinada.

Com relação ao inciso VII, que dispõe sobre a compra centralizada, verifica-se que o órgão ou entidade gerenciadora será responsável pela condução dos procedimentos necessários para registro de preços destinado à execução descentralizada do objeto da licitação, tudo mediante a necessária e prévia demanda informada pelos interessados no SRP. Nessa hipótese, fica a cargo do órgão ou entidade gerenciadora a instauração do procedimento necessário à celebração da ata de registro de preços, bem como a celebração dos decorrentes contratos administrativos.

É nosso entendimento que a Administração Pública federal, ao promover licitação para a celebração de ata de registro de preços para aquisição de bens, serviços ou obras, deverá adotar todas as medidas necessárias para o atendimento da finalidade preconizada pelo inciso VII, que se constitui em atividades concernentes a atender ao princípio da celeridade. Vale dizer que essas providências devem ser tomadas já na fase preparatória da licitação, dentre as quais vale destacar a necessidade de se informar o quantitativo, ainda que de forma estimada, demonstrando o interesse na participação no SRP.

Uma vez formalizada, os órgãos da Administração Pública federal poderão adquirir ou contratar os serviços e obras decorrentes da licitação do SRP.

Por seu turno, o inciso VIII traz importante instrumento auxiliar da licitação, que se constitui no Sistema de Cadastramento Unificado de Fornecedora (SICAF), objetivando o cadastramento de licitantes ou fornecedores interessados nas contratações públicas promovidas pelos órgãos e entidades da Administração Pública federal e suas respectivas autarquias e fundações públicas.

O sistema de registro cadastral, independentemente de se tratar de uma licitação para a celebração de ata de registro de preços, tem por objetivo simplificar a atividade administrativa, concentrando, em um único documento, os requisitos exigidos na fase de habilitação, podendo o interessado substituir os documentos de caráter habilitatório pelo SICAF.

A Gestão de Atas encontra-se prevista no inciso IX, mediante a utilização de ferramentas de informática que serão disponibilizadas pela Secretaria de Gestão e Inovação do Ministério da Gestão e da Inovação em Serviços Públicos, tendo por objetivo o controle e gerenciamento dos quantitativos da ata de registro de preços, bem como os seus saldos, e requerimentos de adesão e remanejamento das quantidades.

A figura jurídica em questão, a olhos vistos, é um procedimento decorrente do princípio do planejamento e eficiência, permitindo um adequado gerenciamento das atas de registro de preços e contratos dela decorrentes, bem assim o acesso a essas informações a todos aqueles que pretenderem ter um panorama geral das avenças públicas contratadas no âmbito do registro de preços.

Finalmente, no inciso X encontramos o SRP digital, até porque a Administração Pública não pode ficar estática no tempo, sem se utilizar de ferramentais de tecnologia, em homenagem ao princípio da eficiência. Observe-se que o ferramental em foco deverá ser disponibilizado pela Secretaria de Gestão e Inovação do Ministério da Gestão e da Inovação em Serviços Públicos, propiciando o registro formal de preços relativos à prestação de serviços, obras e aquisição e locação de bens para contratações futuras, de que trata o inciso I do art. 2º do decreto em exame.

ARTIGO 3º – ADOÇÃO DO SRP

Adoção

Art. 3º O SRP poderá ser adotado quando a Administração julgar pertinente, em especial:
I – quando, pelas características do objeto, houver necessidade de contratações permanentes ou frequentes;
II – quando for conveniente a aquisição de bens com previsão de entregas parceladas ou contratação de serviços remunerados por unidade de medida, como quantidade de horas de serviço, postos de trabalho ou em regime de tarefa;
III – quando for conveniente para atendimento a mais de um órgão ou a mais de uma entidade, inclusive nas compras centralizadas;
IV – quando for atender a execução descentralizada de programa ou projeto federal, por meio de compra nacional ou da adesão de que trata o §2º do art. 32; ou
V – quando, pela natureza do objeto, não for possível definir previamente o quantitativo a ser demandado pela Administração.
Parágrafo único. O SRP poderá ser utilizado para a contratação de execução de obras e serviços de engenharia, desde que atendidos os seguintes requisitos:[14] [15]

---

[14] Fundamento legal: "Art. 85 da NLLC – "Art. 85. A Administração poderá contratar a execução de obras e serviços de engenharia pelo sistema de registro de preços, desde que atendidos os seguintes requisitos:
I – existência de projeto padronizado, sem complexidade técnica e operacional;
II – necessidade permanente ou frequente de obra ou serviço a ser contratado."
[15] Fundamento legal: "Art. 82 da NLLC – §5º O sistema de registro de preços poderá ser usado para a contratação de bens e serviços, inclusive de obras e serviços de engenharia, observadas as seguintes condições:
I – realização prévia de ampla pesquisa de mercado;
II – seleção de acordo com os procedimentos previstos em regulamento;
III – desenvolvimento obrigatório de rotina de controle;
IV – atualização periódica dos preços registrados;
V – definição do período de validade do registro de preços;
VI – inclusão, em ata de registro de preços, do licitante que aceitar cotar os bens ou serviços em preços iguais aos do licitante vencedor na sequência de classificação da licitação e inclusão do licitante que mantiver sua proposta original."

I – existência de termo de referência, anteprojeto, projeto básico ou projeto executivo padronizados, sem complexidade técnica e operacional; e

II – necessidade permanente ou frequente de obra ou serviço a ser contratado.

1 Introdução

Fixados todos os conceitos que deverão ser utilizados para interpretação do regulamento que ora se comenta, não se esquecendo daqueles arrolados no art. 6º da NLLC, afigura-se necessário apresentar as hipóteses consagradas de utilização do Sistema de Registro de Preços no Brasil.

2 Do rol não taxativo das hipóteses de utilização do Sistema de Registro de Preços

Fixa o art. 3º, *caput*, do regulamento federal, que o SRP poderá ser adotado quando a Administração julgar pertinente, em especial, naquelas hipóteses arroladas nos seus incisos. Observa-se, portanto, que o SRP poderá ser utilizado em qualquer ocasião, desde que a Administração motivadamente julgue pertinente. Sendo assim, verifica-se que as hipóteses listadas nos incisos do *caput* do art. 3º não formam um rol não taxativo, mas, sim, exemplificativo, haja vista a possibilidade de surgirem outras hipóteses que se amoldem à sistemática do SRP.

Posto isso, analisemos um a um os casos ventilados expressamente no decreto.

2.1 Quando, pelas características do objeto, houver necessidade de contratações permanentes ou frequentes

O art. 3º, inc. I, do regulamento federal, estabelece que o SRP poderá ser adotado pela Administração Pública quando, motivadamente, julgar pertinente, especialmente em casos em que exista a necessidade de contratações permanentes ou frequentes.

Por "contratações permanentes" entenda-se aquelas em que há uma necessidade contínua e duradoura de prestação de serviços ou fornecimento de bens, de modo a permitir que, por meio de uma ata de registro de preços, a Administração Pública venha a contratá-los regularmente e imediatamente, sempre que a necessidade se apresentar.

Esclareça-se que a ocorrência de contratações permanentes acontece de forma contínua, dada a necessidade perenal de dado objeto. Um exemplo de contratação permanente é a contratação de serviços de limpeza ou segurança, os quais são necessários de forma contínua para o bom funcionamento da instituição.

Por sua vez, "contratações frequentes" são aquelas que ocorrem em dado lapso temporal, em intervalos definidos ou não, que visam atender necessidades regulares da Administração Pública. Tais contratações podem ter como objeto a aquisição de bens, prestação de serviços, realização de obras e serviços de engenharia.

2.2 Quando for conveniente a aquisição de bens com previsão de entregas parceladas ou contratação de serviços remunerados por unidade de medida, como quantidade de horas de serviço, postos de trabalho ou em regime de tarefa

Conforme fixa o art. 3º, inc. II, do regulamento federal, o Sistema de Registro de Preços permite que a Administração Pública registre os preços de determinados produtos ou serviços em uma ata para que possa utilizá-la como referência para futuras contratações.

Essa forma de contratação é muito benéfica para a Administração Pública em diversas situações, especialmente quando há a previsão de que os encargos do detentor ocorram por meio de entregas parceladas de bens, que os serviços contratados sejam remunerados por unidade de medida, como quantidade de horas de serviço, postos de trabalho ou em regime de tarefa.

Melhor explicando, quando a Administração necessita adquirir bens com entregas parceladas ou contratar serviços remunerados por unidade de medida, a utilização do SRP pode facilitar a contratação, tornando-a mais rápida e econômica. Isso porque, no momento do certame, é possível estabelecer os preços unitários de cada item a ser adquirido ou serviço a ser contratado, e registrá-los em ata de registro de preços, demandando, por unidade de medida, quando efetivamente precisar do objeto.

Por exemplo, em um contrato de prestação de serviços remunerados por unidade de medida, entende-se que o valor a ser pago pelo contratante será calculado com base na quantidade de unidades utilizadas para que o serviço efetivamente seja prestado pelo contratado. Com efeito, em um contrato destinado à realização de pequenas reformas em próprios municipais, serão registrados os preços para execução do m² de retirada de reboco de parede, realização de novo reboco, aplicação de massa corrida e pintura, m³ para retirada de entulho. Vejamos:

3			(2,00 x 1,00m) DEMOLIÇÕES, DESMONTAGENS E RETIRADAS					272.110,11
3.1			PAREDES, PAINÉIS, CONCRETO					
3.1.1	SINAPI	97622	Demolição de alvenaria de tijolos cerâmicos ou elementos vazados	m3	100,00	44,52	57,35	5.735,07
3.1.2	SEDOP	21532	Retirada de divisórias inclusive portas e ferragens	m2	250,00	8,31	10,70	2.676,24
3.1.3	SINAPI	90443	Abertura e fechamento de rasgo em alvenaria p/ passagem de tubulação até 40mm	m	700,00	10,43	13,45	9.405,15
3.1.4	SINAPI	97626	Demolição de Concreto armado	m3	10,00	478,87	616,88	6.168,80
3.1.5	SEDOP	20018	Demolição de Concreto simples	m3	8,00	249,59	321,52	2.572,17
3.1.6	SEDOP	020737	Apicoamento de reboco, emboço ou cimentado	m2	150,00	3,41	4,39	658,91
3.1.7	TJPA	3.1.7	Retirada de divisórias de granito, granilite ou mármore, com reaproveitamento	m2	10,00	19,22	24,76	247,59
3.1.8	TJPA	3.1.8	Retirada de quadro elétrico	un	10,00	77,12	99,35	993,46
3.1.9	SEDOP	020857	Retirada de ponto elétrico/lógico	un	300,00	15,43	19,88	5.963,08

Por sua vez, as avenças relativas à prestação de serviços contratados por meio de quantidade de horas são aqueles que preveem a remuneração do contratado com base na quantidade de tempo de atuação de seus colaboradores, de seus veículos ou equipamentos etc., sendo fixado na ata o valor da hora do serviço pretenso.

Esse tipo de contrato é comum para a viabilização da contratação de serviços cuja execução não seja passível de ser fixada antecipadamente uma determinada carga horária para a sua conclusão. Por exemplo, temos as atas de registro de preços de locação de máquinas pesadas, caminhões etc. Vejamos um exemplo:

Item	Quant.	Und.	Especificação	Custo Unitário R$ (hora)
1	1.500	h	LOCAÇÃO DE **TRATOR ESTEIRA:** - COM OPERADOR E COM COMBUSTÍVEL POR CONTA DA EMPRESA, PARA EXECUTAR SERVIÇOS NO LIXÃO DO MUNICÍPIO. - É DE RESPONSABILIDADE DO PROPRIETÁRIO/LOCATÁRIO A MANUTENÇÃO, PRESERVAÇÃO E CONSERVAÇÃO DO BEM.	216,30

Em relação aos contratos de prestação de serviços contratados por meio de postos de trabalho, estes estabelecem a remuneração com base na quantidade de pessoas que será alocada para a execução do objeto pretendido. Por exemplo, um contrato para a terceirização de portaria de um órgão público com 4 entradas pode prever a disponibilização de 4 postos de trabalho para a realização do adequado controle de acesso.

TABELA DE POSTOS DE TRABALHO

ITEM	POSTO DE TRABALHO	CBO	QTD	VALOR UNITÁRIO/MÊS (R$)	VALOR MENSAL (R$)	VALOR TOTAL ANUAL (R$)
1	Agente de Portaria Diurno	5174	03	R$ 2.884,97	R$ 8.654,91	R$ 103.858,92
2	Assistente Social	2516-05	01	R$ 9.187,52	R$ 9.187,52	R$ 110.250,24

Por derradeiro, a tarefa é o regime de contratação de mão de obra para pequenos trabalhos por preço certo, com ou sem fornecimento de materiais (art. 6º, inc. XXXI, da NLLC). Nesse caso, o valor a ser fixado na ata para a contratação de pequenos trabalhos estará relacionado à prestação de serviços, que poderá contemplar material ou não, pois a Administração, muitas vezes, detém o insumo a ser aplicado na pequena tarefa, ou a pretensão da Administração pode estar relacionada apenas com a contratação da mão de obra, por exemplo, para demolir um muro e retirar entulho, destelhar um galpão e empilhar ou colocar as telhas em um caminhão.

2.3 Quando for conveniente para atendimento a mais de um órgão ou a mais de uma entidade, inclusive nas compras centralizadas

O Sistema de Registro de Preços também permite que a Administração Pública registre os preços de certos produtos, serviços ou obras, para que possa utilizá-los como referência para futuras contratações.

Quando há a necessidade de atender a vários órgãos ou entidades, a utilização do SRP pode ter várias vantagens. Aliás, essa é a razão trivial para a utilização do SRP nos dias de hoje. Primeiro, é possível realizar uma licitação conjunta para os vários interessados, o que pode economizar tempo de servidores e recursos materiais para todas as administrações participantes, uma vez que afasta a necessidade de cada um dos órgãos e entidades participantes ou aderentes de processar um certame distinto para o mesmo objeto.

Por sua vez, o uso do SRP em compras centralizadas também pode trazer vários benefícios para a Administração Pública. Nesse caso, é possível centralizar as compras em um único órgão ou entidade, o que pode gerar economia de escala e uma maior eficiência no processo de aquisição dos bens e serviços necessários.

2.4 Quando for atender a execução descentralizada de programa ou projeto federal por meio de compra nacional ou da adesão de que trata o §2º do art. 32

O Sistema de Registro de Preços tem sido cada vez mais utilizado pela Administração Pública como uma forma de otimizar o processo de aquisição de bens e serviços. Em determinadas situações, o uso do SRP pode ser especialmente benéfico para a Administração Pública, como é o caso da execução descentralizada de programas ou projetos federais por meio de compra nacional.

Quando a execução de programas ou projetos federais é realizada de forma descentralizada, é comum que haja a necessidade de aquisição de bens ou serviços em diferentes localidades do país. Nesse caso, o uso do SRP pode ser uma ferramenta eficaz para garantir a padronização dos preços e a qualidade dos produtos e serviços contratados, além de facilitar o processo de compra e garantir economia de recursos.

Outra possibilidade interessante é a adesão à ata de registro de preços por órgãos e entidades da Administração Pública estadual, distrital e municipal para fins de transferências voluntárias. Nesse caso, não há limite para a adesão, o que permite que um grande número de entidades possa se beneficiar da ata de registro de preços e adquirir os bens e serviços necessários de forma mais ágil e econômica.

O uso do SRP para atender à execução descentralizada de programas ou projetos federais e a adesão à ata de registro de preços por órgãos e entidades da Administração Pública estadual, distrital e municipal são possibilidades que podem trazer muitos benefícios para a Administração Pública. Além de garantir a padronização dos preços e a qualidade dos produtos e serviços adquiridos, o SRP também pode trazer economia de recursos e eficiência para o processo de compra.

2.5 Quando, pela natureza do objeto, não for possível definir previamente o quantitativo a ser demandado pela Administração

Como dito anteriormente, o Sistema de Registro de Preços é uma ferramenta que pode trazer muitos benefícios para a Administração Pública em diversas situações, especialmente quando a natureza do objeto colimado pela Administração não permita a definição prévia do quantitativo a ser demandado.

Imagine-se que é necessário a contratação de gêneros alimentícios para alimentação escolar e, em alguns meses, ocorrerá a inauguração de mais duas escolas e três creches. Observa-se, diante dessa situação, a impossibilidade de previsão efetiva do quantitativo demandado pela Administração, de modo a alimentar os alunos daquelas novas unidades escolares naquele exercício financeiro.

Nesse caso, o uso do SRP permite que a Administração Pública possa realizar a aquisição de bens e serviços sem a necessidade de definir previamente a quantidade a ser demandada. Isso pode ser especialmente útil em situações em que há incertezas quanto à demanda futura ou em que a demanda é muito variável ao longo do tempo.

À guisa de exemplo, em materiais de expediente ou equipamentos de informática, o quantitativo a ser demandado pode variar dependendo do número de servidores que ingressam no órgão público, do volume de trabalho lá verificado ou do plano de expansão da unidade. Nesses casos, o uso do SRP permite que a Administração Pública possa adquirir os produtos necessários sem a necessidade de definir previamente o quantitativo a ser demandado, garantindo a flexibilidade necessária para atender às necessidades do órgão público e, também, evitando desperdício de recursos públicos.

2.6 Decisões do Tribunal de Contas

- **Sistema de Registro de Preços. Utilização quando não for possível conhecer previamente os quantitativos necessitados:** Acórdão nº 483/2012 – 2ª Câmara – Relatoria: Ministro Augusto Nardes – "1.6. Determinações/Recomendações/Orientações: 1.6.1. recomendar ao reitor da Universidade Federal de Campina Grande que, em situações análogas às destes autos, nas quais, pela natureza do objeto, não seja possível definir previamente o quantitativo a ser demandado

pela Administração, adote a modalidade pregão – registro de preços, na forma disciplinada pelo Decreto 3931/2001."
- **Sistema de Registro de Preços. Utilização quando não for possível conhecer previamente os quantitativos necessitados:** TCU – Acórdão nº 1100/2007 – Plenário – Trecho do voto do Ministro Relator Ubiratan Aguiar – "7. Assinalo que acolho as análises efetivadas pela Unidade Técnica, incorporando-as a estas razões de decidir, e transcrevo abaixo, como reforço ao entendimento esposado pela 5ª Secex, com relação à ausência dos quantitativos no edital da Concorrência para Registro de Preços nº 4/2006, as lições do Prof. Marçal Justen Filho, 'in' Comentários à Lei de Licitações e Contratos Administrativos, 11ª ed., ao comentar o referido sistema:
'A quarta vantagem reside na definição de quantidades e qualidades a serem contratadas. Em uma licitação comum, a Administração tem o dever de fixar, no ato convocatório, as quantidades e as qualidades dos produtos que contratará. A redução ou ampliação de quantidades está sujeita aos limites do art. 65, §1º. A alteração da qualidade não poderá alterar substancialmente o objeto licitado.
Num sistema de registro de preços, a Administração estima quantidades máximas e mínimas. Posteriormente, estará autorizada a contratar as quantidades que forem adequadas à satisfação das necessidades coletivas. Isso não significa discricionariedade na fixação de quantitativos, tal como se apontará abaixo. Não se admitem quantificações indeterminadas nem a remessa da fixação do quantitativo à escolha subjetiva da Administração
(...)' (pág. 146)
'É imperioso determinar os quantitativos máximos cuja aquisição se prevê no período de um ano. Mas, além disso, deverão estabelecer-se os quantitativos para cada aquisição individual. Por outro lado, não se pode admitir formulação genérica para os lotes. Não será válida previsão de que os quantitativos em cada aquisição serão fixados discricionariamente, sem qualquer limite, pela Administração. Será defeituoso, por exemplo, o edital que estabelecer que a Administração poderá requisitar o fornecimento de lotes entre um quilograma e dez toneladas. Ora, isso inviabiliza a formação de preços, atemoriza os

fornecedores diligentes e estimula os imprudentes, além de ter outros efeitos, como se verá abaixo. Em suma, a adoção de registro de preços não significa afastar a previsão de que os editais devem descrever de modo preciso o objeto da licitação. Ou seja, o sistema de registro de preços não pode gerar a ampliação dos custos de transação para o particular. A incerteza sobre quantitativos mínimos e máximos se reflete no afastamento dos empresários sérios e na elevação dos preços ofertados à Administração. Basta um pequeno exemplo para evidenciar o problema. É possível formular um juízo aplicável a qualquer objeto, numa sociedade industrial razoavelmente desenvolvida. Trata-se do princípio da escala, que significa que quanto maior a quantidade comercializada tanto menor o preço unitário dos produtos fornecidos. Assim, o preço unitário não será o mesmo para fornecer um quilo de açúcar ou dez toneladas. Se não for estabelecido um lote mínimo para requisição, o particular se verá num dilema econômico invencível. Seus custos serão diversos em função das quantidades. O resultado será a formulação de preços médios. Logo, sempre que a Administração formular requisição de lotes de maior dimensão, acabará pagando valor superior ao que poderia ter obtido – se o licitante dispusesse da informação sobre a dimensão dos lotes.

Dito de outro modo, a Administração deve aproveitar o sistema de registro de preços para obter preços por atacado, evitando os preços de retalho. Para tanto, tem de estabelecer lotes mínimos que permitam aos potenciais interessados formular a proposta mais vantajosa.

Por outro lado, a fixação de quantitativos máximos é imposição essencial, derivada das normas orçamentárias, do princípio da isonomia e da economicidade.

(...)' (pág. 154)

8. Vê-se assim que o disposto no inciso IV do art. 2º do Decreto 3.931/2001, que prevê a possibilidade de se adotar o sistema de registro de preços quando não for possível definir previamente o quantitativo a ser demandado pela Administração, não pode ser entendido como uma autorização para que a Administração não defina, ainda que de forma estimativa, as quantidades que poderão vir a ser adquiridas durante a

validade da ata de registro de preços. Não é razoável acreditar que o Decreto, com tal dispositivo, tenha objetivado autorizar a Administração a não selecionar a proposta mais vantajosa para aquisição dos bens e/ou serviços e a descumprir princípios constitucionais."
- **Sistema de Registro de Preços. Utilização quando não for possível conhecer previamente os quantitativos necessitados:** TCU – Acórdão nº 1.100/2007 – Plenário – Trecho do voto do Ministro Relator Ubiratan Aguiar "8. Vê-se assim que o disposto no inciso IV do art. 2º do Decreto 3.931/2001, que prevê a possibilidade de se adotar o sistema de registro de preços quando não for possível definir previamente o quantitativo a ser demandado pela Administração, não pode ser entendido como uma autorização para que a Administração não defina, ainda que de forma estimativa, as quantidades que poderão vir a ser adquiridas durante a validade da ata de registro de preços. Não é razoável acreditar que o Decreto, com tal dispositivo, tenha objetivado autorizar a Administração a não selecionar a proposta mais vantajosa para aquisição dos bens e/ou serviços e a descumprir princípios constitucionais."

3 Impossibilidade de realização de contratação única do objeto registrado mais contratações plurais

Esclareça-se que o Sistema de Registro de Preços, devidamente previsto no art. 82 da Lei nº 14.133/21, *não se compatibiliza com a realização de apenas uma contratação,* por meio da solicitação de entrega de todo o quantitativo registrado em apenas uma oportunidade, de modo a exaurir a possibilidade de novo atendimento por meio do pré-contrato.

Com efeito, a ideia do SRP, na verdade, é excludente da hipótese sobredita. Tem-se que o registro de preços objetiva buscar um compromisso junto a um particular para fornecimento de objeto que, pela sua natureza, não seja possível definir previamente o quantitativo a ser demandado pela Administração, o que garante a possibilidade de contratações parciais durante a vigência do compromisso.

Nesse sentido, ensina o Advogado Público da União, Rafael Sérgio, *in verbis*:

Outro ponto relevante a ser extraído do art. 2º, I, do Decreto nº 7.892/2013, é que o SRP se presta para "contratações futuras". Daí se extrai que o SRP não se aplica para as situações nas quais haverá uma única contratação. Dele presume-se que sairão duas ou mais contratações, o que significa a formalização de dois ou mais contratos ou instrumentos equivalentes (art. 62, da LLCA). essa é a razão pela qual o Decreto se vale do plural substantivo que designa o ato de contratar (contratações).[16]

Sobre tal questão, não é outro o entendimento dos Tribunais de Contas da União. Vejamos, *in verbis*:

16. Atenta contra os princípios da razoabilidade e da finalidade o ente público ("órgão gerenciador", nos termos do art. 1º, parágrafo único, III, do Decreto Federal nº 3.931/2001) valer-se do sistema de registro de preços para celebrar contrato com objeto absolutamente idêntico ao da ata que lhe deu origem, isto é, constituir uma ata de registro de preços para simplesmente firmar contrato pela totalidade do valor da ata. Não se pode aceitar aqui o argumento de que, nesse caso, a ata ainda teria utilidade para os "caronas", uma vez que sua finalidade precípua – sua razão maior de ser – é o atendimento às necessidades do "gerenciador" e dos eventuais "participantes" (art. 2º, III, do Decreto Federal nº 3.931/2001). (Acórdão nº 113/2014 – Plenário)

10. Manifesto-me favoravelmente ao posicionamento da unidade técnica de que não há base legal para o procedimento levado a efeito no âmbito da UFAM, considerando que na forma como foi concebido o certame só seria possível a contratação uma única vez, para o serviço ali explicitado, situação que descaracteriza por completo a opção pelo sistema de registro de preço. (Acórdão nº 113/2012 – Plenário)

Por fim, entendo que a contratação quase que integral dos kits registrados (12.900 dos 13.000), o que em termos práticos significa que a Ata foi praticamente extinta em sua primeira contratação, evidencia a inaplicabilidade do Sistema de Registro de Preço para a situação em tela. (Acórdão nº 1.443/2015 – Plenário)

atente para as condições expressas no art. 2º do Decreto nº 3.931/2001, de forma a não utilizar sistema de registro de preços quando as peculiaridades do objeto a ser executado, sua localização e ambiente de implementação indiquem que só será possível uma única contratação. (Acórdão 2241/2013 –Plenário)

---

[16] Cf. FORTINI, Cristiana (coord.). *Registro de Preços*: análise crítica do Decreto Federal nº 7.892/13, com as alterações posteriores. Prefácio de Maria Sylvia Zanella Di Pietro. 3. ed. rev., ampl. e atual. Belo Horizonte: Fórum, 2020, p. 116.

9.3.1. evite utilizar o sistema de registro de preços quando as peculiaridades do objeto a ser executado e sua localização indiquem que só será possível uma única contratação ou não houver demanda de itens isolados, pelo fato de os serviços não poderem ser dissociados uns dos outros, não havendo, assim, a divisibilidade do objeto, a exemplo de serviços de realização de eventos; (Acórdão nº 1.712/2015 – Plenário)

9.2.3. ao intentar a realização de processo licitatório para registro de preços, atente para as condições expressas no art. 2º do Decreto 3.931/2001, que tornam incompatível, a princípio, a contratação pelo valor total do objeto licitado; (Acórdão nº 3.273/2010 – 2ª Câmara)

9.2.3 – ao lançar processo licitatório, atente para as condições expressas no art. 2º do Decreto nº 3.931/2001, de forma a não utilizar sistema de registro de preços quando as peculiaridades do objeto a ser executado, sua localização e ambiente de implementação indiquem que só será possível uma única contratação; (Acórdão nº 2.241/2012 – Plenário)

10. Manifesto-me favoravelmente ao posicionamento da unidade técnica de que não há base legal para o procedimento levado a efeito no âmbito da UFAM, considerando que na forma como foi concebido o certame só seria possível a contratação uma única vez, para o serviço ali explicitado, situação que descaracteriza por completo a opção pelo sistema de registro de preço. (Acórdão nº 113/2012 – Plenário)

25. Contudo, não foi possível encontrar a justificava da UFPB para a adoção do SRP neste caso concreto, indicando se seria o caso de contratações frequentes e entregas parceladas (e não de contratação única e integrada), ou de atendimento a mais de uma entidade (e não apenas a própria Universidade), ou de impossibilidade de definição prévia do quantitativo a ser demandado (e não de serviços mensurados com antecedência). (Acórdão nº 3.092/2014 – Plenário)

Denota-se, desta feita, que, se é necessária a aquisição de todo o quantitativo em apenas uma ocasião, deve o SRP ser afastado, passando a Administração a empreender uma contratação pública tradicional.

4 Registro de preços para obras e serviços de engenharia

No âmbito da Lei nº 8.666/93, a implementação de Sistema de Registro de Preços somente era permitida para a contratação de bens, como material de escritório, veículos, alimentação, passando, em razão do disposto no art. 11 da Lei do Pregão, ser permitida a contratação de serviços comuns.[17]

Ante a necessidade de busca de velocidade e eficiência nas construções da infraestrutura necessária para viabilizar os Jogos Olímpicos e Copa do Mundo, em 2011 foi criado o Regime Diferenciado de Contratações Públicas (RDC), instituído pela Lei nº 12.462/11 que, em seu art. 29, ampliou o uso do registro de preços para execução das obras. De modo a deixar clara a possibilidade de uso do SRP para contratação de serviços de engenharia, restou regulamentado o processamento de Sistema de Registro de Preços para serviços de engenharia, conforme se denota da leitura do art. 89 do Decreto nº 7.581/11.[18]

Todavia, é oportuno lembrar que, em 2016, o Tribunal de Contas da União publicou a Súmula nº 247, que assentou o seguinte teor: "O uso do pregão nas contratações de serviços comuns de engenharia encontra amparo na Lei nº 10.520/2002." Naquela ocasião, o TCU deixou claro que não seria qualquer serviço de engenharia que poderia ser contratado por meio de pregão – que, pela leitura do art. 11 da Lei

---

[17] "Art. 11. As compras e contratações de bens e serviços comuns, no âmbito da União, dos Estados, do Distrito Federal e dos Municípios, quando efetuadas pelo sistema de registro de preços previsto no art. 15 da Lei nº 8.666, de 21 de junho de 1993, poderão adotar a modalidade de pregão, conforme regulamento específico."

[18] "Art. 89. O SRP/RDC poderá ser adotado para a contratação de bens, de obras com características padronizadas e de serviços, inclusive de engenharia, quando: (Redação dada pelo Decreto nº 8.080, de 2013)
I – pelas características do bem ou serviço, houver necessidade de contratações frequentes; (Redação dada pelo Decreto nº 8.080, de 2013)
II – for mais conveniente a aquisição de bens com previsão de entregas parceladas ou contratação de serviços remunerados por unidade de medida ou em regime de tarefa; (Redação dada pelo Decreto nº 8.080, de 2013)
III – for conveniente para atendimento a mais de um órgão ou entidade, ou a programas de governo; ou (Redação dada pelo Decreto nº 8.080, de 2013)
IV – pela natureza do objeto, não for possível definir previamente o quantitativo a ser demandado pela administração pública. (Redação dada pelo Decreto nº 8.080, de 2013)
Parágrafo único. O SRP/RDC, no caso de obra, somente poderá ser utilizado: (Incluído pelo Decreto nº 8.080, de 2013)
I – nas hipóteses dos incisos III ou IV do caput ; e (Incluído pelo Decreto nº 8.080, de 2013)
II – desde que atendidos, cumulativamente, os seguintes requisitos: (Incluído pelo Decreto nº 8.080, de 2013)
a) as licitações sejam realizadas pelo Governo federal; (Incluído pelo Decreto nº 8.080, de 2013)
b) as obras tenham projeto de referência padronizado, básico ou executivo, consideradas as regionalizações necessárias; e (Incluído pelo Decreto nº 8.080, de 2013)
c) haja compromisso do órgão aderente de suportar as despesas das ações necessárias à adequação do projeto padrão às peculiaridades da execução. (Incluído pelo Decreto nº 8.080, de 2013)"

nº 10.520/02, poderia ocorrer por meio de SRP –, mas apenas dos "serviços comuns de engenharia", dada a inexistência de complexidade de especificação e de execução compatíveis com o caráter comum do serviço.[19] Naquela quadra, o TCU deixava claro que a contratação de obra por meio de pregão não era admitida.[20]

As considerações sobrefaladas indicam que não será qualquer obra ou serviço de engenharia que poderá ser processada por meio de pregão ou ter o seu preço registrado. Parece-nos que somente poderá assim ocorrer com os objetos que possam ser padronizados, sendo a característica padrão a grande identidade do SRP.[21] Quando se fala em padronização, não há que cogitar complexidade técnica ou operacional, circunstância que dificulta a orçamentação.

Aliás, foi dessa forma que o regulamento federal balizou a utilização de SRP para obras e serviços de engenharia. Vejamos:

> Parágrafo único. O SRP poderá ser utilizado para a contratação de execução de obras e serviços de engenharia, desde que atendidos os seguintes requisitos:

---

[19] "9.1.1. verifique, quando da realização de pregão para contratação de obras e serviços de engenharia, que os mesmos não possuam complexidade de especificação e de execução incompatíveis com o caráter comum dos objetos passíveis de serem contratados por meio da citada modalidade licitatória" (TCU – Acórdão nº 1.617/06 – TC-009.002/2006-5).

[20] "9.2. determinar à Companhia de Eletricidade do Acre – Eletroacre que se abstenha de utilizar a modalidade licitatória denominada pregão, seja presencial ou eletrônico, para a contratação de obras de engenharia, atendendo aos ditames estabelecidos pela Lei nº 10.520/2002 (art. 1º e seu parágrafo único), bem como pelos arts. 5º e 6º dos Decretos nº 3.555/2000 e 5.450/05, respectivamente (Acórdão nº 296/07 – TCU – 2ª Câmara).

[21] Sobre tal questão, ensina Marçal Justen Filho quando analisa a hipótese de registro de preços para obras e serviços de engenharia fixada no RDC, *in verbis*: "Cabe destacar a passagem do Regulamento que faculta a utilização de registro de preços para serviços de engenharia. Essa previsão deve ser entendida em termos, eis que não significa que todo e qualquer serviço de engenharia comportaria contratação mediante registro de preços. O SRP se caracteriza pela padronização de objetos. A descrição do objeto, para fins de SRP, envolve uma prestação padrão, que não apresenta identidade própria diferenciada. Justamente por isso, somente podem ser objeto de registro de preços os serviços de engenharia que possam ser definidos de modo genérico, envolvendo prestações que não necessitem de adaptação em vista das circunstâncias de cada caso. Existem muito serviços de engenharia que se enquadram nessa concepção. Mas nem sempre assim se passa.
Por todas essas razões, o dispositivo não se referiu a obras de engenharia, as quais usualmente se caracterizam por uma adequação às circunstâncias objetivas e a ausência de possibilidade de pactuação em termos gerais e abstratos." (JUSTEN FILHO, Marçal. *Comentários ao RDC*. São Paulo: Dialética, 2013, p. 536)

I – existência de termo de referência,[22] anteprojeto,[23] [24] projeto básico[25] ou projeto executivo[26] padronizados, sem complexidade técnica e operacional; e
II – necessidade permanente ou frequente de obra ou serviço a ser contratado.

---

[22] "termo de referência: documento necessário para a contratação de bens e serviços, que deve conter os seguintes parâmetros e elementos descritivos:
a) definição do objeto, incluídos sua natureza, os quantitativos, o prazo do contrato e, se for o caso, a possibilidade de sua prorrogação;
b) fundamentação da contratação, que consiste na referência aos estudos técnicos preliminares correspondentes ou, quando não for possível divulgar esses estudos, no extrato das partes que não contiverem informações sigilosas;
c) descrição da solução como um todo, considerado todo o ciclo de vida do objeto;
d) requisitos da contratação;
e) modelo de execução do objeto, que consiste na definição de como o contrato deverá produzir os resultados pretendidos desde o seu início até o seu encerramento;
f) modelo de gestão do contrato, que descreve como a execução do objeto será acompanhada e fiscalizada pelo órgão ou entidade;
g) critérios de medição e de pagamento;
h) forma e critérios de seleção do fornecedor;
i) estimativas do valor da contratação, acompanhadas dos preços unitários referenciais, das memórias de cálculo e dos documentos que lhe dão suporte, com os parâmetros utilizados para a obtenção dos preços e para os respectivos cálculos, que devem constar de documento separado e classificado;
j) adequação orçamentária;" (Art. 6º, inc. XXIII, Lei fed. nº 14.133/21)

[23] Anteprojeto: peça técnica com todos os subsídios necessários à elaboração do projeto básico, que deve conter, no mínimo, os seguintes elementos: a) demonstração e justificativa do programa de necessidades, avaliação de demanda do público-alvo, motivação técnico-econômico-social do empreendimento, visão global dos investimentos e definições relacionadas ao nível de serviço desejado;
b) condições de solidez, de segurança e de durabilidade;
c) prazo de entrega;
d) estética do projeto arquitetônico, traçado geométrico e/ou projeto da área de influência, quando cabível;
e) parâmetros de adequação ao interesse público, de economia na utilização, de facilidade na execução, de impacto ambiental e de acessibilidade;
f) proposta de concepção da obra ou do serviço de engenharia;
g) projetos anteriores ou estudos preliminares que embasaram a concepção proposta;
h) levantamento topográfico e cadastral;
i) pareceres de sondagem;
j) memorial descritivo dos elementos da edificação, dos componentes construtivos e dos materiais de construção, de forma a estabelecer padrões mínimos para a contratação;" Art. 6º, inc. XXIV, Lei fed. nº 14.133/21)

[24] Anteprojeto de engenharia – "O anteprojeto deve ser elaborado no caso de obras de maior porte e consiste na representação técnica da opção aprovada na etapa anterior. Deve apresentar os principais elementos – plantas baixas, cortes e fachadas – de arquitetura, da estrutura e das instalações em geral do empreendimento, além de determinar o padrão de acabamento e o custo médio.
O anteprojeto não é suficiente para licitar, pois ele não possui elementos para a perfeita caracterização da obra, pela ausência de alguns estudos que somente serão conduzidos nas próximas fases. Ele apenas possibilita melhor definição e conhecimento do empreendimento, bem como o estabelecimento das diretrizes a serem seguidas quando da contratação do projeto básico.

Observa-se, assim, no inc. I do parágrafo único do art. 3º do regulamento ora comentado, ser perfeitamente possível a adoção do registro de preços nas licitações de obras e serviços de engenharia desde que seja demonstrada a viabilidade de se estabelecer a padronização do objeto, o que garante elaboração de uma proposta que seja firme e exequível, de modo que se permita a obtenção da melhor proposta, garantindo, assim, que o objeto registrado seja efetivamente executado.[27]

Outrossim, exige o referido inciso que deverá existir termo de referência, anteprojeto, projeto básico ou projeto executivo padronizados,

---

A documentação gerada nesta etapa deve fazer parte do processo licitatório." (BRASIL, 2013, pp. 89/95).
Anteprojeto de engenharia – "6.2. ANTEPROJETO – É o conjunto de estudos preliminares, discriminações técnicas, normas e projeções gráficas e numéricas necessário ao entendimento e à interpretação iniciais de um serviço, obra ou empreendimento de engenharia." (Conceito proposto pelo Instituto de Engenharia: NORMA TÉCNICA IE Nº 01/2011).

[25] "Projeto básico: conjunto de elementos necessários e suficientes, com nível de precisão adequado para definir e dimensionar a obra ou o serviço, ou o complexo de obras ou de serviços objeto da licitação, elaborado com base nas indicações dos estudos técnicos preliminares, que assegure a viabilidade técnica e o adequado tratamento do impacto ambiental do empreendimento e que possibilite a avaliação do custo da obra e a definição dos métodos e do prazo de execução, devendo conter os seguintes elementos:
a) levantamentos topográficos e cadastrais, sondagens e ensaios geotécnicos, ensaios e análises laboratoriais, estudos socioambientais e demais dados e levantamentos necessários para execução da solução escolhida;
b) soluções técnicas globais e localizadas, suficientemente detalhadas, de forma a evitar, por ocasião da elaboração do projeto executivo e da realização das obras e montagem, a necessidade de reformulações ou variantes quanto à qualidade, ao preço e ao prazo inicialmente definidos;
c) identificação dos tipos de serviços a executar e dos materiais e equipamentos a incorporar à obra, bem como das suas especificações, de modo a assegurar os melhores resultados para o empreendimento e a segurança executiva na utilização do objeto, para os fins a que se destina, considerados os riscos e os perigos identificáveis, sem frustrar o caráter competitivo para a sua execução;
d) informações que possibilitem o estudo e a definição de métodos construtivos, de instalações provisórias e de condições organizacionais para a obra, sem frustrar o caráter competitivo para a sua execução;
e) subsídios para montagem do plano de licitação e gestão da obra, compreendidos a sua programação, a estratégia de suprimentos, as normas de fiscalização e outros dados necessários em cada caso;
f) orçamento detalhado do custo global da obra, fundamentado em quantitativos de serviços e fornecimentos propriamente avaliados, obrigatório exclusivamente para os regimes de execução previstos nos incisos I, II, III, IV e VII do caput do art. 46 desta Lei;" (Art. 6º, inc. XXV, Lei fed. nº 14.133/21).

[26] "projeto executivo: conjunto de elementos necessários e suficientes à execução completa da obra, com o detalhamento das soluções previstas no projeto básico, a identificação de serviços, de materiais e de equipamentos a serem incorporados à obra, bem como suas especificações técnicas, de acordo com as normas técnicas pertinentes;" (Art. 6º, inc. XXVI, Lei fed. nº 14.133/21).

[27] TCU – Acórdão nº 2.600/2013, Plenário – Relator Min. Valmir Campelo.

replicáveis,[28] bem como orçamento detalhado que expresse a composição de todos os seus custos unitários, as especificações completas dos insumos e serviços que se pretende registrar, bem como a definição das unidades e das quantidades a serem adquiridas, todos devidamente aprovados pela autoridade competente para tanto.[29]

Ademais, fixa o inc. II do parágrafo único do art. 3º do regulamento federal que a adoção de SRP para obras e serviços de engenharia somente poderá ocorrer para aqueles objetos que apresentem necessidade permanente ou frequente de obra ou serviço a ser contratado.

Por "necessidade permanente" entende-se toda necessidade contínua,[30] ininterrupta, constante e não eventual de determinado bem, serviço ou obra para atender às demandas de um órgão ou entidade pública. No caso de obras e serviços de engenharia, é possível identificar algumas atividades que se enquadram nessa categoria de necessidade permanente. Por exemplo, a construção e manutenção de escolas públicas é uma demanda contínua da Secretaria da Educação, que precisa garantir a infraestrutura adequada para o ensino público.

Nesse sentido, obras como a construção de prédios para servir como salas de aula, bibliotecas, laboratórios, quadras esportivas e outras instalações escolares podem ser consideradas como necessidades permanentes da Secretaria da Educação. Além disso, serviços de engenharia como a manutenção de redes elétricas, hidráulicas, de esgoto e de telecomunicações também podem ser considerados como

---

[28] "O Sistema de Registro de Preços previsto na Lei 13.303/2016 (Lei das Estatais) pode ser aplicado para obras e serviços simples de engenharia, padronizáveis e replicáveis, que não exigem a realização de estudos específicos e a elaboração de projetos básicos individualizados para cada contratação." (TCU – Acórdão nº 2176/2022 Plenário – Relator Ministro Jorge Oliveira)

[29] "9.3.1. realização de licitação por meio do sistema de registro de preços para execução de obras e serviços de engenharia – hipótese não prevista no art. 3º do Decreto 7892/2013 – que somente podem ser licitados quando houver projeto básico aprovado e orçamento detalhado que expressem a composição de todos os seus custos unitários, as especificações completas dos bens e serviços a serem adquiridos e a definição das unidades e das quantidades a serem adquiridas, conforme previsão de consumo e utilização prováveis, nos termos dos arts. 15, §7º, incisos I e II; 7º, incisos I e II e §§1º, 2º e 4º; e 8º da Lei 8666/93; o disposto no art. 9º, incisos I, II, IV e V, do Decreto 7892/2013, bem como o entendimento do Tribunal exarado no Acórdão 1078/2017-Plenário;" (TCU – Acórdão nº 495/2018 – Plenário)

[30] "É lícita a utilização do sistema de registro de preços para contratação de serviços contínuos, desde que configurada uma das hipóteses delineadas nos incisos I a IV do art. 2º do Decreto 3.931/2001 – "1.5.1.1 quando da utilização do SRP, inclusive para contratação de serviços contínuos, fixe, no instrumento convocatório, os quantitativos máximos a serem contratados e controle, enquanto órgão gerenciador da ata a ser formada, as adesões posteriores, para que esses limites não sejam superados". (Acórdão nº. 1737/2012- Plenário, TC-016.762/2009-6, rel. Min. Ana Arraes, 4.7.2011)

necessidades permanentes, já que a manutenção desses sistemas é essencial para garantir o funcionamento das escolas.

Já "necessidade frequente" pode ser definida como a demanda constante ou recorrente por determinado bem ou serviço por parte de um órgão ou entidade da administração pública. Essa necessidade não é permanente, mas, por exemplo, é reiterada em um determinado período de tempo, o que justifica a utilização de uma ata de registro de preços para agilizar e simplificar a contratação.

Um exemplo de obra ou serviço de engenharia que poderia ter seu objeto registrado em uma ata de registro de preços da Secretaria da Educação seria a manutenção preventiva e corretiva de sistemas elétricos e hidráulicos em escolas. Essa é uma necessidade frequente, já que as escolas precisam ter seus sistemas em funcionamento adequado durante todo o ano letivo. Além disso, os serviços de manutenção nesses sistemas costumam ter características padronizáveis, o que os torna adequados para registro em uma ata de preços.

Outro exemplo seria a instalação de equipamentos de ar-condicionado em salas de aula. Esse é um serviço que pode ser solicitado diversas vezes ao longo do ano, principalmente em regiões de clima quente, e que também possui características padronizáveis, como o tipo de equipamento e a instalação adequada. Dessa forma, a utilização de uma ata de registro de preços poderia facilitar a contratação desses serviços pela Secretaria da Educação.

Haja vista a importância do assunto e da seriedade da entidade, seguem as considerações do Instituto Brasileiro de Auditoria de Obras Públicas (IBRAOP)[31] sobre definição de obras comuns de engenharia, *in verbis*:

> 4. Da definição de obras comuns de engenharia:
> Para o adequado enquadramento, impõe-se a necessidade de a Administração Pública, fundamentar tecnicamente a decisão de definição de obra ou serviço de engenharia como comum.
> A omissão dos Administradores em dotar os processos licitatórios da regular motivação dos atos administrativos pode ensejar a penalização dos responsáveis, pois configura grave infração à norma legal e regulamentar, conforme tipificado no art. 58, inciso II, da Lei nº 8.443/1992 (obras com recursos federais).

---

[31] https://www.ibraop.org.br/blog/2022/02/16/nota-tecnica-sobre-a-lei-no-14-133-2021/.

Aplicando uma analogia com as definições de serviço comum de engenharia e de serviço especial de engenharia, é possível concluir o entendimento de que obra comum de engenharia é aquela na qual (i) a mão de obra, os equipamentos e os materiais utilizados são padronizáveis e (ii) amplamente disponíveis no mercado, (iii) os métodos construtivos têm responsabilidade técnica assumida por arquiteto, engenheiro ou técnico com registro no conselho profissional (que atenda aos requisitos previsto no edital), bem como (iv) os objetos contratados são de conhecimento geral e possuem muitas características técnicas de fácil descrição e compreensão, inclusive por parte do executor da obra, o operário da construção civil.

As obras comuns de engenharia são, portanto, aquelas obras (i) corriqueiras, (ii) de baixa complexidade técnica, (iii) e de menor risco de engenharia, (iv) quase sempre de pequeno e médio portes, para as quais (v) não exista qualquer dificuldade para se estabelecer as especificações técnicas, os memoriais descritivos dos serviços e os respectivos padrões de qualidade desejados pela Administração. São aquelas cujos materiais, equipamentos e métodos construtivos sejam (vi) usuais e para as quais (vii) exista grande número de fornecedores e de executores (empresas e profissionais) no mercado local ou regional (que é aquele mercado que costuma suprir a demanda no caso de obras de pequeno e médio portes).

Nas obras comuns, os padrões de desempenho e qualidade devem ser objetivamente definidos em edital, por meio de especificações usuais no mercado, assim como os serviços são executados segundo protocolos, métodos e técnicas conhecidos e determinados em normas expedidas pelas entidades regulamentadoras. Nelas, a qualidade do trabalho é atestada por meio do confronto com normas técnicas e profissionais pré-estabelecidas e, embora possa haver variações metodológicas, estas não são determinantes para a obtenção do resultado desejado pela Administração.

Também nas obras comuns, se o estudo técnico preliminar indicar, o objeto poderá ser definido apenas em projeto básico, sendo dispensada a elaboração de projeto executivo (arts. 18, §3º c/c o art. 46, §1º), mas apenas nos casos excepcionais em que fique demonstrada a inexistência de quaisquer prejuízos para aferição dos padrões de desempenho e qualidade almejados, o que é muito raro. O que significa dizer que a ausência de desenhos detalhados também não prejudicará, de modo algum, a execução da obra, pelos operários e engenheiros/arquitetos responsáveis, exatamente conforme estabelecido pelo projeto básico.

O fato de a obra ou serviço de engenharia exigir projetos com cálculos e dimensionamentos não afasta a sua possível classificação como comum, pois todas exigem algum tipo de cálculo, mas desde que as soluções de engenharia, que condicionam a escolha dos métodos de projeto e de execução, sejam amplamente difundidos dentre os potenciais construtores ou prestadores de serviços de engenharia.

Assim, as obras comuns de engenharia seriam aquelas (i) com baixo grau de complexidade técnica, (ii) executadas corriqueiramente pela administração, (iii) que contam com especificações e métodos usuais no mercado, e para as quais (iv) existem diversas empresas aptas a se habilitarem no certame, razão pela qual foram consideradas, na Lei nº 14.133/2021, em conjunto com os serviços comuns de engenharia.

Apresenta-se, a seguir, um rol exemplificativo de obras comuns:
• construção de guias, sarjetas, calçadas e passeios – desde que destinadas apenas ao trânsito de pessoas;
• pavimentação com lajotas ou pisos intertravados, em via implantada;
• obras de recomposição de pavimentação asfáltica em geral;
• edificação de muros de divisa;
• construção de quadras poliesportivas;
• construção de postos e delegacias de polícia;
• construção de pontos de ônibus;
• execução de poços artesianos;
• construção de cisternas e reservatórios de água de pequeno ou médio porte ou pré-moldados;
• construção, reforma e ampliação de prédios administrativos em geral, de escolas e de médio e pequeno porte;
• obras de assentamento de tubulação de esgotamento sanitário e de abastecimento de água de baixa complexidade;
• construção de valas sanitárias;
• construção de obras de artes especiais (pontes e viadutos) de baixa complexidade e em ambientes não agressivos ou de impactos ambientais não significativos;
• construção de barragens de pequeno porte para fins de armazenamento de água para abastecimento humano ou para fins de geração hidrelétrica, desde que de baixa potência instalada;
• construção de pequenos píers para atracamento/acesso a pequenas e médias embarcações;
• substituição de equipamentos interiores a edificações, como elevadores e escadas rolantes, por outro de características técnicas equivalentes ao original; e
• substituição da cobertura (telhado) por outro de características estruturais idênticas ao original.

Especificidades técnicas que acrescentem complexidade excepcional nas obras listadas podem caracterizá-las como obras especiais.

Esclareça-se que as assertivas colacionadas são de caráter meramente exemplificativo.

Decisões de Tribunais de Contas e Poder Judiciário sobre registro de preços de obras e serviços de engenharia
- "O uso do pregão nas contratações de serviços comuns de engenharia encontra amparo na Lei nº 10.520/2002." (TCU – Súmula nº 257)
- "É possível a adoção do registro de preços nas licitações de obras, sob o regime do RDC, em que seja demonstrada a viabilidade de se estabelecer a padronização do objeto e das propostas, de modo que se permitam a obtenção da melhor proposta e contratações adequadas e vantajosas às necessidades dos interessados." (TCU – Acórdão nº 2.600/2013, Plenário – Relator Min. Valmir Campelo)
- "É cabível o registro de preços para a contratação de serviços de engenharia em que a demanda pelo objeto é repetida e rotineira, a exemplo dos serviços de manutenção e conservação de instalações prediais, não podendo ser utilizado para a execução de obras." (TCU – Acórdão nº 1381/2018 – Plenário)
- "9.3.1. realização de licitação por meio do sistema de registro de preços para execução de obras e serviços de engenharia – hipótese não prevista no art. 3º do Decreto 7892/2013 – que somente podem ser licitados quando houver projeto básico aprovado e orçamento detalhado que expressem a composição de todos os seus custos unitários, as especificações completas dos bens e serviços a serem adquiridos e a definição das unidades e das quantidades a serem adquiridas, conforme o consumo e utilização prováveis, nos termos dos arts. 15, §7º, incisos I e II; 7º, incisos I e II e §§1º, 2º e 4º; e 8º da Lei 8666/93; o disposto no art. 9º, incisos I, II, IV e V, do Decreto 7892/2013, bem como o entendimento do Tribunal exarado no Acórdão 1078/2017-Plenário;" (TCU – Acórdão nº 495/2018 – Plenário.)
- "1. A contratação de serviços comuns de engenharia pode ser realizada mediante pregão para registro de preços quando padrões de desempenho e qualidade são objetivamente definidos pelo edital, por meio de especificações usuais no mercado, e a contratação tenha por objetivo prover serviços de manutenção predial repetidos e rotineiros.
2. A utilização do critério de julgamento menor preço auferido pela oferta de desconto sobre os preços da tabela Sinapi tem amparo no artigo 9º, §1º, do Decreto 7.892/2013, desde

que os pagamentos dos serviços, durante a validade da ata de registro de preços, ocorram com base nos valores da tabela Sinapi da data da licitação, tendo em vista o disposto na Lei 8.666/1993 sobre reajustes anuais.
3. O instrumento convocatório de pregões para registro de preços de serviços comuns de engenharia deve demonstrar que tais serviços serão empregados em atividades de manutenção predial, observados os conceitos do artigo 6º da Lei 8.666/1993 e das normas técnicas relacionadas à matéria, de forma que não haja margem de interpretação para a realização de obras mediante a contratação. (TCU – Acórdão nº 1381/18 – Plenário)

- "O Sistema de Registro de Preços previsto na Lei 13.303/2016 (Lei das Estatais) pode ser aplicado para obras e serviços simples de engenharia, padronizáveis e replicáveis, que não exigem a realização de estudos específicos e a elaboração de projetos básicos individualizados para cada contratação." (TCU – Acórdão nº 2176/2022 Plenário – Relator Ministro Jorge Oliveira)
- "Administrativo – Licitação – Sistema de Registro de Preço: Artigo 15, Lei 8.666/1993 – Limitações. 1. O regime de licitações por registro de preços foi ampliado pelos Decretos Regulamentadores nºs 3.931/2001 e 4.342/2002, sendo extensivo não só a compras, mas a serviços e obras. 2. Embora auto-aplicável, o art. 15 da Lei 8.666/93 pode sofrer limitações por regulamento estadual ou municipal, como previsto no §3º. 3. Sociedade de economia mista que, na ausência de norma própria, submete-se aos limites municipais, se não contrariarem eles a Lei de Licitações. 4. Legalidade do Decreto 17.914/93, do Município de São Paulo, que afastou a incidência do registro de preço para a execução de obras. 5. Recurso ordinário improvido." (STJ – MS nº 15.647)

ARTIGO 4º – INDICAÇÃO LIMITADA A UNIDADES DE CONTRATAÇÃO

> Indicação limitada a unidades de contratação
>
> Art. 4º É permitido o registro de preços com indicação limitada a unidades de contratação, sem indicação do total a ser adquirido, apenas nas seguintes situações:[32]
> I – quando for a primeira licitação ou contratação direta para o objeto e o órgão ou a entidade não tiver registro de demandas anteriores;
> II – no caso de alimento perecível; ou
> III – no caso em que o serviço estiver integrado ao fornecimento de bens.
> Parágrafo único. Nas situações referidas no caput, é obrigatória a indicação do valor máximo da despesa e é vedada a participação de outro órgão ou entidade na ata.

O art. 4º, *caput*, é suficientemente claro ao dispor que o registro de preços pode ser implementado ainda que o edital contemple como parâmetro quantitativo para a formação do preço apenas a unidade de contratação, sem indicação do limite máximo para essa aquisição. Infere-se, portanto, que a regra contida no *caput* do art. 4º traz consigo uma excepcionalidade, haja vista a parte final do dispositivo, que remete o intérprete às hipóteses constantes de seus incisos, ser condicionante restritivo para a aplicação da disciplina contida no aludido art. 4º *caput*.

Em nosso entender é praticamente impossível pensar de maneira diferente, de modo a adotar como regra a hipótese contida no *caput*

---

[32] Fundamento legal: "Art. 86, §3º, da NLLC – "§3º É permitido registro de preços com indicação limitada a unidades de contratação, sem indicação do total a ser adquirido, apenas nas seguintes situações:
I – quando for a primeira licitação para o objeto e o órgão ou entidade não tiver registro de demandas anteriores;
II – no caso de alimento perecível;
III – no caso em que o serviço estiver integrado ao fornecimento de bens.
§4º Nas situações referidas no §3º deste artigo, é obrigatória a indicação do valor máximo da despesa e é vedada a participação de outro órgão ou entidade na ata."

do art. 4º, e não com o seu nítido caráter de excepcionalidade, seria o mesmo que admitir que a Administração estaria exonerada do dever legal de descrever as especificações do objeto, contemplando, inclusive, requisitos de qualidade e durabilidade mínimos admitidos, isso sem falar de outras possibilidades que possam ser implementadas, ainda que, no mais das vezes, eivadas de ilegalidades, fruto da incrível criatividade humana, destinadas a atender interesses outros que não o interesse público. Enfatize-se, por oportuno, que inexiste qualquer discricionariedade consistente em fazer licitação sem a adequada previsão de quantitativos, fora das hipóteses constantes de seus incisos, sob pena de flagrante ilegalidade.

Logo, admitido o caráter excepcional do dispositivo, passemos ao exame dos requisitos para a admissibilidade de uma licitação onde se tenha como parâmetro, tão somente, unidades de contratação.

O primeiro requisito traz como justificativa para a questão dos quantitativos, limitados às unidades de contratação, quando se tratar da primeira licitação ou contratação direta para o objeto ou a entidade não tiver qualquer registro de demandas anteriores.

Embora essa justificativa possa ser utilizada, parece-nos que seria perfeitamente possível instaurar processo licitatório, mesmo que com quantidades estimadas, de sorte a tornar o registro de preços mais interessante e seguro para a iniciativa privada. Entretanto, e considerando que todos os atos da administração devem ser motivados, isso obriga que fique demonstrado, nos autos do processo administrativo, mediante justificativa detalhada e circunstanciada, a comprovação da impossibilidade de se instaurar licitação para registro de preços com quantitativos adequadamente previstos.

O inciso II, por sua vez, admite a hipótese do alimento perecível como justificativa para previsão de quantitativos limitados às unidades de contratação. Realmente, a aquisição de perecíveis sempre se revelou um problema para a Administração, notadamente na hipótese de se contratar produto que se encontra no mercado de fluidos, cujos valores oscilam quase que diariamente e em razão de motivos outros, onde a variação do preço ocorre de forma tão célere que a Administração Pública não consegue acompanhar, haja vista a necessidade de procedimentos administrativos que, por força de lei, encontra-se obrigada a se sujeitar.

Não temos dúvidas de que o registro de preços, em se tratando de alimentos, resolve muito dos problemas decorrentes desse tipo de contratação. Contudo, temos para nós que outra sistemática, talvez um pouco mais adequada, quando o objetivo for a contratação de alimentos perecíveis, tal qual o credenciamento, procedimento auxiliar da licitação previsto no art. 79, inciso III, da NLLC, que trata do mercado de fluidos e permite que a Administração faça o pagamento pelo preço do dia.

Por último, temos o comando legal que coloca o fato de o serviço encontrar-se integrado a fornecimento de bens, como justificativa para que o edital de licitação limite-se a prever, tão somente, a unidade de contratação.

Ora, licitações com a característica prevista no inciso III, a nosso ver, não impede de se instaurar procedimento licitatório, com observância da regra que dispõe sobre a previsão de quantitativos em suas quantidades máximas, ainda que isso possa significar transpor alguns obstáculos de ordem material ou estrutural. De qualquer modo, admitindo-se a possibilidade em comento, isso não pode significar a inobservância dos princípios típicos do regime jurídico administrativo, dentre os quais a motivação que deverá demonstrar a impossibilidade de se instaurar licitação tendo como parâmetro exclusivamente a unidade de contratação.

Finalmente, o parágrafo único é determinante no sentido de disciplinar que é obrigatória para o registro de preços com indicação limitada a unidades de contratação, sem indicação do total a ser adquirido, a indicação do valor máximo da despesa, vedando-se a participação de outro órgão ou entidade na ata. Para que não reste qualquer dúvida, necessário se faz dizer que o valor máximo da despesa deverá integrar o edital explicitamente.

ARTIGO 5º – FORMA DE ADOÇÃO DO SRP

Sistema de registro de preços

Art. 5º O procedimento para registro de preços será realizado no SRP digital, observados os procedimentos estabelecidos no manual técnico operacional, a ser publicado pela Secretaria de Gestão e Inovação do Ministério da Gestão e da Inovação em Serviços Públicos.

O comando legal em exame determina que o procedimento para registro de preços será realizado no SRP digital, desde que observados os parâmetros do manual técnico operacional, que será publicado pela Secretaria de Gestão e Inovação do Ministério da Gestão e da Inovação em Serviços Públicos.

A intelecção do art. 5º é de fácil acepção. Cumpre-nos, no entanto, lembrar que instrumentos normativos situados abaixo da legislação não têm o condão de inovar, alterar ou extinguir direitos e obrigações constantes de qualquer legislação. Logo, é de salutar relevância que decretos, resoluções, portarias e, inclusive, manuais técnicos observem os ditames da lei, bem como os valores e princípios constitucionalmente perseguidos.

Nossa afirmativa encontra razão de ser em face do princípio da legalidade, previsto no art. 5º, inciso II, de nossa Lei Fundamental. Celso Antônio Bandeira de Mello, com sua peculiar maestria, observa:

> Tudo quanto se disse a respeito do regulamento e de seus limites aplica-se, ainda com razão, a instruções, portarias, resoluções, regimentos ou quaisquer atos gerais do Executivo. É que, na pirâmide jurídica, alojam-se em nível inferior ao próprio regulamento, Enquanto este é ato do Chefe do Executivo, os demais assistem a autoridades de escalão mais baixo e, de conseguinte, investida de poderes menores.

Tratando-se de atos subalternos e expedidos, portanto, por autoridades subalternas, por via deles o Executivo não pode exprimir poderes mais dilatados que os suscetíveis de expedição mediante regulamento.[33]

Calha aqui, com vistas a arrematar o nosso entendimento, dizer que o decreto regulamentador, assim como as resoluções, portarias, instruções e demais atos baixados pelo Poder Executivo encontram-se em situação de inferioridade perante a lei, pelo que não poderão ser editados *contra legem* e nem *extra legis*.

---

[33] BANDEIRA DE MELLO, Celso Antônio. Curso de direito administrativo. 27. ed. rev. atual. até a EC 64, de 04.03.2010. São Paulo: Malheiros, 2010, p. 369.

ARTIGO 6º – COMPETÊNCIAS DO ÓRGÃO OU DA ENTIDADE GERENCIADORA

Art. 6º A Secretaria de Gestão e Inovação do Ministério da Gestão e da Inovação em Serviços Públicos poderá ceder o uso do SRP digital, por meio de termo de acesso, a órgão ou entidade dos Poderes Públicos da União, dos Estados, do Distrito Federal e dos Municípios.

Trata-se de dispositivo que confere à Secretaria de Gestão e Inovação do Ministério da Gestão e da Inovação em Serviços Públicos competência para ceder o SRP digital aos órgãos e entidades dos poderes públicos da União, dos Estados, do Distrito Federal e dos Municípios, mediante a celebração de documento denominado *termo de acesso*.

Em outro dizer, a aludida secretaria poderá, a seu critério, e mediante a celebração de termo de acesso, ceder o uso do SRP digital aos demais poderes da União, ou seja, ao Legislativo e ao Judiciário, haja vista que a autoria da plataforma digital prevista no art. 6º é do Poder Executivo e, portanto, inexiste qualquer dúvida com relação à utilização do sistema. Doutra banda, também estarão autorizados a usar o SRP todos os poderes que integram os demais entes federados, constituídos pelos Estados, Distrito Federal e Municípios, desde que celebrado o competente termo de acesso.

ARTIGO 7º – COMPETÊNCIAS DO ÓRGÃO OU DA ENTIDADE GERENCIADORA

CAPÍTULO II
DO ÓRGÃO OU DA ENTIDADE GERENCIADORA

Competências

Art. 7º Compete ao órgão ou à entidade gerenciadora praticar todos os atos de controle e de administração do SRP, em especial:
I – realizar procedimento público de intenção de registro de preços – IRP e, quando for o caso, estabelecer o número máximo de participantes, em conformidade com sua capacidade de gerenciamento;
II – aceitar ou recusar, justificadamente, no que diz respeito à IRP:
a) os quantitativos considerados ínfimos;
b) a inclusão de novos itens; e
c) os itens de mesma natureza com modificações em suas especificações;
III – consolidar informações relativas à estimativa individual e ao total de consumo, promover a adequação dos termos de referência ou projetos básicos encaminhados para atender aos requisitos de padronização e racionalização, e determinar a estimativa total de quantidades da contratação;
IV – realizar pesquisa de mercado para identificar o valor estimado da licitação ou contratação direta e, quando for o caso, consolidar os dados das pesquisas de mercado realizadas pelos órgãos e pelas entidades participantes, inclusive na hipótese de compra centralizada;
V – promover, na hipótese de compra nacional, a divulgação do programa ou projeto federal, a pesquisa de mercado e a consolidação da demanda dos órgãos e das entidades da Administração direta e indireta da União, dos Estados, do Distrito Federal e dos Municípios beneficiados;
VI – confirmar, junto aos órgãos ou às entidades participantes, a sua concordância com o objeto, inclusive quanto aos quantitativos e ao

termo de referência ou projeto básico, caso o órgão ou a entidade gerenciadora entenda pertinente;

VII – promover os atos necessários à instrução processual para a realização do procedimento licitatório ou da contratação direta e todos os atos deles decorrentes, como a assinatura da ata e a sua disponibilização aos órgãos ou às entidades participantes;

VIII – remanejar os quantitativos da ata, observado o disposto no art. 30;

IX – gerenciar a ata de registro de preços;

X – conduzir as negociações para alteração ou atualização dos preços registrados;

XI – deliberar quanto à adesão posterior de órgãos e entidades que não tenham manifestado interesse durante o período de divulgação da IRP;

XII – verificar, pelas informações a que se refere a alínea "a" do inciso I do caput do art. 8º, se as manifestações de interesse em participar do registro de preços atendem ao disposto no art. 3º e indeferir os pedidos que não o atendam;

XIII – aplicar, garantidos os princípios da ampla defesa e do contraditório, as penalidades decorrentes de infrações no procedimento licitatório ou na contratação direta e registrá-las no SICAF;

XIV – aplicar, garantidos os princípios da ampla defesa e do contraditório, as penalidades decorrentes do descumprimento do pactuado na ata de registro de preços, em relação à sua demanda registrada, ou do descumprimento das obrigações contratuais, em relação às suas próprias contratações, e registrá-las no SICAF; e

XV – aceitar, excepcionalmente, a prorrogação do prazo previsto no §2º do art. 31, nos termos do disposto no §3º do art. 31.

§1º Os procedimentos de que tratam os incisos I a VI do caput serão efetivados anteriormente à elaboração do edital, do aviso ou do instrumento de contratação direta.

§2º O órgão ou a entidade gerenciadora poderá solicitar auxílio técnico aos órgãos ou às entidades participantes para a execução das atividades de que tratam os incisos IV e VII do caput.

§3º Na hipótese de compras nacionais ou centralizadas, o órgão ou a entidade gerenciadora poderá centralizar a aplicação de penalidades decorrentes do descumprimento do pactuado na ata de registro de preços para todos os participantes.

§4º O exame e a aprovação das minutas do edital, dos avisos ou dos instrumentos de contratação direta e do contrato serão efetuados exclusivamente pela Assessoria Jurídica do órgão ou da entidade gerenciadora.
§5º O órgão ou a entidade gerenciadora deliberará, excepcionalmente, quanto à inclusão, como participante, de órgão ou entidade que não tenha manifestado interesse durante o período de divulgação da IRP, desde que não tenha sido finalizada a consolidação de que trata o inciso III do caput.

Cuida o art. 7º, *caput*, do regulamento da competência do órgão ou entidade gerenciadora para praticar todos os atos de controle e de administração do SRP. Vale lembrar que a competência é um dos requisitos do ato administrativo e, em última análise, se traduz no poder que o agente público tem para a prática de determinada atividade administrativa.

Convém aqui dizer, logo de início, que o requisito da competência, se não observado, carreia ao ato administrativo o vício denominado de excesso de Poder. Irene Patrícia Nohara, debruçando-se sobre a questão, preleciona:

> Outro vício também associado à competência, nessa dimensão material, seria o chamado excesso de poder, por meio do qual o agente, via de regra, busca fins previstos no ordenamento, mas se excede no emprego dos meios, desdobrando também das competências previstas em lei para a sua ação.[34]

A lição da autora é suficientemente clara para se concluir que um ato administrativo com vício de competência se constitui em grave ilegalidade que pode ensejar a sua anulação.

Feita essa consideração, de caráter preliminar, passemos, pois, ao exame do dispositivo. É de se ver, que o art. 7º do Decreto nº 11.462/2023 vem a disciplinar a competência do órgão ou entidade gerenciadora para a prática dos atos de controle e de administração do SRP. Pertinente, em princípio, fixar o sentido da expressão "órgão ou entidade gerenciadora". Desta feita, o art. 7º inciso:

---

[34] NOHARA, Irene Patrícia. *Direito administrativo*. 5. ed. atual. e rev. São Paulo: Atlas, 2015, p. 204.

XLVII – órgão ou entidade gerenciadora: órgão ou entidade da Administração Pública responsável pela condução do conjunto de procedimentos para registro de preços e pelo gerenciamento da ata de registro de preços dele decorrente.

Quanto à acepção jurídica da expressão "órgão ou entidade gerenciadora", queremos crer que a sua inteligência não pode ser outra, que não aquela já consagrada no Direito Administrativo: órgão ou entidade gerenciadora entendida enquanto unidades, círculos ou centros de competências e, portanto, sem personalidade jurídica.[35] Assim, o órgão público, enquanto centro de competência, expressa a vontade da pessoa jurídica que ele – órgão público – íntegra (União, Estados, Distrito Federal e Municípios).

Por outra perspectiva, é possível afirmar que o órgão público, em observância ao princípio da hierarquia, deve encontrar-se em uma estrutura pautada pela subordinação e coordenação, no contexto do Poder Executivo.

Nesse mesmo passo, a entidade gerenciadora se constitui de pessoa jurídica integrante da Administração Pública indireta. Lembramos, por relevante, que a norma não alcança todos os entes da Administração descentralizada, na medida em que as empresas públicas e sociedades de economia mista regem-se por lei específica de licitações, denominada de Estatuto das Empresas Estatais (Lei nº 13.303/2016), abrangendo tão somente as autarquias e fundações públicas.

Finalmente, e levando-se em consideração que se trata da regulamentação do SRP da Administração Pública Federal, as diversas unidades de competência que integram a Administração Pública direta encontram-se representadas pelos Ministérios e respectivos departamentos.

Dada a importância, é necessário apresentar os contornos jurídicos de cada uma das atribuições listadas no art. 7º do regulamento federal. Vejamos.

---

[35] BANDEIRA DE MELLO, Celso Antônio. Órgãos são unidades abstratas que sintetizam os vários círculos de atribuições do Estado. *Curso de direito administrativo*. 32 ed. rev. e atual. até a Emenda Constitucional 84, de 2.12.2014, São Paulo: Malheiros, 2015, p. 114. CARVALHO FILHO, José dos Santos. O autor conceitua o órgão público "como o compartimento na estrutura estatal que são cometidos funções determinadas(...)". *Manual de direito administrativo*. 30. ed. rev., atual. e ampl. São Paulo: Atlas, 2016, p. 15. MEIRELLES, Hely Lopes. A clássica definição de autor: "centros de competência instituídos para o desempenho de funções estatais (...)". *Direito administrativo brasileiro*. São Paulo: Malheiros, 2009, p. 68.

1 Realização do procedimento público de intenção de registro de preços

Na forma estabelecida no art. 7º, inc. I, do regulamento federal, compete ao órgão ou à entidade gerenciadora praticar todos os atos de controle e de administração do SRP, em especial, realizar procedimento público de intenção de registro de preços e, quando for o caso, estabelecer o número máximo de participantes, em conformidade com sua capacidade de gerenciamento.

Destarte, uma das principais responsabilidades desse órgão é realizar o procedimento público de IRP, na forma do art. 9º do regulamento federal. O objetivo do IRP é informar aos órgãos e entidades administrativas a pretensão de a Administração realizar uma futura contratação por meio de Sistema de Registro de Preços, permitindo que outros aproveitem o futuro certame para contratar o mesmo objeto, fato que racionaliza a gestão pública eficientemente.

Demais disso, fixa o mesmo dispositivo que a administração gerenciadora pode, quando for o caso, estabelecer o número máximo de participantes no SRP, em conformidade com sua capacidade administrativa para um adequado gerenciamento. Tal possibilidade afigura-se como essencial para garantir a eficiência do SRP, pois levará em consideração a capacidade do órgão ou entidade gerenciadora em viabilizar a contratação da demanda de vários outros órgãos ou entidades, bem como gerir a futura ata de registro de preços. Em nosso entendimento, a previsão legal em exame é medida adequada, haja vista a possibilidade do órgão ou entidade não ter uma ampla capacidade operacional de gerenciamento, fato que pode prejudicar a eficiência do SRP.

Cumpre-nos esclarecer, para que não reste qualquer dúvida, que o dispositivo em comento diz respeito ao número de órgãos públicos participantes do SRP, mas, sob qualquer hipótese, não permite a limitação de licitantes partícipes, sob pena de inobservância do princípio da competitividade.

A título de exemplo, suponha-se que a administração gerenciadora detenha uma estrutura administrativa limitada e não tenha capacidade para realizar a interlocução com um grande número de órgãos ou entidades públicas e fornecedores para decidir sobre adesão, negociar, realizar os atos necessários para remanejamento de quantitativos, processar expedientes sancionatórios e de cancelamento da ata etc. Nesse caso, pode a administração gerenciadora fixar um número máximo de participantes no SRP, a fim de garantir que consiga exercer adequada e eficientemente todas as atribuições arroladas no artigo em comento.

Em tempo, tem-se que o §1º fixa, que a realização dos atos necessários para viabilização da intenção de registro de preços, que deve ocorrer anteriormente à elaboração do edital, do aviso ou do instrumento de contratação direta.

Sobre tal assunto, o Conselho da Justiça Federal editou o referido enunciado sobre:

> "Enunciado nº 37 – Ao estabelecer o número máximo de participantes no procedimento de registro de preços, conforme art. 7º, inciso I, do Decreto n. 11.462/2023, o órgão da Justiça Federal poderá, mediante justificativa, limitar a IRP aos demais órgãos da Justiça Federal ou, até mesmo, dispensá-la, caso todos tenham tido a oportunidade de manifestação prévia acerca do planejamento da contratação."

2 Aceitação ou recusa, justificada, de intenção de registro de preços

Na forma como estabelece o art. 7º, inc. II, do regulamento federal, é competência do órgão ou entidade gerenciadora praticar todos os atos de controle e de administração do SRP, em especial, aceitar ou recusar, justificadamente, no que diz respeito à IRP os quantitativos considerados ínfimos, a inclusão de novos itens e os itens de mesma natureza com modificações em suas especificações.

Uma das atribuições mais relevantes do gerenciador do SRP é a possibilidade de aceitar ou recusar a solicitação de órgãos ou entidades para figurarem como participantes, ocasião em que apresentarão a sua demanda à gerenciadora. A recusa ao recebimento da demanda apresentada por um órgão ou entidade pública deverá ser devidamente justificada, sendo considerada ilegal a prática de comportamento desprovida da necessária motivação.

Esclareça-se que a aceitação ou recusa das demandas apresentadas por outras administrações deve estar relacionada em relação: a) aos quantitativos considerados ínfimos; b) à inclusão de novos itens; e c) aos itens de mesma natureza com modificações em suas especificações.

Examinando as hipóteses contempladas nas alíneas do art. 7º, inciso II, tem-se que a alínea "a" permite que o órgão gerenciador recuse a participação de órgãos ou entidades que apresentem demandas para inclusão no SRP para itens cujo quantitativo seja reduzido, de forma que não seja viável a sua aceitação. Contudo, embora a previsão legal venha disposta com a necessária clareza, temos para nós que a recusa com sustentáculo em quantitativos considerados ínfimos se revela inadequada, pois um órgão ou entidade pode desejar aproveitar o SRP alheio para viabilizar a aquisição de um determinado objeto cuja quantidade mínima torne inviável a instauração de uma licitação específica.

No tocante à alínea "b", tem-se que poderá o órgão ou entidade gerenciadora permitir ou não a introdução de novos itens no SRP. Melhor ilustrando, suponha-se que um órgão ou entidade pretenda incluir um novo item no IRP, cuja especificação demonstre diferença em relação àquelas apresentadas por outros pretensos participantes, cuja presença no SRP pode gerar encargos que o órgão gerenciador não pode ou queira assumir. Em outras palavras, poderá a Administração gerenciadora recusar a introdução de um item no SRP da mesma natureza daquele que será registrado, porém importado, inexistindo a produção no país. Assim, poderá ocorrer a recusa, pois a aceitação da demanda acabará por transformar um certame típico, cujo processamento será regular, em uma complexa licitação internacional.

Logo, tem-se que a administração gerenciadora pode e deve realizar um motivado juízo de valor em relação às demandas apresentadas, considerando-se critérios diversos, a exemplo da particularidade do objeto, complexidade do gerenciamento da ata, dificuldade do processamento do certame ou de interlocução com os fornecedores, entre outras possibilidades. Deveras, se considerado que a inclusão do item é pertinente, à luz das particularidades do caso concreto, o órgão gerenciador pode aceitar a introdução do objeto demandado no SRP, mas, se julgar que não é adequada, motivadamente poderá manifestar a sua recusa.

Por derradeiro, temos a situação fixada na alínea "c", que fixa a possibilidade de aceitação ou recusa da intenção de registro de preços quando há modificações nas especificações dos itens registrados. Exemplificativamente, se determinada administração solicita a inclusão de um item similar aos que serão futuramente registrados, mas com especificações diferentes, o órgão gerenciador tem o poder de aceitar ou recusar a introdução do objeto com essa modificação.

Novamente, deverá ser considerado se a modificação da especificação desse item é pertinente à luz das particularidades do caso concreto, em juízo de valor que poderá ensejar a aceitação ou recusa do órgão gerenciador, naquilo que diz respeito à introdução do objeto demandado no SRP.

Registre-se, ainda, que as disposições do §1º devem ser aplicadas, tal qual observamos quando do exame do inciso I, pelo que os atos de aceitação ou recusa de demanda para o SRP devem ocorrer anteriormente à elaboração do edital, do aviso ou do instrumento de contratação direta.

Finalmente, fixa o §5º que o órgão ou a entidade gerenciadora deliberará, excepcionalmente, quanto à inclusão, como participante, de órgão ou entidade que não tenha manifestado interesse durante o período de divulgação da IRP, desde que não tenha sido finalizada a consolidação de que trata o inciso III do mesmo artigo.

3 Consolidação das informações relativas à estimativa individual e ao total de consumo

Prescreve o art. 7º, inc. III, do regulamento federal, que compete ao órgão ou à entidade gerenciadora praticar todos os atos de controle e de administração do SRP, em especial, consolidar informações relativas à estimativa individual e ao total de consumo, promover a adequação dos termos de referência ou projetos básicos encaminhados para atender aos requisitos de padronização e racionalização, além de determinar a estimativa total de quantidades da contratação.

No âmbito do SRP, afigura-se essencial, para garantir a sua eficiência e a racionalização, bem como garantir efetiva contratação futura dos objetos registrados, a competência do órgão ou entidade gerenciadora de consolidar informações e promover a adequação das estimativas de consumo, dos termos de referência, em caso de fornecimento de bens ou prestação de serviços, ou projetos básicos, quando do registro de preços de obras e serviços de engenharia, além de determinar a estimativa total de quantidades da contratação.

Por estimativa individual dos órgãos participantes entende-se a previsão de consumo de cada um dos partícipes do SRP. Veja-se que cada órgão realiza sua própria análise e estima o quantitativo dos bens, serviços ou obras que pretende adquirir anualmente, ou ao longo do período de vigência do registro, dada a questão colocada no art. 22 desse regulamento.

Por sua vez, em relação à estimativa total de consumo, é de lapidar clareza que o comando legal em apreço refere-se à soma das estimativas individuais de todos os órgãos ou entidades participantes. É o cálculo do consumo previsto para todos os que ingressam no Sistema de Registro de Preços como participantes, representando o volume total de bens ou serviços esperados, tanto pela administração gerenciadora como pelos participantes durante a vigência da ata. Essa estimativa é essencial para a fixação do quantitativo total da licitação e pode influenciar na definição dos preços registrados, tendo em vista a incidência do princípio da economia de escala.

Em nosso sentir, o órgão ou entidade responsável pela consolidação das estimativas individuais, ao analisar os dados encaminhados, não deve verificar se os mesmos estão corretos e compatíveis com as necessidades reais dos futuros participantes, posto que isso se constitui em dever das administrações partícipes e aderentes. Eventuais erros e falhas na quantificação poderão ser resolvidos por meio da realização de remanejamento de quantidades ou implementação de acréscimo quantitativo do objeto contratado. Com efeito, a função do órgão ou entidade gerenciadora é apenas consolidar os quantitativos.

Além disso, o órgão ou entidade gerenciadora também tem a responsabilidade de promover a adequação dos termos de referência ou projetos básicos encaminhados pelos órgãos solicitantes. Isso significa que a gerenciadora deve analisar o escopo dos objetos e as particularidades de execução, passando a padronizar a demanda e forma de execução no termo de referência e projeto básico, o que permitirá a adequada precificação futura pelos interessados.

Por fim, a aplicabilidade do §1º já examinado é medida que se impõe.

4 Realização da pesquisa de mercado e consolidação dos dados

Compete ao órgão ou à entidade gerenciadora praticar todos os atos de controle e de administração do SRP, em especial, a realização de pesquisa para identificação dos preços praticados no mercado correlato, necessário para fixação do valor estimado da licitação ou contratação direta e, quando for o caso, é atribuição da administração gerenciadora a consolidação dos dados das pesquisas de mercado realizadas pelos órgãos e pelas entidades participantes, inclusive na hipótese de compra centralizada.

Calha aqui dizer que somente após a consolidação do quantitativo total da futura contratação, com a entrega das demandas pelos órgãos e/ou entidades participantes, que a pesquisa de mercado reunirá condições de ser implementada, de modo a permitir a identificação do valor total estimado do SRP ou contratação direta, elemento que, em tese, garante a incidência do princípio da economia de escala.

A realização da pesquisa de mercado dos objetos que serão registrados por meio de Sistema de Registro de Preços ocorrerá conforme fixa o art. 23 da Nova Lei de Licitações. Sobre tal assunto recomenda-se a leitura dos nossos comentários lançados em outra obra.[36] Conquanto nos pareça óbvio, importa dizer que a pesquisa de mercado deve ser a mais ampla possível, pois assim o preço de mercado de dado objeto certamente será fidedigno.

Além disso, a competência do órgão gerenciador também abrange a consolidação dos dados das pesquisas de mercado realizadas pelos órgãos e entidades participantes. Nesse caso, a depender do objeto, as demandas encaminhadas por outros órgãos já deverão estar acompanhadas da pesquisa de mercado, não sendo atribuição do gerenciador realizar tal estimativa, principalmente quando o custo do objeto levar em consideração particularidades da região ou do próprio objeto da licitação.

Consequentemente, quando vários outros órgãos ou entidades desejarem utilizar o registro de preços para adquirir o mesmo produto, serviço ou obra, o órgão gerenciador também poderá consolidar as informações obtidas em suas pesquisas de mercado, bem como as pesquisas realizadas pelos participantes, incluindo a hipótese de compra centralizada.

Conforme fixa o §2º, o órgão ou a entidade gerenciadora poderá solicitar auxílio técnico aos órgãos ou às entidades participantes para a execução da atividade relacionada à precificação, pois para a realização das atribuições em estudo pode exigir a necessidade de interlocução com a área demandante do órgão ou entidade participante, principalmente em caso de prestação de serviços contínuos, de engenharia ou obras.

---

[36] PIRES, Antonio Cecilio Moreira. PARZIALE, Aniello. *Comentários à Nova Lei de Licitações Públicas e Contratos Administrativos*: Lei nº 14.133, de 1º de abril de 2021. São Paulo, Almedina. 2021.

Mais uma vez, na mesma linha das considerações anteriores, a observância do §1º do artigo em comento deve ser observada em sua integralidade.

5 Promoção da divulgação do programa ou projeto federal na hipótese de compra nacional

A teor do art. 7º, inc. V, do regulamento em comento, compete ao órgão ou à entidade gerenciadora praticar todos os atos de controle e de administração do SRP, em especial, promover, na hipótese de compra nacional, a divulgação do programa ou projeto federal, a pesquisa de mercado e a consolidação da demanda dos órgãos e das entidades da Administração direta e indireta da União, dos Estados, do Distrito Federal e dos Municípios beneficiados.

Conforme o enfatizado quando do exame do art. 2º, deve ser considerada compra nacional a contratação que, além de atender os requisitos procedimentais para o registro de preços, trate de execução descentralizada e de programa ou projeto federal.

Lembramos, por oportuno, que a compra nacional deve ser entendida como contratação nacional, haja vista que a compra, em sentido estrito, refere-se única e tão somente à aquisição de bens. Portanto, se assim interpretado, encontramos um racional jurídico, ao dizer que a contratação de serviços e de obras e serviços de engenharia são espécies de contratação nacional, juntamente com as aquisições de bens.

Destarte, a contratação nacional é aquela em que o órgão, ou, ainda, uma entidade gerenciadora, cuida de todos os procedimentos necessários ao registro de preços, em se tratando de execução descentralizada de programa ou projeto federal, consolidando as demandas previamente indicadas pelos entes federados beneficiados, dispensando-a de manifestação de interesse durante o período de divulgação da IRP.

De modo a tornar eficiente o processo sancionatório de particulares que incorrem em comportamento infracional no âmbito das compras nacionais e centralizadas, fixa o §3º que o órgão ou a entidade gerenciadora poderá centralizar a aplicação de penalidades decorrentes do descumprimento do pactuado na ata de registro de preços para todos os participantes.

6 Confirmação da participação do órgão ou entidade participante

Por sua vez, o art. 7º, inc. VI, do regulamento federal, fixa também a competência de o órgão ou a entidade gerenciadora praticar todos os atos de controle e de administração do SRP, em especial, confirmar, junto aos órgãos ou às entidades participantes, a sua concordância com o objeto, inclusive quanto aos quantitativos e ao termo de referência ou projeto básico, caso o órgão ou a entidade gerenciadora entenda pertinente.

A manifestação formal dos órgãos ou entidades participantes, no sentido de expressar a sua concordância com o objeto que se pretende introduzir na licitação que será processada, é essencial e necessária para garantir segurança jurídica, eficiência administrativa e alinhamento entre administração gerenciadora e participantes, evitando possíveis divergências, conflitos ou problemas futuros.

Em nosso sentir, tem-se que a formal confirmação de demanda relaciona-se à validação do objeto e suas particularidades, do quantitativo pretendido e, quando for o caso, da introdução de novo item no objeto da futura licitação ou da variação da sua especificação, sendo que eventual confirmação condicionada deverá assentar aquilo que não será possível de ser introduzido no SRP.

Esclareça-se que a aplicabilidade das disposições do §2º do artigo em comento, tal qual já dissemos quando do exame do inciso V, deve ser observada no sentido de permitir que o órgão ou a entidade gerenciadora possa solicitar auxílio técnico aos órgãos ou às entidades participantes para a execução das atividades ora comentadas. Do mesmo modo, a confirmação dos quantitativos e informações constantes do termo de referência e projeto básico deve ocorrer anteriormente à elaboração do edital, do aviso ou do instrumento de contratação direta (§1º), como, aliás, exaustivamente demonstrado em nossos comentários anteriores.

7 Processamento do certame

Reza o art. 7º, inc. VIII, do regulamento federal, que compete ao órgão ou à entidade gerenciadora praticar todos os atos de controle e de administração do SRP, notadamente, promover os atos necessários à instrução processual para a realização do procedimento licitatório ou da contratação direta e todos os atos deles decorrentes, como a assinatura da ata e a sua disponibilização aos órgãos ou às entidades participantes.

Ou seja, no âmbito do registro de preços, é de competência exclusiva do órgão ou entidade gerenciadora promover todos os atos necessários para o processamento do certame licitatório ou da contratação direta.

Conforme fixa o art. 17 da Nova Lei de Licitações, o processamento do certame observará as seguintes fases: I – preparatória; II – de divulgação do edital de licitação; III – de apresentação de propostas e lances, quando for o caso; IV – de julgamento; V – de habilitação; VI – recursal; e VII – de homologação.

Uma vez concluído o certame, ocorrerá a convocação do vencedor ou vencedores à assinatura da ata, na forma fixada no art. 90 da Nova Lei de Licitações, que consiste no compromisso de futura contratação, passando o órgão gerenciador a disponibilizar referido compromisso aos órgãos ou entidades participantes, fornecendo a eles acesso às informações sobre os resultados da licitação ou da contratação direta.

Fixa o §4º do artigo em comento que o exame e a aprovação das minutas do edital, dos avisos ou dos instrumentos de contratação direta e do contrato serão efetuados exclusivamente pela assessoria jurídica do órgão ou da entidade gerenciadora.

Acerca do processamento do certame, recomendamos a leitura de nossa obra, denominada de *Comentários à Nova Lei de Licitações Públicas e Contratos Administrativos: Lei 14.133 de 1º de abril de 2021,* editado pela Almedina.

8 Remanejamento dos quantitativos da ata de preços

Ademais, consoante dispõe o art. 7º, inc. XIII, do regulamento federal, compete ao órgão ou à entidade gerenciadora praticar todos os atos de controle e de administração do SRP, inclusive remanejar os quantitativos da ata. Essa atribuição e autorização, que encontra razão de ser no princípio da mutabilidade, é de fundamental importância, haja vista que o interesse público se modifica no transcurso do tempo.

É apropriado mencionar, por relevante, que o art. 30 do regulamento fixa competência para que as quantidades previstas para os itens com preços registrados nas atas possam ser remanejadas pelo órgão ou pela entidade gerenciadora, entre os órgãos ou entidades participantes e não participantes do registro de preços.

Acerca dos limites do remanejamento, tem-se que o §1º do suprarreferido dispositivo estabelece que essa possibilidade somente ocorrerá em duas hipóteses: I – de órgão ou entidade participante para órgão ou entidade participante; ou II – de órgão ou entidade participante para órgão ou entidade não participante. Observa-se, desta feita, que o órgão gerenciador tem competência de realocar as quantidades de itens registrados entre os órgãos ou entidades participantes e também entre os participantes e os não participantes do registro de preços.

Essa ação visa garantir uma melhor gestão dos quantitativos e atender às demandas administrativas de forma mais eficiente, possibilitando a redistribuição dos itens entre os envolvidos de acordo com suas necessidades reais ao longo da vigência da ata.

Para compreender essa competência, é válido apresentar alguns exemplos práticos. Suponhamos que um gerenciador tenha realizado registro de preços para a aquisição de computadores, em que diversos órgãos e entidades participantes manifestaram interesse em adquirir esses itens. Após a assinatura da ata, os quantitativos registrados para cada item podem ser distribuídos entre os participantes de acordo com as necessidades iniciais.

Durante a vigência da ata, por tal e qual motivo, pode uma das administrações participantes necessitar de uma quantidade maior daquilo que foi registrado, enquanto outro órgão ou entidade participante vai demandar efetivamente uma quantidade menor que a prevista inicialmente. Nesse caso, o órgão ou entidade gerenciadora pode realizar o remanejamento dos quantitativos entre os participantes ou não, desde que respeitando as regras estabelecidas no art. 30.

Acerca desse expediente, recomenda-se a leitura das nossas anotações a respeito.

9 Gerenciamento da ata de registro de preços

De seu turno, o art. 7º, inc. IX, fixa competência do órgão ou da entidade gerenciadora para praticar todos os atos de controle e de administração do SRP para gerenciar a ata de registro de preços.

Deveras, uma das competências essenciais do órgão ou entidade gerenciadora é o gerenciamento da ata de registro de preços. Essa responsabilidade envolve a controle e gerenciamento da ata (art. 24), o acompanhamento e autorização para a adesão do compromisso (art. 31), negociação dos preços registrados (art. 26), a atualização da ata (art.

25), cancelamento do registro do fornecedor (art. 28), remanejamento das quantidades registradas (art. 30), garantindo sua correta execução ao longo da vigência do contrato.

Com efeito, nos parece que tais atribuições não podem ser delegadas para os órgãos ou entidades participantes ou aderentes. Para tais administrações, observa-se apenas e tão somente a atribuição de realizar a gestão do contrato decorrente da ata de registro de preços, nos termos do art. 8º do regulamento ora comentado.

10 Negociação para alteração ou atualização dos preços registrados

Outra importante e essencial atribuição do órgão ou entidade gerenciadora contida no inciso X do art. 7º é a condução das negociações junto ao detentor da ata de registro de preços para alteração ou atualização dos preços registrados, que ocorrerá na forma dos arts. 26 e 27 do regulamento ora comentado.

A atribuição de negociação visa garantir que os preços registrados permaneçam atualizados ao longo da vigência da ata de registro de preços às condições mercadológicas, levando em consideração possíveis variações de mercado, decorrente de mudanças nos custos de produção, dos preços dos fornecedores, do impacto da tributação, da observância da inflação, das alterações nas taxas de câmbio, do aumento dos custos de matéria-prima, além de outros fatores relevantes.

Com efeito, os preços registrados na ata são baseados nas condições de mercado no momento da realização do processo licitatório. No entanto, durante o prazo de vigência da ata de registro de preços, fixado em 1 (um) ano, admitida a prorrogação por igual período, conforme o determinado pela Nova Lei de Licitações e Contratos, pode ocorrer, consoante apontamos acima, situações que exijam a negociação dos valores da ata, tanto para menor como para maior, caso ocorra um barateamento ou majoração dos valores praticados no segmento.

Assim, sendo observada no caso concreto a oscilação dos preços no mercado correlato, garante o inc. X do art. 7º do regulamento federal a possibilidade de o órgão ou entidade gerenciadora travar negociação com o fornecedor, por meio de interlocução direta, para a alteração ou atualização dos preços, seja para mais ou para menos.

É de curial importância dizer que a possibilidade de majoração ou barateamento do preço registrado é disciplina salutar para a

Administração Pública, pois permite que o licitante, no decorrer do processo licitatório oferte preço competitivo e de mercado, sem a inclusão de qualquer expectativa inflacionária, dentre outros fatores possíveis, sabendo que qualquer flutuação mercadológica poderá ensejar a alteração do preço registrado, inclusive naquilo que diz respeito à sua majoração.

Infelizmente, e diferentemente do disposto na legislação, a Administração Pública, notadamente os municípios, parece ter receio ou então, movida por interesses outros, indefere todo e qualquer pedido de majoração de preços, ainda que devidamente motivado e provado, justificando essa conduta na absurda e inaceitável argumentação de que o detentor da ata de registro de preços deveria ter previsto essa possibilidade, quando da oferta do preço no decorrer do processo licitatório.

Volvemos a enfatizar que essa conduta revela-se eivada de flagrante vício de ilegalidade. Ora, se o particular demonstrar e provar a variação do preço, deve a Administração, no exercício de sua competência fiscalizatória, diligenciar e verificar a ocorrência da flutuação do preço registrado, deferindo o pedido do interessado, na exata medida da majoração ocorrida. Doutra parte, a velha justificativa de que o particular, no decorrer do processo licitatório, deveria embutir em seu preço qualquer expectativa de majoração seria o mesmo que dizer que a Administração estaria disposta a pagar preço maior do que aquele praticado no mercado, em franco desatendimento dos princípios norteadores da licitação, ferindo o nosso tão dilapidado Erário.

Essa prática, além de maculada pela ilegalidade, termina, no mais das vezes, por inviabilizar a correta utilização da ata de registro de preços, ensejando, em alguns casos, a também ilegal aplicação de sanção ao particular, que, por conta de questão econômico-financeira, não consegue fornecer os bens ou realizar a prestação do serviço, por força de decisão proferida à margem da lei.

11 Decisão sobre adesão à ata de registro de preços

Fixa o art. 7º, inc. XI, do regulamento federal, que compete ao órgão ou à entidade gerenciadora praticar todos os atos de controle e de administração do SRP, especialmente a deliberação quanto à adesão posterior de órgãos e entidades que não tenham manifestado interesse durante o período de divulgação da IRP.

Essa atribuição denota que o órgão ou entidade gerenciadora da ata tem a responsabilidade de analisar e decidir sobre a inclusão de novos órgãos ou entidades no SRP, os quais não tenham participado do processo desde o início, na forma do art. 9º do regulamento federal.

Sobre tal atribuição, imaginemos que uma Administração tenha realizado uma IRP para aquisição de água engarrafada. Durante o período de divulgação da IRP, alguns órgãos e entidades manifestaram interesse em participar e foram devidamente incluídos no SRP. Após a conclusão da licitação que processou o referido SRP, alguns órgãos ou entidades que na fase preparatória do certame não demonstraram interesse em encaminhar a sua demanda podem, posteriormente, identificar a necessidade de referido objeto. Nesse caso, o art. 31 do regulamento federal, na forma lá estampada, permite que tais órgãos ou entidades venham pleitear a adesão à ata de registro de preços.

Nesse caso, conforme atribuição prevista no art. 7º, inc. XI, do regulamento federal, deverá o órgão ou entidade gerenciadora avaliar o pedido de adesão à referida ata de registro de preços, devendo ser observados todos os detalhes previstos a partir do art. 31 do regulamento.

12 Aceitação de órgãos e entidades públicas como administração participante

A disciplina contida no art. 7º, inc. XII, do regulamento federal, prevê competência do órgão ou da entidade gerenciadora praticar todos os atos de controle e de administração do SRP, especialmente verificar, pelas especificações do item ou do termo de referência ou projeto básico adequado ao registro de preços do qual pretende participar, se as manifestações de interesse em participar do registro de preços atendem aos objetivos do SRP e, de modo contrário, indeferir os pedidos que não o atendam.

No contexto do registro de preços, a competência do órgão ou da entidade gerenciadora é essencial para garantir um adequado controle e administração do SRP. Dentre suas atribuições, de acordo com o texto fornecido, destaca-se a competência de verificar se as manifestações de interesse em participar do registro de preços atendem aos requisitos estabelecidos no art. 3º,[37] e indeferir os pedidos que não estejam em conformidade.

O art. 3º da legislação relacionada ao SRP estabelece as hipóteses em que é possível a adoção de SRP para processar as compras da Administração Pública. *Verbi gratia*, caso a pretensão da Administração, em razão das características do objeto, não ensejar necessidade de contratações permanentes ou frequentes, vale dizer, se a demanda do órgão ou da entidade for única, deverá o pedido ser indeferido.[38]

13 Aplicação de sanções

Outrossim, conforme prevê o art. 7º, inc. XIII, compete ao órgão ou à entidade gerenciadora praticar todos os atos de controle e de administração do SRP, aplicando, quando for o caso, e garantidos os princípios da ampla defesa e do contraditório, as penalidades decorrentes de infrações no procedimento licitatório ou na contratação direta e registrá-las no SICAF.

Da mesma forma, estabelece o art. 7º, inc. XIV, que poderá a Administração gerenciadora aplicar, garantidos os princípios da ampla defesa e do contraditório, as penalidades decorrentes do descumprimento do pactuado na ata de registro de preços, em relação à sua demanda registrada, ou do descumprimento das obrigações contratuais, em relação às suas próprias contratações, e registrá-las no SICAF.

As sanções administrativas afiguram-se como prerrogativas da Administração Pública brasileira, conforme se extrai da leitura do art. 104, inc. IV, da Nova Lei de Licitações, estando o regime punitivo fixado a partir do art. 155 da Lei nº 14.133/2021.

---

[37] "Art. 3º O SRP poderá ser adotado quando a Administração julgar pertinente, em especial:
I – quando, pelas características do objeto, houver necessidade de contratações permanentes ou frequentes;
II – quando for conveniente a aquisição de bens com previsão de entregas parceladas ou contratação de serviços remunerados por unidade de medida, como quantidade de horas de serviço, postos de trabalho ou em regime de tarefa;
III – quando for conveniente para atendimento a mais de um órgão ou a mais de uma entidade, inclusive nas compras centralizadas;
IV – quando for atender a execução descentralizada de programa ou projeto federal, por meio de compra nacional ou da adesão de que trata o §2º do art. 32; ou
V – quando, pela natureza do objeto, não for possível definir previamente o quantitativo a ser demandado pela Administração."

[38] Sobre tal questão, recomenda-se a leitura dos nossos comentários lançados no art. 3º desta obra.

As sanções administrativas, conforme comentários lançados no art. 15, desta obra, têm o condão de controlar a licitação de processamento do SRP, bem como exigir que os futuros fornecedores cumpram as cláusulas constantes do compromisso. Logo, tais penalidades apresentam-se como instrumento de controle da licitação e ata de registro de preços, garantindo a necessária eficiência.

Como poderá ser observado no art. 15, tem-se que as penalidades podem variar, desde uma advertência, que deverá ocorrer por escrito, aplicação de multas, suspensões temporárias ou até mesmo a declaração de inidoneidade da empresa, impedindo-a de participar de futuros processos licitatórios. Todo o procedimento de aplicação das penalidades deve respeitar os princípios constitucionais da ampla defesa e do contraditório, garantindo que a empresa tenha a oportunidade de se defender antes da decisão final e que recorra da decisão imposta pela Administração, caso essa seja editada a seu desfavor.

14 Prorrogação do prazo para aquisição do objeto registrado na ata de registro de preços pela administração aderente

Por derradeiro, apresenta-se a última competência do órgão ou da entidade gerenciadora, que se encontra contida no art. 7º, inc. XV, do regulamento federal, permitindo a realização, excepcional, da prorrogação do prazo para aquisição do objeto registrado na ata de registro de preços pela administração aderente, na forma como prevê os §§1º e 2º do art. 31 do regulamento.

Melhor explicando, e sem prejuízo da leitura dos comentários lançados no art. 31, fixa o §2º do retrocitado artigo que, após a autorização do gerenciador da ata, o aderente efetivará a aquisição ou a contratação solicitada em até noventa dias, observado o prazo de vigência da ata. Para que a prorrogação ocorra, deverá o órgão ou entidade aderente encaminhar solicitação, que será aceita pelo órgão ou pela entidade gerenciadora, desde que respeitado o limite temporal de vigência da ata de registro de preços.

Acerca do referido expediente, recomenda-se a leitura dos nossos comentários lançados no art. 31 desta obra.

ARTIGO 8º – COMPETÊNCIAS DO ÓRGÃO OU DA ENTIDADE PARTICIPANTE

CAPÍTULO III
DO ÓRGÃO OU DA ENTIDADE PARTICIPANTE

Competências

Art. 8º Compete ao órgão ou à entidade participante, que será responsável por manifestar seu interesse em participar do registro de preços:
I – registrar no SRP digital sua intenção de participar do registro de preços, acompanhada:
a) das especificações do item ou do termo de referência ou projeto básico adequado ao registro de preços do qual pretende participar;
b) da estimativa de consumo; e
c) do local de entrega;
II – garantir que os atos relativos à inclusão no registro de preços estejam formalizados e aprovados pela autoridade competente;
III – solicitar, se necessário, a inclusão de novos itens, no prazo previsto pelo órgão ou pela entidade gerenciadora, acompanhada das informações a que se refere o inciso I e da pesquisa de mercado que contemple a variação de custos locais e regionais;
IV – manifestar, junto ao órgão ou à entidade gerenciadora, por meio da IRP, sua concordância com o objeto, anteriormente à realização do procedimento licitatório ou da contratação direta;
V – auxiliar tecnicamente, por solicitação do órgão ou da entidade gerenciadora, as atividades previstas nos incisos IV e VII do caput do art. 7º;
VI – tomar conhecimento da ata de registro de preços, inclusive de eventuais alterações, para o correto cumprimento de suas disposições;
VII – assegurar-se, quando do uso da ata de registro de preços, de que a contratação a ser realizada atenda aos seus interesses, sobretudo quanto aos valores praticados;

VIII – zelar pelos atos relativos ao cumprimento das obrigações assumidas pelo fornecedor e pela aplicação de eventuais penalidades decorrentes do descumprimento do pactuado na ata de registro de preços ou de obrigações contratuais;
IX – aplicar, garantidos os princípios da ampla defesa e do contraditório, as penalidades decorrentes do descumprimento do pactuado na ata de registro de preços, em relação à sua demanda registrada, ou do descumprimento das obrigações contratuais, em relação às suas próprias contratações, informar as ocorrências ao órgão ou à entidade gerenciadora e registrá-las no SICAF; e
X – prestar as informações solicitadas pelo órgão ou pela entidade gerenciadora quanto à contratação e à execução da demanda destinada ao seu órgão ou à sua entidade.

O art. 8º, *caput,* traz delineada a competência do órgão ou entidade participante, que se traduz na responsabilidade de manifestar o seu interesse em participar do registro de preços. Para tanto, os seus diversos incisos e alíneas estabelecem os atos que deverão ser observados para se atingir o desiderato desejado.

1 Registrar no SRP digital sua intenção de participar do registro de preços

A intenção de participar do registro de preços exige o atendimento de alguns requisitos. O primeiro deles encontra-se previsto no inciso I e versa sobre a necessidade das especificações do item ou termo de referência ou projeto básico que seja adequado ao registro de preços do qual pretenda participar.

Ainda que não se encontre previsto com a clareza que se desejaria, é possível afirmar que a disciplina imposta pelo inciso I é determinante no sentido de somente autorizar a participação do interessado no registro de preços se as especificações do bem ou dos serviços forem compatíveis com o objeto da licitação, até porque, se não fosse assim, correr-se-ia o risco do eventual interessado participar de registro de preços com objeto incompatível com as suas necessidades.

Nesse mesmo contexto, os requisitos da estimativa de consumo e local de entrega são informações imprescindíveis, posto que o art. 18, §1º, inciso IV, da Lei nº 14.133/2021, exige os quantitativos do objeto da licitação, que nada mais é do que a estimativa de consumo exigida no inciso I do decreto regulamentador. *Pari passu*, exige-se ainda que o interessado em participar do registro de preços informe o local de entrega do objeto, visto que essa informação é de grande relevância, na medida em que isso influi no preço ofertado, notadamente quando o lugar de entrega for em localidades mais distantes.

2   Garantia à formalização e sua aprovação de entrada no registro de preços

O inciso II retrata a fiscalização que o Poder Público deve exercer de forma perene, de modo a verificar se a atividade administrativa encontra-se sendo formatada em estrita observância da lei, bem como que tenha atingido a sua plena eficácia. Logo, no caso do inciso II, será necessário que o interessado em participar do registro de preços verifique se os atos praticados atingiram a sua finalidade, que se constitui na inclusão de seu pedido de participar da licitação para registro de preços, devendo essa solicitação ser aprovada pela autoridade competente, desde que reúna condições para tanto.

3   Solicitação de inclusão de novos itens, se necessário

De sua vez, o inciso III admite, quando necessário, que o interessado em participar do registro de preços possa fazer inclusão de novos itens no objeto da licitação, respeitado o prazo previsto pelo órgão ou entidade gerenciadora, acompanhada das informações constantes do inciso I, já explanado.

Não obstante isso, cumpre-nos, entretanto, lembrar que as licitações, segundo a Lei nº 14.133/2021, devem ser norteadas pelo princípio do planejamento, de sorte a se evitar maiores transtornos no exercício da atividade administrativa licitatória. Passou-se o tempo em que as licitações eram instauradas sem o verdadeiro conhecimento do objeto da licitação e seus requisitos, ensejando uma série de problemas no decorrer do certame, bem como na execução contratual.

Dessume-se, portanto, que a hipótese contemplada no inciso III deve ser encarada como uma excepcionalidade, e não como regra. Veja-se que o dispositivo é suficientemente claro ao dispor que essa possível excepcionalidade somente poderá ser alvo de utilização quando necessária, devendo ser apresentadas as justificativas pertinentes, em homenagem ao princípio da motivação.

Ademais, resta-nos examinar a exigência da pesquisa de mercado que contemple a variação de custos locais e regionais, para efeito de aplicação da primeira parte do inciso III – requerer a inclusão de novos itens, se necessário.

Com efeito, a pesquisa de mercado é instrumental de relevante importância para efeito de se identificar o preço de mercado de determinado bem e também, a seu tempo, para a reserva de recursos orçamentários e financeiros que, no caso da ata de registro de preços, é dispensada, devendo a Administração tomar tal providência antes da celebração dos contratos dela decorrentes.

É de se ver que o inciso III, ao dispor sobre a pesquisa de mercado, foi bastante enfático ao exigir que essa coleta de preços deve contemplar a variação dos custos locais e regionais. Por oportuno, vale dizer, que o art. 82, §5º, inciso I, da Lei nº 14.133/2021, tal qual a lei anterior, exige a realização de uma "ampla pesquisa de mercado", para as licitações que tenham por objetivo a celebração de ata de registro de preços.

Lamentavelmente, a exigência legal da "pesquisa de mercado" consagrou-se como aquela realizada com um mínimo de três empresas, que devem apresentar os seus preços, a título de orçamento do bem ou serviço objeto da licitação. Enfatize-se que os preços apresentados servirão para compor o preço médio, que será o *quantum* que a Administração se propõe a pagar pela execução do ajuste público.

Desnecessárias maiores considerações para se concluir pela relevância da pesquisa de mercado, pois, se realizada de modo simplista ou mesmo desidioso, obtendo-se preço que não reflete a realidade do mercado, muito provavelmente os preços apresentados pelos licitantes serão superiores ao do orçamento da Administração Pública, configurando, erroneamente, a hipótese de preço excessivo.

Por tal razão, fixou o art. 23 da Nova Lei de Licitações:

> Art. 23. O valor previamente estimado da contratação deverá ser compatível com os valores praticados pelo mercado, considerados os preços constantes de bancos de dados públicos e as quantidades a serem contratadas, observadas a potencial economia de escala e as peculiaridades do local de execução do objeto.
> §1º No processo licitatório para aquisição de bens e contratação de serviços em geral, conforme regulamento, o valor estimado será definido

com base no melhor preço aferido por meio da utilização dos seguintes parâmetros, adotados de forma combinada ou não:

I – composição de custos unitários menores ou iguais à mediana do item correspondente no painel para consulta de preços ou no banco de preços em saúde disponíveis no Portal Nacional de Contratações Públicas (PNCP);

II – contratações similares feitas pela Administração Pública, em execução ou concluídas no período de 1 (um) ano anterior à data da pesquisa de preços, inclusive mediante sistema de registro de preços, observado o índice de atualização de preços correspondente;

III – utilização de dados de pesquisa publicada em mídia especializada, de tabela de referência formalmente aprovada pelo Poder Executivo federal e de sítios eletrônicos especializados ou de domínio amplo, desde que contenham a data e hora de acesso;

IV – pesquisa direta com no mínimo 3 (três) fornecedores, mediante solicitação formal de cotação, desde que seja apresentada justificativa da escolha desses fornecedores e que não tenham sido obtidos os orçamentos com mais de 6 (seis) meses de antecedência da data de divulgação do edital;

V – pesquisa na base nacional de notas fiscais eletrônicas, na forma de regulamento.

§2º No processo licitatório para contratação de obras e serviços de engenharia, conforme regulamento, o valor estimado, acrescido do percentual de Benefícios e Despesas Indiretas (BDI) de referência e dos Encargos Sociais (ES) cabíveis, será definido por meio da utilização de parâmetros na seguinte ordem:

I – composição de custos unitários menores ou iguais à mediana do item correspondente do Sistema de Custos Referenciais de Obras (Sicro), para serviços e obras de infraestrutura de transportes, ou do Sistema Nacional de Pesquisa de Custos e Índices de Construção Civil (Sinapi), para as demais obras e serviços de engenharia;

II – utilização de dados de pesquisa publicada em mídia especializada, de tabela de referência formalmente aprovada pelo Poder Executivo federal e de sítios eletrônicos especializados ou de domínio amplo, desde que contenham a data e a hora de acesso;

III – contratações similares feitas pela Administração Pública, em execução ou concluídas no período de 1 (um) ano anterior à data da pesquisa de preços, observado o índice de atualização de preços correspondente;

IV – pesquisa na base nacional de notas fiscais eletrônicas, na forma de regulamento.

§3º Nas contratações realizadas por Municípios, Estados e Distrito Federal, desde que não envolvam recursos da União, o valor previamente estimado da contratação, a que se refere o caput deste artigo, poderá ser definido por meio da utilização de outros sistemas de custos adotados pelo respectivo ente federativo.

§4º Nas contratações diretas por inexigibilidade ou por dispensa, quando não for possível estimar o valor do objeto na forma estabelecida nos §§1º, 2º e 3º deste artigo, o contratado deverá comprovar previamente que os preços estão em conformidade com os praticados em contratações semelhantes de objetos de mesma natureza, por meio da apresentação de notas fiscais emitidas para outros contratantes no período de até 1 (um) ano anterior à data da contratação pela Administração, ou por outro meio idôneo.

§5º No processo licitatório para contratação de obras e serviços de engenharia sob os regimes de contratação integrada ou semi-integrada, o valor estimado da contratação será calculado nos termos do §2º deste artigo, acrescido ou não de parcela referente à remuneração do risco, e, sempre que necessário e o anteprojeto o permitir, a estimativa de preço será baseada em orçamento sintético, balizado em sistema de custo definido no inciso I do §2º deste artigo, devendo a utilização de metodologia expedita ou paramétrica e de avaliação aproximada baseada em outras contratações similares ser reservada às frações do empreendimento não suficientemente detalhadas no anteprojeto.

§6º Na hipótese do §5º deste artigo, será exigido dos licitantes ou contratados, no orçamento que compuser suas respectivas propostas, no mínimo, o mesmo nível de detalhamento do orçamento sintético referido no mencionado parágrafo.

Acerca da realização da pesquisa de mercado, recomenda-se a leitura da nossa já citada obra *Comentários à Nova Lei de Licitações Públicas e Contratos Administrativos: Lei 14.133 de 1º de Abril de 2021*, a partir da página 193.

Porém, por ser oportuno, consta do Informativo do TCU nº 449, que constou do Acórdão nº 3.569/2023, da Segunda Câmara, de relatoria do Ministro-Substituto Marcos Bemquerer, que para fins do exercício do poder sancionatório do TCU, pode ser tipificada como erro grosseiro (art. 28 do Decreto-Lei nº 4.657/1942 – LINDB) a elaboração do orçamento estimado da licitação sem o dimensionamento adequado dos quantitativos e com base em pesquisa de mercado exclusivamente junto a potenciais fornecedores, sem considerar contratações similares realizadas pela Administração Pública, propiciando a ocorrência de substancial sobrepreço no orçamento do certame.

A estimação do valor da contratação deve levar em consideração o quantitativo do órgão ou entidade gerenciadora, administrações participantes, bem como o percentual permitido para carona. Fixado tal valor, deverá a Administração verificar a necessidade de realização de audiência pública.[39]

Temos a questão da pesquisa de mercado que deve contemplar a variação de custos locais e regionais. Entenda-se por custos locais aqueles apurados na localidade onde ocorra a licitação, ao passo que a questão regional deve ser limitada por um critério específico. Ainda que a região, via de regra, atenda a um critério geográfico, não é o caso aqui de lançar mão dos elementos determinados pela geografia. Nesse sentido, se nos afigura que devemos entender por custos regionais aqueles apurados em torno da localidade onde a licitação deve se realizar.

Decorrente disso, volvemos a enfatizar, mais uma vez, a necessidade de uma ampla pesquisa de mercado, de modo a apurar os preços dentro de uma realidade fática e mercadológica.

4 Manifestar, junto ao órgão ou à entidade gerenciadora, por meio da IRP, sua concordância com o objeto

Para que possamos melhor entender o inciso IV, vale lembrar que o art. 8º do regulamento ora comentado disciplina as competências do órgão ou entidade gerenciadora para participar da licitação para a celebração da ata de registro de preços, ou, ainda, na hipótese de contratação direta, mediante dispensa ou inexigibilidade de licitação.

Destarte, a licitação ou a contratação direta encontra-se ainda na fase preparatória e, é de se esperar, até por uma questão lógica, que os órgãos partícipes da licitação para o registro de preços possam opinar sobre o objeto do certame e, por óbvio, verificar também se as especificações da obra, serviço ou aquisição encontram-se de acordo com as suas necessidades.

A novidade é que essa manifestação ocorra por meio de Intenção de Registro de Preços, que, como dito anteriormente, se constitui em um

---

[39] "1.7. Ciência: 1.7.1. ao Hospital Geral do Rio de Janeiro, por intermédio do Centro de Controle Interno do Exército – CCIEx, que, nos termos da Portaria/TCU 488/1998, a não realização de audiência pública em licitações pelo Sistema de Registro de Preços sem consideração do valor previsto das adesões de órgãos e entidades não participantes (por adesões tardias) para aferição do limite, está em desacordo com o art. 39 da Lei 8.666/1993, que torna obrigatória a realização de audiência pública, e com a jurisprudência aplicável deste Tribunal, a exemplo dos Acórdãos 248/2017 e 783/2017 – Plenário, 10.138/2017 – 2ª Câmara e 10.876/2017 – 1ª Câmara." (Acórdão nº 2770/2018 – TCU – 1ª Câmara).

ferramental que deve ser utilizado pela Administração Pública não só para compartilhar a sua intenção de instaurar procedimento licitatório objetivando o registro de preços, como também, por força do inciso IV, para os órgãos partícipes manifestarem a sua concordância ou não com relação ao objeto licitado, que deve ser comum a todos os participantes.

5   Auxiliar tecnicamente, por solicitação do órgão ou da entidade gerenciadora

Demais disso, o inciso V traz consigo o dever de o órgão participante da licitação auxiliar tecnicamente o órgão ou entidade gerenciadora, quando das atividades desenvolvidas a teor dos incisos IV e VII do art. 7º examinado anteriormente. Mercê disso, as atividades de realização de pesquisa de mercado e promoção dos atos necessários à instrução processual para a realização do procedimento licitatório ou contratação direta, bem como atos dela decorrentes deverão contar com o auxílio dos órgãos participante da licitação, dependendo, para tanto, de expressa solicitação daqueles que vão gerenciar a ata de registro de preços.

Até o presente momento, discorremos sobre as competências compreendidas no contexto da fase preparatória da licitação. A partir do inciso VI encontram-se normatizadas as competências pertinentes à execução da ata de registro de preços.

É importante assinalar que cabe ao órgão participante tomar conhecimento da ata de registro de preços, até para poder utilizá-la, quando necessário, mediante a celebração do consequente contrato administrativo.

Poder-se-ia entender que o conhecimento da ata de registro de preços e, portanto, o seu teor, deveria ocorrer em momento anterior à sua celebração. Sem embargo, além disso, impõe-se, de igual modo, e sem qualquer restrição de ordem temporal, que se conheçam as eventuais alterações da ata de registro de preços, pelo que se entende que nada obsta a que isso aconteça em momento posterior à sua celebração.

6 Tomar conhecimento da ata de registro de preços, inclusive de eventuais alterações

Demais disso, conforme o art. 7, inc. VI, do regulamento, é competência do órgão ou entidade participante do SRP tomar conhecimento do conteúdo da ata de registro de preços, inclusive de eventuais alterações, para o correto cumprimento de suas disposições.

Acerca da referida atribuição, tem-se que após a conclusão da celebração da ata de registro de preços, deve a administração participante tomar conhecimento do compromisso e suas alterações, ou seja, se apoderar ou apropriar das informações lá contidas na versão inicial do instrumento, bem como das alterações futuras, haja vista a possibilidade de ocorrência de remanejamento de quantitativos, a ocorrência da prorrogação da vigência inicial, do reajustamento dos valores registrados, repactuação e recomposição de preços, cancelamento da ata ou item etc., de modo a sempre melhor operacionalizar a contratação dos seus quantitativos na forma da última e atual versão dos termos do compromisso.

Ademais, observa-se que tal competência acaba por transferir a responsabilidade do manejo adequado da ata para os participantes, fato que transfere a eles qualquer tipo de imputação de utilização inapropriada.

7 Assegurar-se, quando do uso da ata de registro de preços, de que a contratação a ser realizada atenda aos seus interesses, sobretudo quanto aos valores praticados

Fixa o art. 8º, inc. VII, do regulamento federal de registro de preços que é competência dos órgãos ou entidades participantes garantir, quando do uso da ata de registro de preços, que a contratação a ser realizada atenda aos seus interesses, sobretudo quanto aos valores praticados.

Observa-se mais um dispositivo que exige comportamento ativo e responsável do órgão ou entidade participante do SRP, que estabelece que a Administração participante, ocasião da contratação do seu quantitativo registrado, atue sempre observando os seus interesses, e não as pretensões do detentor da ata, não podendo ser desviados ou relativizados os contornos fixados no edital de licitação, termo de referência ou projeto básico.

Demais disso, tem-se que o referido dispositivo em comento frisa que deverá a Administração Pública assegurar a proteção aos seus interesses, especialmente os valores praticados e consignados na ata. Sendo assim, deverá a Administração, participantes, em cada contratação, verificar se o objeto registrado encontra-se igual ou inferior aos valores praticados, devendo a pesquisa realizada na ocasião da contratação ser encartada nos autos do processo administrativo.

Para ilustrar, esclareça-se que "A não verificação dos valores validados na ata de registro de preços com o objetivo de compatibilizar com os valores de mercado da época da assinatura do contrato caracteriza erro grosseiro do responsável que não adotou a cautela indispensável quando da realização de qualquer contratação pública, a saber, confrontar o valor ofertado pelo particular com aquele usualmente aplicado no mercado." (Acórdão nº 54252/2022 – plenário – Processo TCE-RJ nº 204.673-4/17 – Relatora: Conselheira Marianna Montebello Willeman Plenário Virtual: 11/04/2022).

Quando se fala em assegurar a proteção aos seus interesses, o agente público competente deve criar mecanismos para evitar relativizações aos termos pactuados, devendo fixar orientações aos gestores da ata de registro de preços e exigir aquilo que foi apontado na ocasião em que seu quantitativo foi lançado na manifestação de registro de preços.

8 Zelar pelos atos relativos ao cumprimento das obrigações assumidas pelo fornecedor e pela aplicação de eventuais penalidades decorrentes do descumprimento do pactuado na ata de registro de preços ou de obrigações contratuais

Fixa o art. 8º, inc. VIII, do regulamento federal, que é atribuição da administração pública participante da ata de registro de preços zelar pelos atos relativos ao cumprimento das obrigações assumidas pelo fornecedor e pela aplicação de eventuais penalidades decorrentes do descumprimento do pactuado na ata de registro de preços ou de obrigações contratuais.

Da leitura do referido dispositivo regulamentar, observam-se dois comportamentos ativos que deverão ser praticados pelos participantes da ata de registros de preços: o primeiro relacionado à necessidade de exercer a prerrogativa de fiscalização das obrigações assumidas pelo fornecedor e, o segundo, o exercício da atribuição sancionatória, limitada às ocorrências verificadas no âmbito da execução do contrato decorrente da ata de registro de preços.

No tocante à primeira atribuição, tem-se que o art. 115 da Nova Lei de Licitações fixa que o contrato deverá ser executado fielmente pelas partes, de acordo com as cláusulas avençadas e as normas da referida lei, e cada parte responderá pelas consequências de sua inexecução total ou parcial.

Logo, devendo o contrato administrativo, decorrente da ata de registro de preços ou não, ser fielmente executado pela forma dos termos lá verificados, deve a Administração participante atuar ativamente no sentido de garantir que o objeto registrado seja devidamente executado na forma prevista no ato convocatório e seus anexos.

9 Aplicar, garantidos os princípios da ampla defesa e do contraditório, as penalidades decorrentes do descumprimento do pactuado na ata de registro de preços, em relação à sua demanda registrada, ou do descumprimento das obrigações contratuais, em relação às suas próprias contratações; informar as ocorrências ao órgão ou à entidade gerenciadora e registrá-las no SICAF

Outra atribuição imposta ao órgão e entidade participante da ata de registro de preço relaciona-se à necessidade de instauração de procedimento administrativo sancionatório quando restar observado que o detentor da ata de registro de preço incorreu em um dos comportamentos fixados no art. 155 da Nova Lei de Licitações durante a execução da ata de registro de preços.

Deve restar cristalino, nesta oportunidade, que tanto a Administração gerenciadora detém competências para punir o detentor da ata, como os órgãos ou entidades participantes. Em relação às competências da administração gerenciadora na órbita sancionatória, prevê o art. 7º, inc. XIII, que compete ao órgão ou à entidade gerenciadora praticar todos os atos de controle e de administração do SRP, em especial, aplicar, garantidos os princípios da ampla defesa e do contraditório, as penalidades decorrentes de infrações no procedimento licitatório ou na contratação direta e registrá-las no SICAF. Da mesma forma, estabelece o art. 7º, inc. XIV, que poderá a Administração gerenciadora aplicar, garantidos os princípios da ampla defesa e do contraditório, as penalidades decorrentes do descumprimento do pactuado na ata de registro de preços, em relação à sua demanda registrada, ou do descumprimento das obrigações contratuais, em relação às suas próprias contratações, e registrá-las no SICAF.

Com efeito, não pode o mesmo comportamento ser objeto de penalização tanto pela Administração gerenciadora como pelo órgão ou entidade participante. Ou seja, o campo sancionatório da administração gerenciadora relaciona-se aos comportamentos infracionais praticados no âmbito da licitação e da gestão da ata de registro de preços. Já a punição em razão dos comportamentos infracionais praticados a partir da convocação do fornecedor para executar o conteúdo da ata é reservada para a administração participante e gestora da ata de registro de preços.

Acerca do processo sancionatório no âmbito das contratações públicas, recomenda-se a leitura dos nossos comentários lançados no art. 15 deste livro, bem como da obra denominada *As Sanções nas Contratações Públicas: as Infrações, as Penalidades e o Processo Administrativo Sancionador*, editada pela Editora Fórum, e os *Comentários à Nova Lei de Licitações Públicas e Contratos Administrativos: Lei 14.133 de 1º de Abril de 2021*, editado pela Editora Almedina.

10 Prestar as informações solicitadas pelo órgão ou pela entidade gerenciadora quanto à contratação e à execução da demanda destinada ao seu órgão ou à sua entidade

De modo a garantir que o órgão gerenciador controle efetivamente a execução da ata de registro de preços, fixa o inc. X do art. 8º do regulamento federal que é obrigação dos participantes, sempre que assim for solicitado, prestar as informações ao gerenciador.

O fornecimento de informações pelos participantes possibilita que a administração gerenciadora monitore o cumprimento das obrigações do detentor da ata, permitindo, se for o caso, o exercício da atribuição fiscalizatória e sancionatória pela entidade ou órgão gerenciador.

Ademais, tal troca possibilita a identificação de eventuais necessidades de ajustes ou correções no curso da execução dos objetos registrados, fato que contribui para a padronização de processos, o que gera melhoria contínua da gestão pública.

ARTIGO 9º – DA INTENÇÃO DE REGISTRO DE PREÇOS

> CAPÍTULO IV
> DOS PROCEDIMENTOS PARA O REGISTRO DE PREÇOS
>
> Seção I
> Da intenção de registro de preços
>
> Divulgação
>
> Art. 9º Para fins de registro de preços, o órgão ou a entidade gerenciadora deverá, na fase preparatória do processo licitatório ou da contratação direta, realizar procedimento público de IRP para possibilitar, pelo prazo mínimo de oito dias úteis, a participação de outros órgãos ou outras entidades da Administração Pública na ata de registro de preços e determinar a estimativa total de quantidades da contratação, observado, em especial, o disposto nos incisos III e IV do caput do art. 7º e nos incisos I, III e IV do caput do art. 8º.[40]
> §1º O prazo previsto no caput será contado do primeiro dia útil subsequente à data de divulgação da IRP no SRP digital e no Portal Nacional de Contratações Públicas – PNCP, de que trata o art. 174 da Lei nº 14.133, de 2021.
> §2º O procedimento previsto no caput poderá ser dispensado quando o órgão ou a entidade gerenciadora for o único contratante.[41]

Reproduzindo o disposto no art. 86 da Nova Lei de Licitações, fixa o art. 9º do regulamento federal a hipótese legal de promoção do registro de preços em que seja possível atender os interesses de um

---

[40] Fundamento legal: "Art. 86. O órgão ou entidade gerenciadora deverá, na fase preparatória do processo licitatório, para fins de registro de preços, realizar procedimento público de intenção de registro de preços para, nos termos de regulamento, possibilitar, pelo prazo mínimo de 8 (oito) dias úteis, a participação de outros órgãos ou entidades na respectiva ata e determinar a estimativa total de quantidades da contratação."

[41] Fundamento legal: Art. 86, §1º – "§1º O procedimento previsto no caput deste artigo será dispensável quando o órgão ou entidade gerenciadora for o único contratante.".

órgão ou entidade diferente daquele que terá a incumbência de realizar a licitação.

Obrigatoriamente, com o intento de atingir essa finalidade, o órgão promotor da licitação deverá instaurar um procedimento de manifestação de interesse. Por conseguinte, para que isso seja possível, será necessário divulgar que estará sendo instaurado processo licitatório para a celebração de ata de registro de preços para determinado objeto, com suas respectivas condições.

Essa divulgação da intenção de se celebrar a ata de registro de preços ficará aberta pelo prazo mínimo de 8 (oito) dias úteis, para que os eventuais interessados possam aderir à licitação. Levando-se em consideração a importância do objeto e período em que a IRP será processada, nos parece que deverá a Administração fixar um prazo maior, de modo a permitir que mais administrações ingressem no SRP como participante.

Destaque-se que, para que tal adesão se consolide, é necessário que o órgão ou entidade interessada encaminhe, ao promotor da licitação, a sua intenção de participar, indicando os quantitativos estimados, que poderá ou não ser aceita pela administração gerenciadora, conforme estabelece o art. 7, inc. II.

Que fique assentado que essa possibilidade somente será implementada se ficar determinado que o Sistema de Registro de Preços será compartilhado com outros órgãos ou entidades, nos termos do §1º do art. 86 da NLLC.

Não sendo possível que eventuais administrações manifestem a intenção de registro de preços, quando da divulgação do procedimento em questão, isso não prejudicará a futura adesão à ata de registro de preços, na condição de não participante, desde que observados os condicionantes constantes dos incs. I a III do §2º. Isso quer dizer que está consagrada a possibilidade do famoso "carona", que foi amplamente discutida e criticada no âmbito da Lei nº 8.666/1993, em decorrência de inexistir autorização legislativa, problema este resolvido no âmbito da Lei nº 14.133/2021, que fez expressa previsão quanto a essa possibilidade.

Ademais, de forma a operacionalizar tal expediente, fixa o §1º do artigo em comento que o prazo previsto para manifestação da intenção de registro de preços será contado do primeiro dia útil subsequente à data de divulgação da IRP no SRP digital e no Portal Nacional de Contratações Públicas (PNCP), de que trata o art. 174 da Lei nº 14.133/2021, até o último dia de vigência da ata.

Por derradeiro, reproduzindo o disposto no art. 86, §1º, da Nova Lei de Licitações, fixa o §2º do artigo em comento que a intenção de registro de preços poderá ser dispensada quando o órgão ou a entidade gerenciadora for o único contratante.

ARTIGO 10 – NECESSIDADE DE CONSULTA AOS IRPS VIGENTES

> Art. 10. Os órgãos e as entidades de que trata o art. 1º, antes de iniciar processo licitatório ou contratação direta, consultarão as IRPs em andamento e deliberarão a respeito da conveniência de sua participação.
> Parágrafo único. Constará nos autos do processo de contratação a manifestação do órgão ou da entidade sobre a deliberação de que trata o caput.

De modo a efetivamente garantir a eficiência administrativa no âmbito das contratações públicas por meio de SRP, observa-se que o art. 10 do regulamento federal determina que os órgãos e entidades submetidos ao referido decreto devem, antes de iniciar um procedimento licitatório ou processar uma contratação direta, empreender acesso à plataforma eletrônica para consultar a existência de comunicado de intenção de registro de preços em aberto, passando a internamente deliberar a respeito da conveniência de lançar demanda, fato que permite a sua participação.

Em nosso sentir, determinação dessa natureza tem um condão de buscar a redução do início de certames típicos ou instaurar novos procedimentos públicos de IRP, pois força que as administrações federais pesquisem eventual processo já instaurado, de modo que as suas demandas sejam efetivamente encaminhadas para o futuro órgão gerenciador.

Ademais, para fins de controle, fixa o parágrafo único do artigo em comento que deverá constar nos autos do processo de contratação a manifestação do órgão ou entidade que deliberou a respeito da conveniência ou não em lançar a sua demanda em uma IRP.

ARTIGO 11 – CRITÉRIO DE JULGAMENTO DAS LICITAÇÕES DE SRP

> Seção II
> Da licitação
>
> Critério de julgamento
>
> Art. 11. Será adotado o critério de julgamento de menor preço ou de maior desconto sobre o preço estimado ou a tabela de preços praticada no mercado.

Estabelece o art. 11 do regulamento federal que será adotado o critério de julgamento de menor preço ou de maior desconto sobre o preço estimado ou a tabela de preços praticada no mercado.

Tal determinação regulamentar reproduz o disposto no art. 82, inc. V, da Nova Lei de Licitações, cujo teor fixa que o edital de licitação para registro de preços observará as regras gerais dessa lei e deverá dispor sobre o critério de julgamento da licitação, que será o de menor preço ou o de maior desconto sobre tabela de preços praticada no mercado.

Por ser oportuno, esclareça-se que o art. 3º da Instrução Normativa SEGES/ME nº 73/2022 fixa que o critério de julgamento de menor preço ou maior desconto será adotado quando o estudo técnico preliminar demonstrar que a avaliação e a ponderação da qualidade técnica das propostas que excederem os requisitos mínimos das especificações não forem relevantes aos fins pretendidos pela Administração.

Outrossim, fixa o art. 9º da referida IN que o critério de julgamento por menor preço ou maior desconto considerará o menor dispêndio para a Administração, atendidos os parâmetros mínimos de qualidade definidos no edital de licitação.

Já o §1º do art. 9º, acima colacionado, fixa que os custos indiretos, relacionados às despesas de manutenção, utilização, reposição, depreciação e impacto ambiental, entre outros fatores vinculados ao seu ciclo de vida, poderão ser considerados para a definição do menor dispêndio, sempre que objetivamente mensuráveis, conforme parâmetros definidos em regulamento, de acordo com o §1º do art. 34 da Lei nº 14.133, de 2021. Por sua vez, o §2º do artigo em comento estabelece que o julgamento por maior desconto terá como referência o preço global fixado no edital de licitação ou tabela de preços praticada no mercado, e o desconto será estendido aos eventuais termos aditivos.

Em relação ao critério de julgamento que leva em consideração o "menor preço", tem-se que a licitação será julgada declarando como vencedor do certame aquele que apresentar proposta comercial com o menor valor entre as ofertas válidas observadas na competição.

Por sua vez, no critério de julgamento pelo "maior desconto", o certame será julgado com base no maior desconto aplicado sobre o valor estimado da contratação, apontado ou não no ato convocatório ou de tabela de preços praticada no mercado, prevista também no edital, conforme exige o art. 12, §3º, da IN nº 73/2022. Nesse caso, a competição observada no certame relaciona-se ao fato de os licitantes oferecerem, seja no lance fechado ou aberto, descontos em relação ao valor de referência, sendo que se sagrará vencedor do certame aquele que apresentar o maior desconto entre os competidores.

No tocante às licitações cujo critério de julgamento ocorre por meio de descontos, observam-se certames onde proponentes reduzem o valor da sua proposta sobre as seguintes tabelas, por exemplo:

1. Tabela SINAPI (Sistema Nacional de Pesquisa de Custos e Índices da Construção Civil), para contratação de prestação de serviços e manutenção predial em geral etc.
2. Tabela SICRO (Sistema de Custos Referenciais de Obra), para fins de implantação de galerias e água pluviais, pequenos reparos em logradouros públicos etc.
3. Tabela da Agência Nacional do Petróleo (ANP), para aquisição de combustíveis automotivos para abastecimento dos veículos e equipamentos ou aquisição de insumos asfálticos etc.

ARTIGO 12 – POSSIBILIDADE DE ADOÇÃO DE CRITÉRIO DE JULGAMENTO DE MENOR PREÇO OU DE MAIOR DESCONTO POR GRUPO DE ITENS

> Art. 12. Poderá ser adotado o critério de julgamento de menor preço ou de maior desconto por grupo de itens quando for demonstrada a inviabilidade de se promover a adjudicação por item e for evidenciada a sua vantagem técnica e econômica.[42]

Estabelece o art. 12 do regulamento federal, reproduzindo a redação contida no art. 82, §1º, da Nova Lei de Licitações, que poderá ser adotado o critério de julgamento de menor preço ou de maior desconto por grupo de itens quando for demonstrada a inviabilidade de se promover a adjudicação por item e for evidenciada a sua vantagem técnica e econômica.

Igualmente, fixa o §2º do art. 82 da Nova Lei de Licitações que, na hipótese de o julgamento recair sobre lotes, observados os parâmetros estabelecidos nos §§1º, 2º e 3º do art. 23 da NLLC, a contratação posterior de item específico constante de grupo de itens exigirá prévia pesquisa de mercado e demonstração de sua vantagem para o órgão ou entidade.

Da leitura do referido dispositivo, denota-se que o art. 12 estabelece que, como regra, o julgamento de licitações no âmbito do SRP será "por itens", haja vista que a permissão de adotar o critério de julgamento de menor preço ou de maior desconto por "grupo de itens", ou seja, "por lotes", somente ocorrerá excepcionalmente quando for

---

[42] Fundamento legal: Art. 86, §1º, da NLLC – "§1º O critério de julgamento de menor preço por grupo de itens somente poderá ser adotado quando for demonstrada a inviabilidade de se promover a adjudicação por item e for evidenciada a sua vantagem técnica e econômica, e o critério de aceitabilidade de preços unitários máximos deverá ser indicado no edital. §2º Na hipótese de que trata o §1º deste artigo, observados os parâmetros estabelecidos nos §§1º, 2º e 3º do art. 23 desta Lei, a contratação posterior de item específico constante de grupo de itens exigirá prévia pesquisa de mercado e demonstração de sua vantagem para o órgão ou entidade."

demonstrada no processo administrativo a inviabilidade de se promover a adjudicação por item e for evidenciada a sua vantagem técnica e econômica.

Com efeito, destaque-se que o SRP tem por escopo exatamente promover o registro de preços de muitos itens, uma vez que é da própria essência do sistema permitir aquisições à medida que forem surgindo as necessidades da Administração.[43] Logo, a regra não pode ser outra.

Sobre tal questão, o TCU vem enunciando que nas licitações para registro de preços, a modelagem de aquisição por preço global de grupo de itens, por exemplo, lotes, é medida excepcional que precisa ser devidamente justificada, a ser utilizada apenas nos casos em que a Administração pretende contratar a totalidade dos itens do grupo.

Apesar de essa modelagem ser, em regra, incompatível com a aquisição futura e isolada de itens constantes, por exemplo, de lote,[44] admite-se tal hipótese quando o preço unitário ofertado pelo vencedor do lote for o menor lance válido na disputa relativa ao item.[45] Nesse sentido, é o que estabelece o art. 13, inc. II, do regulamento ora comentado.

Como já salientamos, entenda-se como um "grupo de itens" um "lote",[46] devendo sobre ele recair o julgamento do certame. Assim, em vez de a Administração julgar cada item separadamente, como se fosse

---

[43] TCU – Acórdão 2.977/2012-Plenário.
[44] "9.2.1. se abstenha de adquirir, individualmente, os itens em que a empresa [vencedora] não apresentou os menores preços, quais sejam, os itens 1, 2 5, 7, 10, 11, 12 e 16 do Pregão Eletrônico SRP 35/2013, sendo permitida sua aquisição apenas para a composição de kits escolares, conforme disposto no item II.2.9 do termo de referência, e dos itens 13 a 16 para a confecção de apostilas;" (TCU – Acórdão 343/2014-Plenário).
[45] "9.2. dar ciência à Superintendência Regional do Sudeste I do Instituto Nacional do Seguro Social, conforme orientação contida no subitem 9.1.1 do Acórdão 1872/2018-TCU-Plenário, nos termos da jurisprudência ali apontada, que no âmbito de licitações realizadas sob a modelagem de aquisição por preço global de grupo de itens, somente é admitida a aquisição da totalidade dos itens de grupo, respeitadas as proporções de quantitativos definidos no certame, ou de item isolado para o qual o preço unitário adjudicado ao vencedor seja o menor preço válido ofertado para o mesmo item na fase de lances, constituindo, portanto, irregularidade a aquisição de subconjunto de itens de grupo adjudicado por preço global para os quais o preço unitário adjudicado ao vencedor do lote não for o menor lance válido ofertado na disputa relativa ao item;" (TCU – Acórdão 1650/2020-Plenário).
[46] "Usar método de parcelamento inadequado
4. Risco: Usar o método de parcelamento do objeto inadequado, levando a não integração das partes da solução, com consequente não atendimento da necessidade que originou a contratação ou a necessidade de realizar nova contratação para integração das partes da solução (7).
5. Sugestão de controle interno: A equipe de planejamento da contratação deve avaliar todas as formas de parcelamento possíveis para escolher a que melhor se adequa a contratação pretendida.
6. Consideração: Há 4 métodos para proceder o parcelamento do objeto da licitação:

uma licitação distinta, ou seja, "por itens", o julgamento ocorrerá por "grupos de itens", no exemplo, o lote, não podendo o licitante oferecer oferta para o item do grupo, mas, sim, para todo o lote.

Aliás, é sempre oportuno lembrar-se da Súmula nº 247 do TCU, cujo teor reza que:

> É obrigatória a admissão da adjudicação por item e não por preço global, nos editais das licitações para a contratação de obras, serviços, compras e alienações, cujo objeto seja divisível, desde que não haja prejuízo para o conjunto ou complexo ou perda de economia de escala, tendo em vista o objetivo de propiciar a ampla participação de licitantes que, embora não dispondo de capacidade para a execução, fornecimento ou aquisição da totalidade do objeto, possam fazê-lo com relação a itens ou unidades autônomas, devendo as exigências de habilitação adequar-se a essa divisibilidade.

Denota-se que a adjudicação do objeto da licitação em certame que julgou o menor preço por preço lote é excepcionalidade, haja vista a flagrante possibilidade de concretização de contratações desvantajosas. Conclui-se, portanto, que "A adjudicação por grupo ou lote não é, em princípio, irregular, devendo a Administração, nesses casos, justificar de forma fundamentada, no respectivo processo administrativo, a vantagem dessa opção." (TCU – Acórdão nº 5.134/2014 – 2ª Câmara).

Em resumo, tem-se que os dispositivos acima estudados são claros no sentido de somente permitir o julgamento por lote quando for demonstrada a inviabilidade de se promover a adjudicação por item e for evidenciada a sua vantagem técnica e econômica, o que deverá ser fartamente demonstrado nos autos do processo administrativo.

Novamente nos valemos de decisões do TCU para ilustrar tal preocupação do legislador:

> a) realização de licitações distintas, uma para cada parcela do objeto (parcelamento formal) (8);
> b) realização de uma única licitação, com cada parcela do objeto sendo adjudicada em um **lote (ou grupo de itens)** distinto (parcelamento formal) (9);
> c) realização de uma única licitação, com todo o objeto adjudicado a um único licitante, mas havendo permissão para que as licitantes disputem o certame em consórcios (parcelamento material) (10);
> d) realização de uma única licitação, com todo o objeto adjudicado a um único licitante, mas havendo permissão para que a licitante vencedora subcontrate uma parte específica do objeto (parcelamento material) (11)." (Disponível em: http://www.tcu.gov.br/arquivosrca/001.003.009.036.htm#Fund747-9. Acesso em: 16 maio 2023).

6. Já quanto à adjudicação por menor preço global em sistema de registro de preços, em lugar da adjudicação por itens, as justificativas apresentadas não podem ser aceitas. De acordo com a jurisprudência deste Tribunal, em licitações para registro de preços a regra geral deve ser a adjudicação por item, em benefício da ampliação da participação e da seleção da proposta mais vantajosa. A adjudicação por preço global deve ser devidamente justificada. E o TRE/GO se limitou a argumentar que a contratação em lote único facilitaria a gestão e a fiscalização do contrato, sem apresentar uma avaliação técnica acerca das opções de parcelamento da licitação, deixando de demonstrar a inviabilidade técnica e econômica da divisão. Sendo assim, a justificativa não pode ser aceita. (Acórdão nº 2438/2016 – Plenário)

Observa-se que tal entendimento deve ser ampliado para contratações globais. Sobre tal assunto, novamente observamos manifestações do TCU, *in verbis*:

9.7.3. adjudicação do objeto licitado por valor global, contrariando o entendimento desta Corte de Contas, expresso nos Acórdãos 509/2015, 757/2015 e 588/2016, todos do Plenário, de que, em licitações para registro de preços, a adjudicação por preço unitário é a regra geral, sendo a adjudicação por preço global medida excepcional que precisa ser devidamente justificada; (Acórdão nº 1823/2017 – TCU – Plenário.

1. É indevida a utilização da ata de registro de preços por quaisquer interessados – incluindo o próprio gerenciador, os órgãos participantes e eventuais caronas, caso tenha sido prevista a adesão para órgãos não participantes – para aquisição separada de itens de objeto adjudicado por preço global de lote ou grupo para os quais o fornecedor convocado para assinar a ata não tenha apresentado o menor preço na licitação. (TCU – Informativo de Licitações e Contratos nº 330/2017)

A inobservância do referido mandamento, vale dizer, não motivar a adjudicação por preço global ou por lotes e não apresentar razões suficientes que demonstrem que o critério de julgamento de menor preço global de um único grupo conduzirá à contratação economicamente mais vantajosa, acarretará anulação do certame.

# ARTIGO 13 – CONDICIONANTES PARA A ADOÇÃO DE CRITÉRIO DE JULGAMENTO DE MENOR PREÇO OU DE MAIOR DESCONTO POR GRUPO DE ITENS

> Art. 13. Na hipótese prevista no art. 12:
> I – o critério de aceitabilidade de preços unitários máximos será indicado no edital; e
> II – a contratação posterior de item específico constante de grupo de itens exigirá prévia pesquisa de mercado e demonstração de sua vantagem para o órgão ou a entidade.

Conforme já se tratou acima, estabelece o art. 12 do regulamento federal – cujo teor reproduz a redação contida no art. 82, §1º, da Nova Lei de Licitações –, que, excepcionalmente, poderá ser adotado o critério de julgamento de menor preço ou de maior desconto por "grupo de itens", por exemplo, "lotes", caso, na situação concreta, por tal e qual motivo, restar demonstrada a inviabilidade de se promover a adjudicação "por item" e, adicionalmente, for evidenciada, de forma motivada, a sua vantagem técnica e econômica, sob pena de realização de uma contratação danosa.[47]

Quando assim ocorrer, de modo a garantir a economicidade da aquisição do objeto pretenso, estabelece o art. 13 do regulamento federal de SRP que o ato convocatório (I) deverá fixar como critério de aceitabilidade de preços unitários máximos e (II) a contratação posterior de item específico constante de grupo de itens exigirá prévia pesquisa de mercado e demonstração de sua vantagem para o órgão ou a entidade.

---

[47] "35. A adjudicação por grupo, em licitação para registro de preços, sem robustas, fundadas e demonstradas razões (fáticas e argumentativas) que a sustente, revela-se sem sentido quando se atenta para o evidente fato de que a Administração não está obrigada a contratar adquirir a composição do grupo a cada contrato, podendo adquirir isoladamente cada item, no momento e na quantidade que desejar.
36. Essa modelagem torna-se potencialmente mais danosa ao erário na medida em que diversos outros órgãos e entidade podem aderir a uma ata cujos preços não refletem os menores preços obtidos na disputa por item." (TCU – Acórdão nº 2.977/2012-Plenário).

Analisando o inc. I do referido artigo, tem-se que a determinação regulamentar em destaque obriga o administrador público, na ocasião da elaboração do ato convocatório das licitações de SRP, para qualquer objeto, especialmente para execução de obras e serviços de qualquer espécie, que estabeleça como critério de aceitabilidade de preços, além do preço global para executar o ajustado, os preços unitários.

Com efeito, tal encaminhamento legal reflete o teor da Súmula nº 259 do TCU, in verbis: "Nas contratações de obras e serviços de engenharia, a definição do critério de aceitabilidade dos preços unitários e global, com fixação de preços máximos para ambos, é obrigação e não faculdade do gestor".

Em nosso sentir, fixando-se preços unitários, além do global, máximos, haverá controle objetivo e preventivo da economicidade, afastando a presença de preços excessivos na ocasião da licitação com limitação do valor da contratação por meio do estabelecimento do teto máximo de contratação.

Sobre tal questão, o TCU já asseverou que, *in verbis*:

> É preciso ter em mente que, mesmo nas contratações por valor global, o preço unitário servirá de base no caso de eventuais acréscimos contratuais, admitidos nos limites estabelecidos no Estatuto das Licitações. Dessa forma, se não houver a devida cautela com o controle de preços unitários uma proposta aparentemente vantajosa para a administração pode se tornar um mau contrato.[48]

Buscando a proteção do gasto público, não foi por outra razão que a Advocacia-Geral da União editou a Orientação Normativa/AGU nº 5. Vejamos: "Na contratação de obra ou serviço de engenharia, o instrumento convocatório deve estabelecer critérios de aceitabilidade dos preços unitários e global".

Assim, a adoção do expediente fixado no regulamento federal, qual seja, a fixação de preços unitários máximos, que deverá observar os métodos de orçamentação fixados no art. 23 da Nova Lei de Licitações, prestigia o princípio da economicidade[49] na ocasião da execução contratual, uma vez que evitará que a Administração aceite preços unitários

---

[48] TCU – Decisão nº 253/2002.
[49] Sobre o referido princípio, já tivemos a oportunidade de anotar que: "Por seu turno, o princípio da economicidade vem disposto no art. 70 da Constituição Federal e tem por objetivo a obtenção do resultado esperado com o menor custo, mantendo a qualidade e buscando a celeridade na prestação do serviço ou no trato com os bens públicos.

acima dos preços de mercado, esvaziando a vantajosidade verificada no seu preço global da proposta inicial, afastando, assim, a possibilidade de realização do "jogo de planilha".

No tocante ao inc. II do artigo em comento, exige-se que, em caso de licitação cujo objeto seja fixado em grupo de itens, a exemplo de um lote, a contratação posterior de item específico constante de grupo exigirá uma prévia pesquisa de mercado, bem como a demonstração de sua vantagem para o órgão ou a entidade.

Melhor explicando, conforme fixa o art. 12 do regulamento ora comentado, excepcionalmente, é possível a realização de SRP por meio de aquisição por grupo de itens, cuja razão fática deverá ser motivadamente justificada nos autos do processo administrativo. Não nos esqueçamos que a regra é o processamento de licitação com a adjudicação por itens.

Com efeito, será sempre justificável tal possibilidade de aquisição, por exemplo, por lote, nos casos em que a Administração pretende contratar a totalidade dos itens do grupo, respeitadas as proporções de quantitativos definidos no certame,[50] que levará em consideração as necessidades do órgão ou entidade.

Restando cristalina, portanto, a excepcional possibilidade de realização de registro de preços por lotes, observa-se que o inc. II do art. 12 permite que, em uma ata de registro de preços por lotes, ocorra uma contratação de um item específico que se encontra lá listado, e não o lote completo. Quando assim ocorrer, exige o art. 13, inc. II, que a Administração deve realizar uma necessária e prévia pesquisa de mercado para efetivamente demonstrar a sua vantagem para o órgão ou a entidade.

Tal cautela é colocada pelo TCU há algum tempo, conforme nota-se do entendimento que colacionamos, *in verbis*:

Não é demais dizer que o princípio da economicidade deve incidir, primordialmente, na fase preparatória da licitação, nos termos do art. 18, §1º, inc. IX, e art. 40, §2º, inc. II. Entretanto, válido é lembrar que existem avenças públicas cujos contratos são prorrogados e, a cada prorrogação, a exigência de demonstração da economicidade deverá ser observada". (PIRES, Antonio Cecílio Moreira, PARZIALE, Aniello Reis. *Comentários à nova Lei de Licitações Públicas e Contratos Administrativos:* Lei n. 14.133, de 1. de abril de 2021. São Paulo: Almedina, 2022, p. 60).

[50] Sobre tal questão a Secretaria de Gestão do Ministério do Planejamento, Desenvolvimento e Gestão (SEGES/MP) manifestou-se sobre em 2018, cf. Denota-se da publicação no seguinte endereço: https://www.gov.br/compras/pt-br/acesso-a-informacao/noticias/global.

9.1.1. expeça orientação às unidades administrativas sob sua jurisdição, sem prejuízo da adoção de outras ações que considerar necessárias, esclarecendo sobre o entendimento firmado nos Acórdão 2977/2012-TCU-Plenário, 2.695/2013-TCU-Plenário, 343/2014-TCU-Plenário, 4.205/2014-TCU-1ª Câmara, 757/2015-TCU-Plenário, 588/2016-TCU-Plenário, 2.901/2016-TCU-Plenário, 3.081/2016-TCU-Plenário e 1.347/2018-TCU-Plenário, bem como na presente decisão, no sentido de que, no âmbito de licitações realizadas sob a modelagem de aquisição por preço global de grupo de itens, somente é admitida a aquisição da totalidade dos itens de grupo, respeitadas as proporções de quantitativos definidos no certame, ou de item isolado para o qual o preço unitário adjudicado ao vencedor seja o menor preço válido ofertado para o mesmo item na fase de lances, constituindo, portanto, irregularidade a aquisição (emissão de empenho) de subconjunto de itens de grupo adjudicado por preço global para os quais o preço unitário adjudicado ao vencedor do lote não for o menor lance válido ofertado na disputa relativa ao item;[51]

---

[51] TCU – Acórdão nº 1.872/2018 – Plenário.

ARTIGO 14 – MODALIDADES DE LICITAÇÃO PARA PROCESSAMENTO DO SRP

> Modalidades
>
> Art. 14. O processo licitatório para registro de preços será realizado na modalidade concorrência ou pregão.

O artigo 14 do regulamento federal estabelece que o processo licitatório para registro de preços, que é utilizado para contratações de bens e serviços de forma mais ampla e genérica, pode ser realizado na modalidade de concorrência ou pregão.

O referido dispositivo regulamentar reverencia o disposto no art. 6º, inc. XLV, da Nova Lei de Licitações, que estabelece que o Sistema de Registro de Preços é um conjunto de procedimentos para realização, mediante contratação direta ou licitação nas modalidades pregão ou concorrência, de registro formal de preços relativos à prestação de serviços, a obras e à aquisição e locação de bens para contratações futuras.

A concorrência é uma das modalidades de licitação mais tradicionais e amplamente utilizada pela Administração Pública brasileira. Ela se caracteriza pela ampla participação de interessados, que podem apresentar suas propostas de acordo com os critérios estabelecidos no edital.

Conforme fixa o art. 6º, inc. XXXVIII, da Nova Lei de Licitações, a concorrência é modalidade de licitação para contratação de bens e serviços especiais e de obras e serviços comuns e especiais de engenharia, cujo critério de julgamento poderá ser: a) menor preço; b) melhor técnica ou conteúdo artístico; c) técnica e preço; d) maior retorno econômico; e) maior desconto.

Por outro lado, o pregão é uma modalidade mais recente e foi introduzida no ordenamento jurídico pela Medida Provisória nº 2.026/2000, que, ao final, foi convertida na Lei nº 10.520/2002 com o intuito de trazer maior agilidade e competitividade para as licitações, garantindo, assim, eficiência administrativa, bem como a possibilidade da redução das propostas comerciais, por meio da fase de lances, o que prestigia o princípio da economicidade.

Na forma do art. 6º, inc. XLI, da Nova Lei de Licitações, o pregão é uma modalidade de licitação obrigatória para aquisição de bens e serviços comuns, cujo critério de julgamento poderá ser o de menor preço ou o de maior desconto.

É oportuno salientar que o art. 29 da Nova Lei de Licitações fixa que a concorrência e o pregão seguem o rito procedimental comum a que se refere o art. 17 da referida lei, [52] adotando-se o pregão sempre que o objeto possuir padrões de desempenho e qualidade que possam ser objetivamente definidos pelo edital, por meio de especificações usuais de mercado.

---

[52] "Art. 17. O processo de licitação observará as seguintes fases, em sequência:
I – preparatória;
II – de divulgação do edital de licitação;
III – de apresentação de propostas e lances, quando for o caso;
IV – de julgamento;
V – de habilitação;
VI – recursal;
VII – de homologação.
§1º A fase referida no inciso V do caput deste artigo poderá, mediante ato motivado com explicitação dos benefícios decorrentes, anteceder as fases referidas nos incisos III e IV do caput deste artigo, desde que expressamente previsto no edital de licitação.
§2º As licitações serão realizadas preferencialmente sob a forma eletrônica, admitida a utilização da forma presencial, desde que motivada, devendo a sessão pública ser registrada em ata e gravada em áudio e vídeo.
§3º Desde que previsto no edital, na fase a que se refere o inciso IV do caput deste artigo, o órgão ou entidade licitante poderá, em relação ao licitante provisoriamente vencedor, realizar análise e avaliação da conformidade da proposta, mediante homologação de amostras, exame de conformidade e prova de conceito, entre outros testes de interesse da Administração, de modo a comprovar sua aderência às especificações definidas no termo de referência ou no projeto básico.
§4º Nos procedimentos realizados por meio eletrônico, a Administração poderá determinar, como condição de validade e eficácia, que os licitantes pratiquem seus atos em formato eletrônico.
§5º Na hipótese excepcional de licitação sob a forma presencial a que refere o §2º deste artigo, a sessão pública de apresentação de propostas deverá ser gravada em áudio e vídeo, e a gravação será juntada aos autos do processo licitatório depois de seu encerramento.
§6º A Administração poderá exigir certificação por organização independente acreditada pelo Instituto Nacional de Metrologia, Qualidade e Tecnologia (Inmetro) como condição para aceitação de:
I – estudos, anteprojetos, projetos básicos e projetos executivos;
II – conclusão de fases ou de objetos de contratos;
III – material e corpo técnico apresentados por empresa para fins de habilitação."

ARTIGO 15 – REQUISITOS DO EDITAL PARA O PROCESSAMENTO DO SRP

Edital

Art. 15. O edital de licitação para registro de preços observará as regras gerais estabelecidas na Lei nº 14.133, de 2021, e disporá sobre:[53]
I – as especificidades da licitação e de seu objeto, incluída a quantidade máxima de cada item que poderá ser contratada, com a possibilidade de ser dispensada nas hipóteses previstas no art. 4º;
II – a quantidade mínima a ser cotada de unidades de bens ou, no caso de serviços, de unidades de medida, desde que justificada;
III – a possibilidade de prever preços diferentes:
a) quando o objeto for realizado ou entregue em locais diferentes;
b) em razão da forma e do local de acondicionamento;
c) quando admitida cotação variável em razão do tamanho do lote; ou
d) por outros motivos justificados no processo;
IV – a possibilidade de o licitante oferecer ou não proposta em quantitativo inferior ao máximo previsto no edital e obrigar-se nos limites dela;[54]

---

[53] Fundamento legal: Art. 82 da NLLC – "Art. 82. O edital de licitação para registro de preços observará as regras gerais desta Lei e deverá dispor sobre:
I – as especificidades da licitação e de seu objeto, inclusive a quantidade máxima de cada item que poderá ser adquirida;
II – a quantidade mínima a ser cotada de unidades de bens ou, no caso de serviços, de unidades de medida;
III – a possibilidade de prever preços diferentes:
a) quando o objeto for realizado ou entregue em locais diferentes;
b) em razão da forma e do local de acondicionamento;
c) quando admitida cotação variável em razão do tamanho do lote;
d) por outros motivos justificados no processo;
IV – a possibilidade de o licitante oferecer ou não proposta em quantitativo inferior ao máximo previsto no edital, obrigando-se nos limites dela;
V – o critério de julgamento da licitação, que será o de menor preço ou o de maior desconto sobre tabela de preços praticada no mercado;
VI – as condições para alteração de preços registrados;".

[54] Fundamento legal: Art. 86, inc. VII, da NLLC – "Art. 82. O edital de licitação para registro de preços observará as regras gerais desta Lei e deverá dispor sobre: (...) VII – o registro de mais de um fornecedor ou prestador de serviço, desde que aceitem cotar o objeto em

V – o critério de julgamento da licitação;

VI – as condições para alteração ou atualização de preços registrados, conforme a realidade do mercado e observado o disposto nos art. 25 a art. 27;

VII – a vedação à participação do órgão ou da entidade em mais de uma ata de registro de preços com o mesmo objeto no prazo de validade daquela de que já tiver participado, salvo na ocorrência de ata que tenha registrado quantitativo inferior ao máximo previsto no edital;[55]

VIII – as hipóteses de cancelamento do registro de fornecedor e de preços, de acordo com o disposto nos art. 28 e art. 29;[56]

IX – o prazo de vigência da ata de registro de preços, que será de um ano e poderá ser prorrogado por igual período, desde que comprovado o preço vantajoso;[57]

X – as penalidades a serem aplicadas por descumprimento do pactuado na ata de registro de preços e em relação às obrigações contratuais;

XI – a estimativa de quantidades a serem adquiridas por órgãos ou entidades não participantes, observados os limites previstos nos incisos I e II do caput do art. 32, no caso de o órgão ou a entidade gerenciador admitir adesões;

XII – a inclusão, na ata de registro de preços, para a formação do cadastro de reserva, conforme o disposto no inciso II do caput do art. 18:

a) dos licitantes que aceitarem cotar os bens, as obras ou os serviços em preços iguais aos do licitante vencedor, observada a ordem de classificação da licitação; e

---

preço igual ao do licitante vencedor, assegurada a preferência de contratação de acordo com a ordem de classificação;".

[55] Fundamento legal: Art. 86, inc. VIII, da NLLC – "Art. 82. O edital de licitação para registro de preços observará as regras gerais desta Lei e deverá dispor sobre: (...) VIII – a vedação à participação do órgão ou entidade em mais de uma ata de registro de preços com o mesmo objeto no prazo de validade daquela de que já tiver participado, salvo na ocorrência de ata que tenha registrado quantitativo inferior ao máximo previsto no edital".

[56] Fundamento legal: Art. 86, inc. VIII, da NLLC – "Art. 82. O edital de licitação para registro de preços observará as regras gerais desta Lei e deverá dispor sobre: (...) IX – as hipóteses de cancelamento da ata de registro de preços e suas consequências".

[57] Fundamento legal: Art. 84 – "Art. 84. O prazo de vigência da ata de registro de preços será de 1 (um) ano e poderá ser prorrogado, por igual período, desde que comprovado o preço vantajoso.
Parágrafo único. O contrato decorrente da ata de registro de preços terá sua vigência estabelecida em conformidade com as disposições nela contidas".

b) dos licitantes que mantiverem sua proposta original;

XIII – a vedação à contratação, no mesmo órgão ou na mesma entidade, de mais de uma empresa para a execução do mesmo serviço, a fim de assegurar a responsabilidade contratual e o princípio da padronização, ressalvado o disposto no art. 49 da Lei nº 14.133, de 2021; e

XIV – na hipótese de licitação que envolva o fornecimento de bens, a Administração poderá, excepcionalmente, exigir amostra ou prova de conceito do bem na fase de julgamento das propostas ou de lances, ou no período de vigência do contrato ou da ata de registro de preços, desde que justificada a necessidade de sua apresentação.

Parágrafo único. Para fins do disposto no inciso II do caput, consideram-se quantidades mínimas a serem cotadas as quantidades parciais, inferiores à demanda na licitação, apresentadas pelos licitantes em suas propostas, desde que permitido no edital, com vistas à ampliação da competitividade e à preservação da economia de escala.

O primeiro passo para que a Administração contratante tenha êxito em receber aquilo que demanda por meio de Sistema de Registro de Preços, e o particular detenha sucesso no negócio público, é a verificação de um ato convocatório bem estruturado, consignando tudo aquilo que a legislação licitatória prevê.

Sendo assim, deverá a Administração gerenciadora da ata de registro de preços observar os dispositivos da NLLC e, no caso de Sistema de Registro de Preços, para a Administração Pública federal e demais órgãos e entidades que adotarem os regulamentos federais, conforme permite o art. 187 da Lei nº 14.133/2021, obedecer, necessariamente, todo o detalhamento constante dos incisos e alíneas no art. 15 do Decreto nº 11.462/2023.

Para melhor entendimento apresentaremos os elementos mínimos e necessários que devem compor um edital para o Sistema de Registro de Preços.

1 Objeto, especificações e quantidades máximas

Conforme fixa o art. 15, inc. I, do novo regulamento federal, o ato convocatório, necessariamente, deve dispor sobre as especificidades da licitação, de modo a informar o licitante acerca daquilo que a

Administração pretende contratar, afastando, assim, qualquer tipo de dúvidas.

Ademais, deverá o ato convocatório arrolar a descrição do objeto pretenso pela Administração, indicando todas as suas particularidades e especificações, assegurando ao licitante uma compreensão completa e precisa do que será futuramente contratado.

Com efeito, o objeto a ser registrado deve ser claro e conciso, e as suas definições devem ser precisas, não podendo ser demasiadamente amplas, sob pena de prejuízo do particular quando da precificação, pois poderá tal fato gerar proposta comercial que não seja firme e exequível.

Questão interessante que se encontra expressamente prevista no novo regulamento federal relaciona-se à necessidade do edital fixar quantidade máxima de cada item que poderá ser comercializada pelo particular. Informação essencial: devem tais quantidades estar previstas no edital ou anexos, de modo a permitir que o proponente tenha melhor condição de orçar ou avaliar no mercado correlato o objeto, fato que garante efetivamente a presença da economia de escala.

Cabe aqui expressar nosso entendimento quanto à quantidade máxima que, a nosso ver, deve considerar o prazo máximo de vigência da ata de registro de preços, já incluída a possibilidade de prorrogação na Nova Lei de Licitações por até 2 anos. De todo modo, que fique claro que, na dúvida acerca do quantitativo máximo, deverá a entidade licitante coletar informações junto a seus órgãos, aferindo o quantitativo máximo que deverá constar do edital de licitações.

Excepcionalmente, a exigência do quantitativo máximo poderá ser dispensada. Observe-se que o inciso I excepciona a necessidade de o edital fixar a quantidade máxima de cada item remetendo o intérprete para os incisos constantes do art. 4º: I – quando for a primeira licitação ou contratação direta para o objeto e o órgão ou a entidade não tiver registro de demandas anteriores; II – for no caso de alimento perecível; ou III – no caso em que o serviço estiver integrado ao fornecimento de bens. Analisaremos cada uma dessas exceções.

1.1 Quando for a primeira licitação ou contratação direta para o objeto e o órgão ou a entidade não tiver registro de demandas anteriores

Quando se observa ser a primeira vez que o órgão ou entidade realiza uma licitação de SRP para determinado objeto, não há, logicamente, registros de aquisições anteriores. Logo, afasta-se a necessidade do ato convocatório fixar os quantitativos máximos.

Com efeito, poderá ocorrer que um órgão ou entidade pública esteja realizando a primeira licitação para a compra de um objeto, para o qual não há histórico de demandas anteriores naquela Administração. Nessa situação, seria difícil estabelecer uma quantidade máxima sem conhecimento prévio da demanda.

Em nosso sentir, observa-se que a falta das quantidades máximas no edital pode prejudicar o licitante, haja vista a possibilidade de ele não realizar vendas dentro da perspectiva constante do edital, bem como não conseguir elaborar uma proposta competitiva, considerando-se a impossibilidade de prever a economia de escala.

1.2 Aquisição de alimento perecível

Em caso de SRP para a contratação de alimentos, a fixação de uma quantidade máxima pode ser problemática devido à natureza desses produtos, que são perecíveis a curtíssimo prazo, exigindo condições especiais de armazenamento e serem oferecidos ao mercado em suas épocas de colheita. Portanto, nesse caso, a quantidade máxima pode variar de acordo com a demanda verificada no mercado correlato e a capacidade de armazenamento do órgão público.

Em outra obra, salientamos que gêneros ou mercadoria perecível são aqueles produtos ou alimentos cujo prazo de consumo é exíguo, haja vista o rápido apodrecimento.

Com efeito, em uma licitação para a aquisição de frutas de época para distribuição na rede pública de ensino, a quantidade máxima de cada item pode variar de acordo com a sazonalidade, a demanda dos alunos e a capacidade de armazenamento adequado das frutas. Logo, não há como fixar no edital um quantitativo no termo de referência do ato convocatório.

1.3 No caso em que o serviço estiver integrado ao fornecimento de bens

No tocante à prestação de serviço integrado ao fornecimento de bens, observa-se que a atividade a ser desempenhada está diretamente relacionada aos bens fornecidos. Essa hipótese traz consigo a dificuldade de se fixar os quantitativos máximos do futuro labor, uma vez que a atuação da empresa, a exemplo da manutenção, assistência, configuração etc., dependerá da performance ou utilização do objeto adquirido.

Imagine-se, a título de exemplo, uma licitação para fornecimento de computadores, na qual está incluído o serviço de suporte técnico. Nesse caso, a quantidade máxima do serviço a ser prestado pode variar de acordo com a demanda de assistência técnica a ser acionada pelos usuários dos computadores. Outro exemplo é a aquisição de elevador com a prestação de serviços de instalação e manutenção integrados. Pode ocorrer, por tal e qual motivo, que o referido equipamento não seja devidamente instalado e colocado em funcionamento. Assim, não haverá execução de serviços com instalação e manutenção.

2 Quantidade mínima a ser cotada

Estabelece o art. 15, inc. II, do regulamento federal, que o edital de licitação para registro de preços observará as regras gerais estabelecidas na Lei nº 14.133/2021 e disporá sobre a quantidade mínima a ser cotada de unidades de bens ou, no caso de serviços, de unidades de medida, desde que justificadamente.

Essa informação, de caráter essencial, deve ser observada pelo licitante no edital, pois afasta a possibilidade de a Administração solicitar qualquer quantitativo, dentre aqueles registrados. Um pedido realizado com quantidade inferior à cotação mínima fixada no edital pode não remunerar os custos com a aquisição, transporte do bem adquirido ou locado, a mobilização de equipe para execução do serviço etc.

Na inexistência de informações acerca da cotação mínima, deverá o licitante solicitar esclarecimentos acerca desse dado. No silêncio da Administração licitante, não terá alternativa o particular a não ser impugnar o ato convocatório ou representá-lo junto ao Tribunal de Contas da União, sem prejuízo de eventual propositura de ação judicial.

Solicitar quantidades que sejam inferiores à cotação mínima configura flagrante ilegalidade e não deve ser admitida, salvo a possibilidade de o detentor da ata manifestar a possibilidade de fornecimento ou execução, o que deverá ser registrado formalmente, não podendo a negativa desencadear processo punitivo, tampouco gerar o cancelamento da ata de registro de preços.

Com efeito, no caso de bens, a quantidade mínima pode ser especificada em termos de unidades. Por exemplo, se uma empresa vende caixas de papel sulfite, pode ser exigido que a quantidade mínima seja de 10 caixas, desde que justificado e previsto no ato convocatório. Já no caso de serviços, a quantidade mínima pode ser especificada em termos de unidades de medida. Deveras, se uma empresa presta serviços de segurança, pode ser exigido que a quantidade mínima de atuação seja de quatro horas de trabalho. Conclui-se, portanto, que nas hipóteses trazidas a título de exemplo, menos de quatro horas de trabalho e menos 10 caixas de papel não poderão ser exigidos, posto que em testilha com o edital de licitações.

Esclareça-se que o parágrafo único do referido artigo considera como quantidades mínimas a serem cotadas as quantidades parciais, inferiores à demanda na licitação, apresentadas pelos licitantes em suas propostas, desde que permitido no edital, com vistas à ampliação da competitividade e à preservação da economia de escala.

3 Cotação de preços diferentes pelo proponente

Fixa o art. 15, inc. III, do regulamento federal, que o edital de licitação para registro de preços observará as regras gerais estabelecidas na Lei nº 14.133/2021, e disporá sobre a possibilidade de prever preços diferentes: a) quando o objeto for realizado ou entregue em locais diferentes; b) em razão da forma e do local de acondicionamento; c) quando admitida cotação variável em razão do tamanho do lote; ou d) por outros motivos justificados no processo.

De modo a viabilizar uma contratação justa para o particular, concretizada por meio de uma proposta exequível, cujo teor fixa adequadamente a aquisição dos objetos demandados ou os insumos alocados no serviço ou obra, o pagamento de impostos, da mão de obra, do transporte, além do lucro, permite o novo regulamento que sejam previstos preços diferentes para o mesmo produto ou serviço em algumas situações. Vejamos.

3.1 Quando o objeto for executado ou entregue em locais diferentes

Observe-se que, quando o objeto registrado for entregue ou executado em locais diferentes, os quais são indicados pela Administração gerenciadora, participantes ou aderentes, é notório que o preço do particular oscilará em razão da maior ou menor distância, fato que repercutirá nos custos de transporte do objeto, insumos e equipe, no consumo de combustível, nas despesas com pedágio, estadia, alimentação etc.

Exemplo disso pode acontecer em um SRP que objetiva registrar preços de combustíveis. O preço do combustível pode variar de acordo com a localidade em que ele será entregue, levando em consideração os custos do transporte, pedágio etc. Outrossim, ocorrerá em caso de prestação de serviços de manutenção predial, que exigirá o custeamento de alimentação, hospedagem da equipe, pagamento de diárias, horas extras etc.

3.2 Forma e local de acondicionamento do objeto registrado

A forma e o local de acondicionamento do objeto registrado pode também acarretar a oscilação de preços do particular, a ser fixado posteriormente na ata de registro de preços.

Existem situações em que a Administração exige que o particular mantenha o estoque do objeto contratado dentro do Município, o que ordena a locação de galpão, para acomodar a demanda próxima da contratante, a exemplo do que ocorre com a aquisição de cestas básicas para entrega aos servidores públicos e/ou aos beneficiários de programas sociais.

Assim, haja vista alguma particularidade de entrega, armazenamento e utilização, poderá ser imposto algum encargo ao futuro contratado que venha a gerar um ônus financeiro à proposta comercial.

Outrossim, a forma como o objeto é transportado pode refletir no preço oferecido. Melhor explicando, o preço de um bem contratado pode variar de acordo com a forma como ele será armazenado e transportado, pois, por exemplo, no transporte de alimentos perecíveis, deverão ser adotados caminhões com condicionamento climático, o que pode gerar um sobrepreço no transporte. Da mesma forma, para determinados objetos, poderá a Administração contratante exigir que o objeto contratado seja entregue com escolta de segurança, com rastreamento eletrônico etc., circunstância que elevará o preço do transporte, naturalmente.

3.3 Cotação variável em razão do tamanho do lote

O tamanho – entenda-se, quantitativo – de um lote ou de item a ser registrado pode efetivamente gerar precificação de valores distintos para o fornecimento de um mesmo objeto. Assim ocorre, pois um determinado quantitativo do objeto pode oscilar em razão dos custos de produção, que são atingidos diretamente pelo princípio da economia de escala, despesa com frete etc.

Isso pode acontecer, em uma licitação para registro de preços de materiais para construção. É evidente que o preço do material pode variar de acordo com a quantidade adquirida, levando em conta fatores como o desconto por volume.

Portanto, conveniente se faz compreender que o tamanho, ou quantitativo de um lote, ou item a ser registrado, pode resultar em valores distintos para o fornecimento de um mesmo objeto. Isso, como já salientamos anteriormente, ocorre devido aos efeitos diretos da economia de escala nos custos de produção, bem como a consideração de despesas adicionais, como frete, entre outras.

Um exemplo dessa situação pode ser observado em licitação para registro de preços de materiais para construção, em que a Administração busca a aquisição de tijolos. O preço do tijolo pode variar dependendo da quantidade adquirida, com descontos oferecidos por volume. Se a empresa estabelecer um lote de 50 mil tijolos como quantitativo mínimo, os fornecedores podem oferecer preços mais competitivos, considerando a economia de escala alcançada nessa quantidade. Por outro lado, se a empresa optar por um quantitativo menor, como 5.000 tijolos, os preços podem ser diferentes, refletindo uma menor economia de escala e possivelmente os licitantes apresentarão preço mais elevado.

3.4   Por outros motivos justificados no processo

O dispositivo regulamentar em exame permite que outros fatores relevantes possam ser levados em conta na definição dos preços. Por exemplo, em uma licitação para registro de preços de serviços de manutenção de equipamentos, pode ser justificado que os preços variem de acordo com a complexidade da manutenção, recorrência, qualidade, estado do bem, que receberá o serviço, além da distância de deslocamento da equipe técnica etc.

Em resumo, a possibilidade de prever preços diferentes em licitação para registro de preços de bens e serviços tem, como objetivo, permitir que os preços sejam ajustados a situações específicas, levando em conta fatores relevantes para cada caso, o que deverá ser justificado à luz do caso concreto.

4 Possibilidade de o licitante oferecer ou não proposta em quantitativo inferior ao máximo previsto no edital e obrigar-se nos limites dela

O art. 15, inc. IV, do regulamento federal, prevê que o edital pode fixar a possibilidade de o licitante oferecer ou não proposta em quantitativo inferior ao máximo previsto no edital, obrigando-se nos limites da sua oferta.

O regulamento não apresenta maiores detalhes acerca dos critérios e limitadores para o oferecimento de proposta parcial. Mas, em nosso sentir, poderá a Administração gerenciadora fixar no edital a possibilidade de licitante apresentar proposta comercial para atender um determinado quantitativo, um determinado local, um determinado período ou até mesmo alguma quantidade que se relaciona à demanda de um ou vários órgãos ou entidades participantes, haja vista, por exemplo, a verificação de alguma particularidade do licitante, a exemplo do estar estabelecido proximamente.

Ademais, sendo exorbitante o quantitativo fixado por uma administração, por exemplo, ata de registro de preços da SABESP para aquisição de cano para realização de ligação de água, poderá o quantitativo ser oferecido por várias empresas.

Sobre tal questão, se o ato convocatório exige que os licitantes ofereçam propostas apenas para o quantitativo máximo devidamente fixado no termo de referência, pode ocorrer um risco maior de inexecução e, por conseguinte, risco administrativo, caso o fornecedor não seja capaz de honrar o compromisso assumido ou venha ocorrer algum imprevisto no processo de produção ou fornecimento, atraso no fornecimento etc.

Admitir a oferta de quantidades menores pode garantir a entrega, abastecimento ou execução do serviço ou obra, mesmo em situações imprevistas. Nesse mesmo sentido, é permitida a oferta de quantidades menores, podendo garantir, assim, que a execução ocorra dentro do prazo estabelecido pela administração, além de possibilitar mais flexibilidade para a resolução de situações imprevistas.

Cumpre-nos esclarecer, por relevante, que o licitante assume a responsabilidade de executar o quantitativo que se comprometeu, não podendo ser exigido do particular a execução de algo que venha a exorbitar a quantidade fixada em sua proposta comercial, por ocasião da licitação.

Por fim, é imprescindível que o ato convocatório venha disciplinar todos os pormenores acerca da referida possibilidade, de modo a garantir efetiva segurança jurídica para os licitantes.

5 Critério de julgamento da licitação

Prevê o art. 15, inc. V, do regulamento federal, que o edital deve fixar o critério de julgamento da licitação, elemento essencial para que os agentes de contratação, por meio da processualidade constante da Nova Lei de Licitações, busquem a proposta mais vantajosa.

Com efeito, estabelece o art. 11 do regulamento federal que será adotado o critério de julgamento de menor preço ou de maior desconto sobre o preço estimado ou a tabela de preços praticada no mercado.

Esclareça-se que o art. 3º da Instrução Normativa SEGES/ME nº 73/2022 fixa que o critério de julgamento de menor preço ou maior desconto será adotado quando o estudo técnico preliminar demonstrar que a avaliação e a ponderação da qualidade técnica das propostas que excederem os requisitos mínimos das especificações não forem relevantes aos fins pretendidos pela Administração.

Outrossim, fixa o art. 9º da referida IN que o critério de julgamento por menor preço ou maior desconto considerará o menor dispêndio para a Administração, atendidos os parâmetros mínimos de qualidade definidos no edital de licitação.

Já o §1º do art. 9º, acima colacionado, fixa que os custos indiretos, relacionados às despesas de manutenção, utilização, reposição, depreciação e impacto ambiental, entre outros fatores vinculados ao seu ciclo de vida, poderão ser considerados para a definição do menor dispêndio, sempre que objetivamente mensuráveis, conforme parâmetros definidos em regulamento, de acordo com o §1º do art. 34 da Lei nº 14.133/2021. Por sua vez, o §2º do artigo em comento estabelece que o julgamento por maior desconto terá como referência o preço global fixado no edital de licitação ou tabela de preços praticada no mercado, e o desconto será estendido aos eventuais termos aditivos.

Em relação ao critério de julgamento que leva em consideração o "menor preço", tem-se que a licitação será julgada declarando como vencedor do certame aquele que apresentar a proposta comercial com o menor valor entre as ofertas válidas, observadas na competição, em especial naquilo que diz respeito às especificações e particularidades do objeto da licitação. De modo a melhor esclarecer essa questão, são inadmissíveis procedimentos licitatórios que classificam propostas com especificações distintas daquela prevista no edital, em nome do menor preço. Em última análise, essa ilegal e, infelizmente, corriqueira prática, além de desatender ao edital, ferindo de morte o princípio da vinculação ao instrumento convocatório, deixa de observar o princípio da isonomia entendido em sua velha máxima de igualar os iguais e desigualar os desiguais, eis que situações distintas devem ser tratadas de maneiras diferentes.

Por sua vez, no critério de julgamento pelo "maior desconto", o certame será julgado com base no maior desconto aplicado sobre o valor estimado da contratação, apontado no ato convocatório ou de tabela de preços praticada no mercado, prevista também no edital, conforme exige o art. 12, §3º, da IN nº 73/2022. Nesse caso, a competição observada no certame relaciona-se ao fato de os licitantes oferecerem, seja no lance fechado ou aberto, descontos em relação ao valor de referência, sendo que se sagrará vencedor do certame aquele que apresentar o maior desconto entre os competidores. Que fique claro que nas licitações com critério de julgamento de maior desconto, o valor de referência deverá estar explicitamente contemplado no edital, não podendo, a qualquer título que seja, invocar-se o art. 24, da NLLC.

No tocante às licitações cujo critério de julgamento ocorre por meio de descontos, observam-se certames onde proponentes oferecem descontos sobre as seguintes tabelas:
1. Tabela SINAPI (Sistema Nacional de Pesquisa de Custos e Índices da Construção Civil), para contratação de prestação de serviços e manutenção predial em geral etc., por exemplo.
2. Tabela SICRO (Sistema de Custos Referenciais de Obra), para fins de implantação de galerias e águas pluviais, pequenos reparos em logradouros públicos etc., por exemplo.
3. Tabela da Agência Nacional do Petróleo (ANP), para aquisição de combustíveis automotivos, para abastecimento de veículos e equipamentos ou aquisição de insumos asfálticos etc.

Igualmente, estabelece o art. 12 do regulamento federal, reproduzindo a redação contida no art. 82, §1º, da NLLC, que poderá ser adotado o critério de julgamento de menor preço ou de maior desconto por grupo de itens quando for demonstrada a inviabilidade de se promover a adjudicação por item e for evidenciada a sua vantagem técnica e econômica.

Observa-se, assim, que o art. 12 fixa que a regra do julgamento de licitações no âmbito do SRP é o julgamento "por itens", haja vista que a permissão de adotar o critério de julgamento de menor preço ou de maior desconto por "grupo de itens" somente poderá ocorrer quando for demonstrada a inviabilidade de se promover a adjudicação por item e for evidenciada a sua vantagem técnica e econômica.

Entenda-se como um "grupo de itens" um "lote",[58] devendo sobre ele recair o julgamento do certame. Assim, ao invés de a Administração julgar cada item separadamente, como se fosse uma licitação distinta, ou seja, "por itens", o julgamento ocorrerá por "grupos de itens", ou seja, o lote.

6 As condições para alteração ou atualização de preços registrados, conforme a realidade do mercado

Determina o art. 15, inc. VI, do regulamento federal, que deve o edital fixar as condições para alteração ou atualização de preços registrados, conforme a realidade do mercado e observado o disposto nos arts. 25 e 27 do Decreto nº 11.462/2023.

Sendo assim, fixa o art. 25 do regulamento que os preços registrados poderão ser alterados ou atualizados em decorrência de eventual redução dos preços praticados no mercado ou de fato que eleve o custo dos bens, das obras ou dos serviços registrados, nas seguintes situações:

---

[58] "Usar método de parcelamento inadequado
4. Risco: Usar o método de parcelamento do objeto inadequado, levando a não integração das partes da solução, com consequente não atendimento da necessidade que originou a contratação ou a necessidade de realizar nova contratação para integração das partes da solução (7).
5. Sugestão de controle interno: A equipe de planejamento da contratação deve avaliar todas as formas de parcelamento possíveis para escolher a que melhor se adequa a contratação pretendida.
6. Consideração: Há 4 métodos para proceder o parcelamento do objeto da licitação:
a) realização de licitações distintas, uma para cada parcela do objeto (parcelamento formal) (8);
b) realização de uma única licitação, com cada parcela do objeto sendo adjudicada em um **lote (ou grupo de itens)** distinto (parcelamento formal) (9);
c) realização de uma única licitação, com todo o objeto adjudicado a um único licitante, mas havendo permissão para que as licitantes disputem o certame em consórcios (parcelamento material) (10);
d) realização de uma única licitação, com todo o objeto adjudicado a um único licitante, mas havendo permissão para que a licitante vencedora subcontrate uma parte específica do objeto (parcelamento material) (11)" (cf. in. http://www.tcu.gov.br/arquivosrca/001.003.009.036.htm#Fund747-9. Acesso em: 16/05/2023).

1. Em caso de força maior, caso fortuito ou fato do príncipe, ou em decorrência de fatos imprevisíveis ou previsíveis de consequências incalculáveis, que inviabilizem a execução da ata tal como pactuada, nos termos do disposto na alínea "d" do inc. II do caput do art. 124 da Lei nº 14.133/2021;
2. Em caso de criação, alteração ou extinção de quaisquer tributos ou encargos legais ou superveniência de disposições legais, com comprovada repercussão sobre os preços registrados; ou
3. Na hipótese de previsão no edital ou no aviso de contratação direta de cláusula de reajustamento ou repactuação sobre os preços registrados, nos termos do disposto na Lei nº 14.133/2021.

Sobre tal assunto, recomenda-se a leitura dos comentários lançados no referido artigo.

Outrossim, fixa o art. 27 que, na hipótese de o preço de mercado tornar-se superior ao preço registrado e o fornecedor não poder cumprir as obrigações estabelecidas na ata, será facultado ao fornecedor requerer ao gerenciador a alteração do preço registrado, mediante comprovação de fato superveniente que o impossibilite de cumprir o compromisso. Sobre tal assunto, recomenda-se a leitura dos comentários lançados no referido artigo.

7 A vedação à participação do órgão ou da entidade em mais de uma ata de registro de preços com o mesmo objeto no prazo de validade daquela de que já tiver participado

De modo a não perpetuar a falta de planejamento administrativo no âmbito das contratações públicas, o inc. VII do art. 15 do regulamento federal veda a participação do órgão ou da entidade em mais de uma ata de registro de preços com o mesmo objeto no prazo de validade daquela de que já tiver participado, salvo na ocorrência de ata que tenha registrado quantitativo inferior ao máximo previsto no edital.

Dispensáveis maiores considerações para se compreender o conteúdo jurídico do referido dispositivo regulamentar. Tem-se que é proibida a participação do órgão ou da entidade em mais de uma ata de registro de preços com o mesmo objeto no prazo de validade daquela de que já tiver participado.

Ou seja, apresentando o seu quantitativo no âmbito do SRP para um órgão ou entidade gerenciadora, como regra, não poderão os órgãos participantes encaminhar novas demandas para outra administração que venha processar no SRP. Força-se, assim, que as administrações planejem efetivamente o quantitativo que venha utilizar durante a vigência da ata de registro de preços, contando o lapso da prorrogação, sem a interferência de qualquer elemento externo que possa prejudicar o planejamento da licitação.

Como toda regra há uma exceção, observa-se que o dispositivo em comento permite a entrada em outro SRP, salvo na ocorrência de ata que tenha registrado quantitativo inferior ao máximo previsto no edital. Melhor esclarecendo, a exceção prevista no dispositivo permite que um órgão ou entidade participe de outra ata de registro de preços com o mesmo objeto, desde que a ata anterior na qual ele tenha participado registre um quantitativo inferior ao máximo previsto no edital. Nesse caso, a administração poderá buscar atender a sua demanda restante por meio de uma nova ata de registro de preços.

Suponha-se que um órgão público tenha participado de uma ata de registro de preços para o fornecimento de computadores, registrando um quantitativo de 200 unidades. Porém a sua demanda é de 300 equipamentos. Durante a vigência dessa ata, o órgão já adquiriu 150 unidades dos computadores registrados. No entanto, ainda possui uma demanda remanescente de 150 unidades. Se surgir uma nova ata de registro de preços para o mesmo objeto, o órgão poderá participar dessa nova ata para suprir sua demanda restante.

Esses exemplos ilustram como a exceção prevista no regulamento permite que órgãos e entidades públicos possam participar de outras atas de registro de preços com o mesmo objeto, desde que o quantitativo registrado na ata anterior seja inferior ao máximo previsto no edital da nova ata. Isso possibilita que as administrações públicas atendam as suas demandas remanescentes e ajustem suas contratações de acordo com as necessidades específicas ao longo do prazo de validade da ata de registro de preços.

8 As hipóteses de cancelamento do registro de fornecedor e de preços

Conforme estabelece o art. 15, inc. VIII, do regulamento em análise, o edital deve fixar as situações em que o registro do fornecedor poderá ser cancelado, de acordo com as disposições contidas nos arts. 28 e 29.

O cancelamento do item ou da ata de registro de preços deve ser entendido como a rescisão antecipada e anormal do contrato administrativo, ocasionando a extinção do vínculo estabelecido entre o fornecedor e a administração pública contratante.

Para se obter mais informações sobre o procedimento de cancelamento da ata de registro de preços, apresenta-se o teor contido no art. 28 do regulamento em questão. Vejamos:

> Art. 28. O registro do fornecedor será cancelado pelo órgão ou pela entidade gerenciadora, quando o fornecedor:
> I – descumprir as condições da ata de registro de preços sem motivo justificado;
> II – não retirar a nota de empenho, ou instrumento equivalente, no prazo estabelecido pela Administração sem justificativa razoável;
> III – não aceitar manter seu preço registrado, na hipótese prevista no §2º do art. 27; ou
> IV – sofrer sanção prevista nos incisos III ou IV do caput do art. 156 da Lei nº 14.133, de 2021.

Seguimos com exemplos:
- Descumprir as condições da ata de registro de preços sem motivo justificado: um fornecedor registrou seus produtos na ata de registro de preços para fornecimento de materiais de escritório. No entanto, ele não cumpriu as condições estabelecidas na ata, como prazos de entrega ou especificações técnicas dos produtos, sem apresentar uma justificativa plausível para o descumprimento.
- Não retirar a nota de empenho, ou instrumento equivalente, no prazo estabelecido pela Administração sem justificativa razoável: após a emissão da nota de empenho referente a um registro de preços, o fornecedor não retira o documento dentro do prazo estabelecido pela Administração, sem apresentar uma justificativa válida para a sua ausência ou atraso na retirada.
- Não aceitar manter seu preço registrado, na hipótese prevista no §2º do art. 27: em uma situação em que ocorreu uma redução significativa dos preços praticados no mercado para um determinado produto registrado na ata de registro de preços, o fornecedor se recusa a manter o preço registrado,

mesmo estando prevista essa possibilidade no §2º do art. 27 do regulamento.
- Sofrer sanção prevista nos incs. III ou IV do *caput* do art. 156 da Lei nº 14.133/2021: o fornecedor é penalizado com uma sanção prevista na Lei de Licitações e Contratos (Lei nº 14.133/2021), como suspensão temporária de participação em licitações ou impedimento de contratar com a Administração Pública, nos casos previstos nos incs. III ou IV do art. 156. Por exemplo, se o fornecedor cometeu fraude em uma licitação anterior ou teve sua falência decretada.

Esses exemplos ilustram as situações em que o cancelamento do registro do fornecedor pode ocorrer, conforme previsto no regulamento. É importante destacar que cada caso deve ser analisado de acordo com as especificidades do edital e das normas vigentes, levando em consideração os princípios da legalidade, da proporcionalidade e do contraditório.

9   O prazo de vigência da ata de registro de preços

Estabelece o art. 15, inc. IX, do regulamento federal, que o edital de licitação deverá prever o prazo de vigência da ata de registro de preços, que será de um ano e poderá ser prorrogado por igual período, desde que comprovado o preço vantajoso.

O dispositivo em questão estabelece que a ata de registro de preços deve ter vigência de um ano, haja vista a palavra "será". Essa redação é importante para garantir que a ata federal permaneça em vigor e possa ser amplamente utilizada, especialmente considerando a possibilidade de realização de carona da ata federal por estados e municípios.

Dessa forma, a determinação do prazo de validade da ata de registro de preços em um ano assegura que a Administração Pública, seja aderente ou participante, possa usufruir plenamente dos benefícios desse procedimento auxiliar de licitação, permitindo a adesão de outros órgãos e entidades.

É importante salientar que o art. 84 da Lei nº 14.133/2021 estabelece a possibilidade de a ata de registro de preços ter uma vigência de 1 ano, com a opção de prorrogação por igual período, desde que seja comprovada a vantagem do preço, cuja redação foi reproduzida no regulamento, limitando a vigência da ata a um ano, com a permissão de apenas uma prorrogação, pelo mesmo período, ou seja, um ano.

Na nossa interpretação, a prorrogação da ata de registro de preços só será possível caso o edital e a própria ata expressarem claramente essa possibilidade. Se o documento convocatório não mencionar a prorrogação, entendemos que não será permitida a extensão do prazo de validade do compromisso. É essencial que haja uma previsão expressa nesse sentido para que os interessados tenham ciência das condições de prorrogação e possam planejar sua estratégia empresarial.

Essa abordagem busca garantir a segurança jurídica e a transparência nas contratações públicas, evitando interpretações dúbias ou conflitantes. Dessa forma, é fundamental que o edital e a ata de registro de preços estejam em consonância quanto à possibilidade e condições de prorrogação do prazo, proporcionando um ambiente claro para todos os participantes do processo licitatório.

10 As penalidades a serem aplicadas por descumprimento do pactuado na ata de registro de preços

10.1 Introdução

Estabelece o art. 15, inc. X, do Decreto federal nº 11.462/2023 que deverá o edital fixar as penalidades a serem aplicadas por descumprimento do pactuado na ata de registro de preços e em relação às obrigações contratuais.

Em nosso sentir, além das sanções a serem fixadas no edital, deve o ato convocatório fixar toda a processualidade administrativa do expediente sancionador, de modo a oferecer o instrumental para os servidores públicos desempenharem as atribuições necessárias, bem como segurança jurídica aos particulares.

Pois bem. Conforme estabelece o art. 104, inc. IV, da Nova Lei de Licitações, é cláusula exorbitante nos contratos administrativos a possibilidade de a Administração aplicar as sanções administrativas arroladas no art. 156, caso seja praticado um dos comportamentos arrolados no art. 155.

Da mesma forma em que há a possibilidade de aplicação de sanção no âmbito dos contratos administrativos, tal prerrogativa é garantida à Administração Pública no âmbito do Sistema de Registro de Preços, conforme infere-se da leitura dos arts. 19 e 27 do regulamento federal.

Esclareça-se que o dispositivo regulamentar em apreço trata da aplicação de sanção no caso de o detentor da ata de registro de preços vier a descumprir o consignado no referido compromisso, que ocorrerá por meio do órgão ou entidade gerenciadora.

Apontamos isso, pois, caso o detentor da ata de registro de preços vier a descumprir o constante do contrato administrativo decorrente da ata, poderá o órgão ou entidade participante, ou aderente, instaurar um processo sancionatório com o escopo de apurar responsabilidade e, se for o caso, aplicar penalidade. Poderá o detentor da ata de registro de preços ser punido duplamente, ou seja, tanto pela Administração gerenciadora, como pelo órgão ou entidade participante ou aderente (caroneira).

É oportuno lembrar que o regime sancionatório fixado a partir do art. 155 da NLLC deve ser devidamente customizado à luz das particularidades do Sistema de Registro de Preços e do objeto que será registrado. Logo, deverão ser arrolados no edital, bem como na ata de registro de preços, os comportamentos infracionais customizados à luz das particularidades do fornecimento, prestação de serviços ou execução de obras, que, caso praticados, exigirá a instauração de processo administrativo, que poderá acarretar a aplicação das sanções administrativas a seguir listadas, observados o contraditório e a ampla defesa.

10.2 As sanções administrativas previstas na Nova Lei de Licitações

Conforme observa-se do art. 156 da Nova Lei de Licitações, as sanções administrativas lá previstas são: advertência; multa; impedimento de licitar e contratar; e a declaração de inidoneidade para licitar ou contratar.

10.2.1 Advertência

Analisando rapidamente cada uma delas, tem-se que a advertência é a sanção de menor carga punitiva, sempre aplicada dentro de um juízo de proporcionalidade em razão da ocorrência de erros na execução do ajuste que caracterizem uma inexecução contratual de pequena ou pouca gravidade. A advertência não é apenas uma orientação ou instrução de medidas a serem tomadas, mas, sim, uma sanção administrativa com propósito corretivo e caráter moral, sem implicar a diminuição de patrimônio ou direitos do indivíduo condenado. Nunca poderá uma advertência ser aplicada verbalmente ou antes da conclusão do processo administrativo sancionador, ainda que seja a mais branda das penas.

10.2.2 Multa

Por sua vez, a multa caracteriza-se como a imposição de recolhimento de uma determinada quantia em dinheiro em razão da prática dos comportamentos fixados na legislação licitatória como infração administrativa.

A sanção pecuniária desdobra-se em duas espécies: a multa moratória, devida em razão do atraso injustificado na execução do contrato, e a multa punitiva, aplicável em caso de inexecução parcial do contrato, bem como nas demais hipóteses em que a lei assim determinar.

Advirta-se, por oportuno, que a multa moratória somente é cabível em caso de atraso injustificado, conforme observa-se da leitura do art. 162 da Nova Lei de Licitações. Lembramos que, que uma justificativa motivada e devidamente comprovada, não pode ensejar a aplicação de penalidade, exonerado o particular da sanção administrativa.

A multa tem como propósito desencorajar a ocorrência de condutas indesejadas que configurem infrações administrativas, utilizando a perspectiva de prejuízo financeiro futuro como meio de dissuasão. A lei reconhece que, além de advertências ou restrições de direitos, a redução de patrimônio é um instrumento eficaz para assegurar a execução adequada do objeto conforme o pactuado.

Esclareça-se que, para a aplicação de multa, seja moratória ou punitiva, é necessária a expressa previsão nos instrumentos editalício e contratual, devendo ainda tais atos administrativos prever os parâmetros punitivos, sob pena de restar prejudicado o exercício do poder punitivo da Administração licitante ou contratante, o que gerará responsabilização disciplinar do agente público que não observou as determinações legais. Sobre a questão, o TCU já decidiu que:

> 9.1.5. inclua, nos próximos instrumentos contratuais, com clareza, as condições que ensejam a imposição de sanções, indicando, no mínimo, a percentagem, a base de cálculo da multa e o momento de aplicação da sanção em caso de inexecução parcial. (TCU – Acórdão nº 1.314/2005 – Plenário – Relatoria: Ministro Marcos Vinicios Vilaça)

Em razão da mera existência de processo sancionador em curso, não pode a Administração reter valores para fins de garantia de pagamento de eventual multa imposta. Vejamos o que o STJ já disse:

> 2. Pode a Administração rescindir o contrato em razão de descumprimento de uma de suas cláusulas e ainda imputar penalidade ao contratado descumpridor. Todavia a retenção do pagamento devido, por não constar do rol do art. 87 da Lei nº 8.666/93, ofende o princípio da legalidade, insculpido na Carta Magna. (STJ AgRg no Ag nº 1.030.498/RO – Relatoria: Ministro Castro Meira)

10.2.3 O impedimento de licitar e contratar

Por sua vez, apresentamos a sanção denominada impedimento de licitar e contratar com a Administração, não permitindo o licitante de participar de licitações bem como celebrar contratos com a Administração. Essa restrição do direito de licitar e contratar não será superior a três anos. Doutra parte, em relação ao alcance da sanção de impedimento de licitar e contratar prevista no art. 156, inc. III, da Lei nº 14.133/2021, tem-se que ela abarca toda a esfera federativa a qual pertence o órgão ou a entidade sancionadora. Transcorrido o prazo da sanção aplicada, o sancionado estará automaticamente reabilitado para participar de licitações ou contratar com a Administração, não demandando peticionamento.

10.2.4 A declaração de inidoneidade

Por derradeiro, temos a declaração de inidoneidade, prevista no art. 156, inc. IV, da Lei nº 14.133/2021, que poderá ser aplicada quando verificada a prática de condutas tipificadas como infração administrativa que apresentem natureza gravíssima. A imposição da referida sanção em razão da gravidade da infração administrativa praticada manifesta flagrante inaptidão em realizar negócios com o governo, de forma a bani-lo das contratações governamentais. Por tal razão, tem a sua inidoneidade declarada.

10.3 Do processo administrativo sancionatório

No tocante ao processo sancionatório, tem-se que o poder punitivo estatal é delimitado por meio do processo administrativo, uma vez que a atividade administrativa, devidamente processualizada, apresenta-se como garantia do Estado Democrático de Direito na Constituição da República de 1988. Nesse sentido, as garantias processuais constitucionais encontram-se vertidas no art. 5º, incs. LIV e LV, da Constituição da República de 1988, concretizada na determinação de que "ninguém será privado da liberdade ou de seus bens sem o devido processo legal", e, ainda, "aos litigantes, em processo judicial ou administrativo, e aos acusados em geral são assegurados o contraditório e ampla defesa, com os meios e recursos a ela inerentes".

Com efeito, tem-se que o devido processo legal assegura que a atividade administrativa seja conduzida segundo o que a lei determina, inadmitindo-se que o manejo de processos administrativos ocorra de forma divorciada do direito, ou seja, o expediente promovido pela Administração Pública deve ser conduzido não por meio de qualquer processo, mas pelo "devido", o que acaba por proteger o indivíduo, bem como salvaguardar a atividade administrativa punitiva, de forma a garantir a sua legitimidade e o alcance dos seus objetivos.

Já o princípio do contraditório e da ampla defesa assegura que todas as partes envolvidas em processos administrativos possam apresentar seus argumentos de forma equânime, promovendo a concretização do princípio da igualdade processual. Isso implica a capacidade de contrapor as razões apresentadas pela outra parte, garantindo, assim, a dialética processual.

Por sua vez, no que se refere à ampla defesa, é essencial garantir aos litigantes e acusados no processo administrativo o direito amplo e irrestrito de contestar a investida da Administração sobre seus bens e direitos. Isso inclui ter pleno conhecimento das acusações imputadas e a possibilidade de apresentar e ter apreciadas, de forma abrangente, as razões para refutar as acusações, podendo ser acompanhada de juntada de documentos, bem como ser requerida a produção de provas testemunhais e periciais, conforme o caso.

Advirta-se, por oportuno, que se foi o tempo em que a Administração instaurava processo sancionatório, admitindo o contraditório e ampla defesa, porém, com caráter meramente formal, impedindo o licitante ou contratado de efetivamente demonstrar o seu ponto de vista, mediante a produção de provas, ensejando a propositura de ação judicial, com vistas a fulminar essa ilegalidade.

Por derradeiro, é garantido o direito de recorrer de decisões desfavoráveis, mesmo que não haja previsão expressa na lei ou outras normas, assegurando, assim, a possibilidade de revisão da decisão administrativa.

10.3.1 A instauração do processo sancionador

De forma resumida, quanto ao processo sancionador, a fase de instauração será iniciada por meio de iniciativa da Administração licitante ou contratante ou a pedido de terceiros, para apurar supostas infrações administrativas. A autoridade competente não tem discricionariedade para tomar essa medida, pelo que deve instaurar regular processo administrativo para apurar a suposta infração e, se for o caso, aplicar a pena cabível à espécie.

Em nosso pensar, tem-se que cada conduta indesejada praticada pelo licitante ou contratado deve ser considerada uma infração administrativa distinta, exigindo a abertura de um processo administrativo sancionador separado para investigar cada suposta prática infracional individualmente. A decisão do Estado em punir ou não deve ser tomada individualmente para cada comportamento considerado infracional.

Para garantir o direito ao contraditório e à ampla defesa, a Administração sancionadora deve notificar o particular para apresentação de defesa em 15 dias (arts. 157 e 158 da NLLC), bem como conceder ao infrator ou seu representante amplo acesso do processo administrativo, permitindo o conhecimento completo das acusações imputadas ao indivíduo.

Oportunamente, citem-se os ensinamentos de Sérgio Ferraz e Adilson de Abreu Dallari:

> (...) eis que timbrado o processo administrativo também pelos princípios da oficialidade e da inquisitoriedade (...). Daí a imprescindibilidade – pena de nulidade, até – de o ato descrever nitidamente os fatos, a capitulação tipológica e sancionatória em teses aplicáveis, a identificação da autoridade deflagradora etc.
> Não mais prevalece, a nosso ver, após a Constituição de 1988 a ideia de que a autoridade administrativa, em caso de instauração de ofício, poderia limitar-se a descrições genéricas dos fatos ou condutas a serem objeto de processo, carecendo de relevância a tipificação legal do comportamento, sua classificação e seu enquadramento sancionatório (...).

No processo administrativo sancionador é imperativa a tipificação da conduta (...).[59]

Veja-se que o processo administrativo, ainda que esteja sob a égide do princípio do informalismo ou formalismo moderado, exige que a notificação, mesmo quando se tratar de instauração de ofício, deve tipificar a conduta com todo o detalhamento de suas particularidades.

10.3.2 A instrução do processo sancionador

A fase instrutória do processo administrativo sancionador tem como objetivo verificar e confirmar, por meio da produção e apresentação de provas, os elementos necessários para decidir se a Administração irá impor uma penalidade ao infrator. Durante essa fase, é garantido ao sujeito o direito de apresentar qualquer prova admitida legalmente, sob pena de violação dos princípios do contraditório e da ampla defesa.

Esclareça-se que o art. 158, §2º, da NLLC, prevê a possibilidade de ampla instrução quando fixa que na hipótese de deferimento de pedido de produção de novas provas ou de juntada de provas julgadas indispensáveis pela comissão, o licitante ou o contratado poderá apresentar alegações finais no prazo de 15 (quinze) dias úteis, contado da data da intimação.

10.3.3 A fase decisória

Na fase decisória ou de julgamento, a autoridade competente irá decidir se impõe ou não uma sanção administrativa ao infrator, cuja decisão terá como base no conteúdo dos autos do processo administrativo, especialmente nas provas produzidas e devidamente apuradas durante a fase instrutória.

---

[59] Cf. *Processo Administrativo*. 3. ed. São Paulo: Malheiros, 2012,. 142 e 143.

O julgamento do processo sancionatório deve seguir os princípios da proporcionalidade[60] e da razoabilidade,[61] princípios expressamente previstos no art. 5º da Nova Lei de Licitações. A penalidade imposta na decisão administrativa deve ser a medida necessária, adequada e proporcional para a conduta infracional cometida pelo indivíduo. Da mesma forma, se a conduta infracional não for comprovada ou se estiver devidamente justificada, a sanção administrativa deve ser descartada.

> 2. O art. 87, da Lei nº 8.666/93, não estabelece critérios claros e objetivos acerca das sanções decorrentes do descumprimento do contrato, mas por óbvio existe uma gradação acerca das penalidades previstas nos quatro incisos do dispositivo legal.
> (...)
> 4. Assim deve ser analisada a questão referente à possível penalidade aplicada ao contratado pela Administração Pública, e desse modo, o

---

[60] Acerca do referido princípio, já tivemos a oportunidade de anotar que: "Consta, ainda, do art. 5º, o princípio da proporcionalidade, que, em nosso sentir, sempre estará acompanhado do princípio da razoabilidade, precipuamente em se tratando de dosimetria da pena, conforme se vê em julgamento de recurso inominado proferido pelo Tribunal de Justiça do Estado de São Paulo:
Recurso inominado da parte requerida – ação declaratória de nulidade de sanção administrativa – Atraso na entrega dos documentos obrigatórios pela parte vencedora na licitação – Instauração de processo administrativo e aplicação de penalidade de impedimento de contratar com a administração pública pelo período de três anos – Violação ao princípio da proporcionalidade – Inegável a desproporção da pena aplicada – Em análise ao artigo 87 da Lei de Licitações ou a Lei 10.502/02, não se pode perder de vista que o contrato não possui valor elevado, não resultaram comprovados ou vultosos prejuízos ao bem público, e não há notícia nos autos de que a empresa autora seja contumaz no TCU – Acórdão no 1631/2007 – Plenário. Relatoria: Min. Valmir Campelo. Brasil. Data da Sessão: 15/08/2007. descumprimento de suas obrigações – Sentença mantida por seus próprios fundamentos – Recurso improvido.
É imprescindível a existência de um nexo de pertinência lógica entre a decisão da Administração Pública, com a finalidade daquilo que se pretende, seja em razão de cláusula editalícia, seja em razão de apenamento". (PIRES, Antonio Cecílio Moreira, PARZIALE, Aniello Reis. *Comentários à nova Lei de Licitações Públicas e Contratos Administrativos:* Lei n. 14.133, de 1. de abril de 2021. São Paulo: Almedina, 2022, p. 58).

[61] Sobre o referido princípio, já tivemos a oportunidade de anotar que: "A aplicação da lei, por certo, não autoriza a Administração a adotar condutas ilógicas ou desarrazoadas. Em razão disso, emerge o princípio da razoabilidade, também previsto no art. 5º, de caráter instrumental. Sobremodo seria admitir que os poderes administrativos, de caráter instrumental, pudessem ser exercitados além daquilo que temos por coerente e razoável. Assim, no campo das licitações cabe ao agente público, quando do julgamento da licitação, seja na fase de apreciação da propostas, seja na fase de habilitação, aferir a compatibilidade entre os meios empregados e os fins pretendidos, evitando decisões inadequadas, desnecessárias, arbitrárias ou em testilha com a finalidade da licitação" (PIRES, Antonio Cecílio Moreira, PARZIALE, Aniello Reis. *Comentários à nova Lei de Licitações Públicas e Contratos Administrativos:* Lei n. 14.133, de 1. de abril de 2021. São Paulo: Almedina, 2022, p. 57).

art. 87, da Lei nº 8.666/93, somente pode ser interpretado com base na razoabilidade, adotando, entre outros critérios, a própria gravidade do descumprimento do contrato, a noção de adimplemento substancial, e a proporcionalidade." (STJ – REsp nº 914.087/RJ – Relatoria: Ministro José Delgado –)

"1. Devido à recusa em assinar o contrato administrativo, a CEFET aplicou à impetrante a pena de multa e a suspensão de participar em licitação e de contratar com a Administração. 2. No caso, deve ser afastada a aplicação da pena de suspensão. Tendo a Lei nº 8.666/93 previsto um elenco de quatro sanções, dotadas de diversos graus de severidade, impõe-se adequar as penalidades mais graves às condutas mais reprováveis. A suspensão de contratar com o poder público mostra-se inadequada e grave quando existe também o erro da administração, que pecou na clareza quanto ao contrato. Correta a sentença que apenas manteve a pena de multa. (TRF2 – ApelReex 200851010039347 RJ 2008.51.01.003934-7 – Des. Fed. Guilherme Couto de Castro)

É possível recorrer da decisão administrativa por meio de recurso administrativo, na forma do que preveem os arts. 166 e 167 da Nova Lei de Licitações.

A sanção administrativa aplicada a um indivíduo deve ser registrada nos cadastros ou sistemas on-line, como o Cadastro Nacional de Empresas Inidôneas e Suspensas (CEIS), conforme determina o art. 161 da Lei nº 14.133/2021.

Por derradeiro, concluindo-se o processo sancionador, poderá, ainda, ser a sanção revista. Vejamos:

MANDADO DE SEGURANÇA. PROCESSO ADMINISTRATIVO. PEDIDO DE REVISÃO. ADEQUAÇÃO DA SANÇÃO. CIRCUNSTÂNCIA RELEVANTE. CABIMENTO. 'Os processos administrativos de que resultem sanções poderão ser revistos, a qualquer tempo, a pedido ou de ofício, quando surgirem fatos novos ou circunstâncias relevantes suscetíveis de justificar a inadequação da sanção aplicada.' (artigo 65 da Lei nº 9.784/99). Cabível o pedido de revisão, não há falar em impossibilidade jurídica do pedido, tampouco em intempestividade, exsurgindo o direito líquido e certo do impetrante de ver apreciado seu requerimento como apresentado – pedido de revisão – e integralmente. 3. Ordem concedida. (Inexecução contratual. Aplicação de penalidades. Possibilidade de revisão da sanção: STJ – MS nº 14965 – DF – Relatoria: Ministro Hamilton Carvalhido)

Processos administrativos de que resultem sanções poderão ser revistos, a qualquer tempo, a pedido ou de ofício, quando surgirem fatos novos ou circunstâncias relevantes suscetíveis de justificar a inadequação da sanção aplicada. (TCU – *Manual de Orientações* – 2010, p. 754)

11 A estimativa de quantidades a serem adquiridas por órgãos ou entidades não participantes

Fixa o art. 15, inc. XI, do regulamento federal, que deverá o ato convocatório prever a estimativa de quantidades a serem adquiridas por órgãos ou entidades não participantes, observados os limites previstos nos incs. I e II do *caput* do art. 32 do mesmo decreto federal, no caso de o órgão ou a entidade gerenciadora admitir adesões.

No tocante aos limites estabelecidos no art. 32 do regulamento federal, fixa o inc. I que as aquisições ou as contratações de serviços ou obras adicionais, entenda-se, processadas no âmbito da adesão ao SRP, não poderão exceder, por órgão ou entidade, a cinquenta por cento dos quantitativos dos itens do instrumento convocatório registrados na ata de registro de preços para o órgão ou a entidade gerenciadora e para órgãos ou entidades participantes.

Exemplificando, temos uma entidade gerenciadora que, após consolidar o quantitativo de várias administrações participantes, realizou uma licitação e celebrou uma ata de registro de preços para a aquisição de papel sulfite A4. A ata registra um preço unitário de R$10,00 para cada resma de papel sulfite, sendo que a quantidade registrada no compromisso foi de 10.000 resmas. Com base nas regras de controle estabelecidas no art. 32, inc. I, a adesão realizada por um órgão ou entidade participante que deseje aderir à ata de registro de preços deverá estar limitada ao máximo de 50% desse quantitativo, ou seja, no máximo 5.000 resmas de papel sulfite.

Por sua vez, fixa o inc. II que o quantitativo decorrente das adesões não poderá exceder, na totalidade de caronas, ao dobro do quantitativo de cada item registrado na ata de registro de preços para o órgão ou a entidade gerenciadora e, no art. 32, os órgãos ou as entidades participantes, independentemente do número de órgãos ou entidades não participantes que aderirem à ata de registro de preços. Com arrimo no exemplo acima colacionado, o quantitativo total de resmas de papel sulfite adquirido por todos os órgãos e entidades participantes não poderá ultrapassar o dobro da quantidade registrada na ata, ou seja, no máximo, 20.000 resmas de papel sulfite.

12 A inclusão, na ata de registro de preços, para a formação do cadastro de reserva

Estabelece o art. 15, inc. XII, do regulamento federal, que deverá o edital fixar a necessidade de inclusão, na ata de registro de preços, para a formação do cadastro de reserva, conforme o disposto no inc. II do *caput* do art. 18: a) dos licitantes que aceitarem cotar os bens, as obras ou os serviços em preços iguais aos do licitante vencedor, observada a ordem de classificação da licitação; e b) dos licitantes que mantiverem sua proposta original.

Conforme consta do art. 18 do regulamento, a cujo conteúdo remetemos o leitor, permite-se que seja criado o cadastro de reserva, que será o anexo da ata de registro de preços. Em resumo, por meio do cadastro de reserva, permite-se que a Administração Pública gerenciadora da ata convoque os licitantes classificados subsequentemente para que venham a assinar o compromisso caso o adjudicatário venha desistir do ajuste, devendo, num primeiro momento, ser convocados aqueles que declaram executar o objeto registrado pelo preço do primeiro colocado, passando, na inexistência de êxito, a convocar aqueles proponentes que se compromissaram em executar o objeto registrado pelo valor da sua proposta comercial.

13 A vedação à contratação, no mesmo órgão ou na mesma entidade, de mais de uma empresa para a execução do mesmo serviço

O inc. XIII do art. 15 do regulamento federal fixa que o edital de licitação de SRP deverá tratar da vedação à contratação, no mesmo órgão ou na mesma entidade, de mais de uma empresa para a execução do mesmo serviço, a fim de assegurar a responsabilidade contratual e o princípio da padronização, ressalvado o disposto no art. 49 da Lei nº 14.133/2021.

A razão de um edital de licitação vedar a contratação de mais de uma empresa para a execução do mesmo serviço no mesmo órgão ou entidade está relacionada à busca pela responsabilidade contratual e ao princípio da padronização.

No tocante às razões para a vedação, tem-se que a contratação de apenas uma empresa para executar o serviço, o órgão ou entidade gera automática responsabilidade contratual com tal particular, haja vista existir apenas um único contratado, que assumirá a responsabilidade integral pela execução do serviço, cumprindo as obrigações contratuais estabelecidas, inexistindo, portanto, jogo de empurra-empurra entre as contratadas.

Demais disso, do ponto de vista da eficiência administrativa, tem-se que a responsabilidade contratual facilita a gestão do contrato e a resolução de eventuais problemas ou questões que possam surgir durante a execução do serviço.

Com efeito, contratar várias empresas para executar o mesmo serviço exige maior esforço na gestão contratual, pois administrar diversos contratos separadamente gera, consequentemente, maior burocracia, dificuldades de coordenação e maior esforço administrativo na fiscalização. Em resumo, ao contratar apenas uma empresa, a gestão contratual é simplificada, permitindo uma melhor alocação de recursos humanos.

Outrossim, conforme deixa claro o regulamento, uma única contratação para execução do objeto demandado garante a padronização daquilo que será executado, pois a prestação do serviço por apenas uma empresa ou equipe garante que procedimentos, técnicas, qualidade e resultados obtidos sejam consistentes e uniformes. Ao contratar apenas uma empresa, esses problemas são minimizados, garantindo uma execução mais organizada e coesa do serviço.

Esclareça-se que tal vedação é excepcionalizada no caso previsto no art. 49 da Nova Lei de Licitações, cujo teor permite à Administração, mediante justificativa expressa, contratar mais de uma empresa ou instituição para executar o mesmo serviço, desde que essa contratação não implique perda de economia de escala, quando: I – o objeto da contratação puder ser executado de forma concorrente e simultânea por mais de um contratado; e II – a múltipla execução for conveniente para atender à Administração.

Sobre o referido dispositivo legal, já tivemos a oportunidade de anotar em outra obra que:

Fixa o art. 49 da nova Lei de Licitações, a possibilidade da Administração Pública celebrar múltiplos contratos administrativos com o objetivo de buscar a execução de um mesmo objeto por meio de mais de uma empresa.

Assim poderá ocorrer, desde que exista motivada justificativa, a ser assentada nos autos do processo administrativo, acerca das razões para adoção de uma contratação dessa natureza.

Com efeito, também é condição para a celebração de uma contratação múltipla a ausência da perda da economia de escala observada nas contratações de elevados quantitativos. Por economia de escala entende-se quanto maior for a quantidade licitada menor poderá ser o custo unitário do produto a ser adquirido.

Acerca das benesses na adoção de uma contratação dessa natureza, pode ocorrer que o ajuste com apenas uma empresa para execução de um determinado objeto, por exemplo, que apresenta um quantitativo elevado, pode apresentar alguma dificuldade operacional, sendo essa reduzida ou mitigada caso o objeto seja executado por mais de um particular.

Demais disso, deverá estar justificado nos autos do processo administrativo o atendimento do inc. I do artigo em estudo, que exige que "o objeto da contratação puder ser executado de forma concorrente e simultânea por mais de um contratado", bem como do inc. II, que estabelece que "a múltipla execução for conveniente para atender à Administração."

Haja vista tratar-se de celebração de contratos distintos, cada um ajustado com um contratado diferente, é dever da Administração Pública contratante realizar a gestão individualizada de cada contrato, passando a implementar todos os encargos constantes do art. 117 individualmente.[62]

14 Exigência de amostra ou prova de conceito do bem

Fixa o art. 15, inc. XIV, do regulamento federal, que, na hipótese de licitação que envolva o fornecimento de bens, a Administração poderá, excepcionalmente, exigir amostra ou prova de conceito do bem na fase de julgamento das propostas ou de lances, ou no período de vigência do contrato ou da ata de registro de preços, desde que justificada a necessidade de sua apresentação.

Sobre essa questão, existem determinados objetos que, em razão das suas particularidades, permitem que a Administração Pública exija no ato convocatório a apresentação pelo detentor da proposta mais

---

[62] Cf. PIRES, Antonio Cecilio Moreira; PARZIALE, Aniello. *Comentários à nova lei de licitações públicas e contratos administrativos*: Lei 14.133 de 1º de abril de 2021. São Paulo: Almedina, p. 757.

vantajosa uma amostra, de modo a possibilitar que a Administração Pública verifique se os requisitos do objeto que se encontram no edital serão futuramente contemplados no objeto que será fornecido.

Para que esse objetivo seja alcançado, permite-se exigir amostra ou prova de conceito do bem na fase de julgamento das propostas ou de lances, ou no período de vigência do contrato ou da ata de registro de preços.

Observa-se que não é permitido exigir amostra ou prova de conceito para fins de credenciamento ou na fase de habilitação, caso ocorra a inversão de fase do certame, onde se observa a análise dos documentos de habilitação antes do julgamento das propostas ou realização de fase de lances.

É oportuno salientar que o art. 17, §3º, da Lei nº 14.133/2021 permite a exigência e homologação de amostras, exame de conformidade e prova de conceito, entre outros testes de interesse da Administração, de modo a comprovar sua aderência às especificações definidas no termo de referência ou no projeto básico apenas do licitante provisoriamente vencedor, de modo a não gerar custos ou encargos que venham a reduzir a competitividade do certame desnecessariamente.

Conforme redação regulamentar, esclareça-se que a permissão para exigência de amostra ou prova de conceito somente é consentida no âmbito do fornecimento de bens, o que, em nosso sentir, não permite a solicitação em caso de prestação de serviços ou execução de obras.

Por derradeiro, tem-se que a exigência editalícia comentada somente será lícita caso exista motivada justificativa nos autos do processo administrativo, haja vista que pode implicar à licitante despesa desnecessária e anterior à celebração do contrato, infringindo o princípio constitucional da isonomia.

Sobre tal questão, o Tribunal de Contas da União já asseverou que, em licitações que requeiram prova de conceito ou apresentação de amostras, deve ser viabilizado o acompanhamento dessas etapas a todos os licitantes interessados, em consonância com o princípio da publicidade (Acórdão nº 1.823/2017 – Plenário).

Outrossim, o TCU também já decidiu que a prova de conceito, meio para avaliação dos produtos ofertados, pode ser exigida do licitante provisoriamente classificado em primeiro lugar, mas não pode ser exigida como condição para habilitação, por inexistência de previsão legal (Acórdão nº 2.763/2013 – Plenário).

- **Sistema de Registro de Preços. Contrato "guarda-chuva", com objeto incerto e indefinido. Irregularidade da adoção de pregão.** 9.51. utilização indevida de ata de registro de preços como contrato do tipo 'guarda-chuva', com objeto incerto e indefinido, sem a prévia delimitação dos locais em que as intervenções serão realizadas e sem a prévia elaboração dos projetos básicos de cada obra a ser executada; (TCU – Acórdão nº 1767/2021 – Plenário)
- **Sistema de Registro de Preços. Habilitação. Fixação dos critérios de habilitação levará em consideração todo o quantitativo a ser registrado.** 1. Em licitação para registro de preços, é regular que os quantitativos mínimos exigidos para comprovação de experiência anterior, para fins de qualificação técnica-operacional, sejam estabelecidos por percentual do somatório dos quantitativos a serem demandados tanto pelo órgão gerenciador quanto pelos órgãos participantes (art. 9º, incisos II, III e §3º, do Decreto nº 7.892/2013) (TCU – Acórdão 978/2023 Plenário, Representação, Relator Ministro Benjamin Zymler.)
- **Sistema de Registro de Preços. É irregular a contratação de serviços por postos de trabalho com exigência de dedicação exclusiva ou número de horas mensais.** 2. É irregular a contratação de serviços por postos de trabalho com exigência de dedicação exclusiva ou número de horas mensais, em detrimento de forma que permita a mensuração por resultados para o pagamento da contratada, sem justificativa que demonstre, de modo individualizado, para cada posto de trabalho, que é o modelo mais vantajoso para a Administração (Anexo V da IN Seges/MP 5/2017). (TCU – Acórdão nº 992/2023 Plenário, Denúncia, Relator Ministro Vital do Rêgo)

ARTIGO 16 – PROCEDIMENTO PARA REALIZAÇÃO DA CONTRATAÇÃO DIRETA POR MEIO DE SRP

Seção III
Da contratação direta

Procedimentos

Art. 16. O SRP poderá ser utilizado nas hipóteses de contratação direta, por inexigibilidade ou por dispensa de licitação, para a aquisição de bens ou para a contratação de serviços por mais de um órgão ou uma entidade.[63]

§1º Para fins do disposto no caput, além do disposto neste Decreto, serão observados:

I – os requisitos da instrução processual previstos no art. 72 da Lei nº 14.133, de 2021;

II – os pressupostos para enquadramento da contratação direta, por inexigibilidade ou por dispensa de licitação, conforme previsto nos art. 74 e art. 75 da Lei nº 14.133, de 2021; e

III – a designação da comissão de contratação como responsável pelo exame e julgamento dos documentos da proposta e dos documentos de habilitação, nos termos do disposto no inciso L do caput do art. 6º da Lei nº 14.133, de 2021.

§2º O registro de preços poderá ser utilizado na hipótese de contratação direta, por inexigibilidade de licitação, para a aquisição, por força de decisão judicial, de medicamentos e insumos para tratamentos médicos.

---

[63] Fundamento legal: Art. 82, §6º, da NLLC – "§6º O sistema de registro de preços poderá, na forma de regulamento, ser utilizado nas hipóteses de inexigibilidade e de dispensa de licitação para a aquisição de bens ou para a contratação de serviços por mais de um órgão ou entidade".

Da mesma forma que a Administração Pública necessita de bens e serviços oferecidos por uma gama de empresas, fato que exigirá a instauração de licitação dada a verificação de competição, conforme mandamento constitucional contido no art. 37, inc. XXI, da CF/88, poderá ocorrer que órgãos e entidades demandem objetos que, em razão de particularidades arroladas nos arts. 74 e 75 da Lei nº 14.133/2021, autoriza-se o afastamento de certame.

Nessa vereda, poderá ocorrer que a Administração Pública, tendo em vista as características do objeto, manifeste a necessidade de contratações permanentes ou frequentes. Outrossim, poderá ser verificado no caso concreto que, pela natureza do objeto demandado, não seja possível definir previamente o quantitativo a ser demandado pela Administração. Demais disso, poderá, ainda, ser observado que um determinado objeto é conveniente para atendimento a mais de um órgão ou a mais de uma entidade, inclusive nas compras centralizadas.

Ante a tais situações, de modo a garantir agilidade no atendimento dessas demandas ou de outras que se apresentarem no caso concreto, a Nova Lei de Licitações, conforme se denota da leitura do art. 82, §6º, fixa que o Sistema de Registro de Preços poderá, na forma de regulamento, ser utilizado nas hipóteses de inexigibilidade e de dispensa de licitação para a aquisição de bens ou para a contratação de serviços por mais de um órgão ou entidade.

Com efeito, observa-se que o SRP terá como objetivo apenas e tão somente antecipar o processamento da contratação direta, realizando tal expediente em apenas uma oportunidade, o que afasta a necessidade de instauração de infindáveis e numerosos processos administrativos e atendimento de inúmeros requisitos fixados pela lei e pelos órgãos de controle.

Observando-se, portanto, a necessidade de atendimento dos requisitos legais para verificação se a contratação direta é válida, os quais se encontram listados na Nova Lei de Licitações. Por certo, o §1º do art. 16 do regulamento federal fixa que, além do disposto na lei, serão observados, ainda: I – os requisitos da instrução processual previstos no art. 72 da Lei nº 14.133/2021; II – os pressupostos para enquadramento da contratação direta, por inexigibilidade ou por dispensa de licitação, conforme previsto nos art. 74 e art. 75 da Lei nº 14.133/2021; e III – a designação da comissão de contratação como responsável pelo exame e julgamento dos documentos da proposta e dos documentos de habilitação, nos termos do disposto no inciso L do *caput* do art. 6º da Lei nº 14.133/2021.

No tocante ao inc. I, que exige que o SRP comprove o atendimento dos requisitos da instrução processual previstos no art. 72 da Lei nº 14.133/2021, arrola todos os documentos e atos administrativos necessários, os quais são normalmente produzidos e encartados no expediente administrativo de cada demanda administrativa atendida pela dispensa ou inexigibilidade de licitação. No âmbito do SRP, serão apresentados apenas uma vez, durante a vigência da ata de registro de preços, que ocorrerá no procedimento de viabilização da ata de registro de preços.

Já o inc. II exige que os pressupostos para enquadramento da contratação direta, por inexigibilidade ou por dispensa de licitação, conforme previsto nos arts. 74 e 75 da Lei nº 14.133/2021, sejam demonstrados no processo administrativo. Com efeito, somente será lícito o afastamento da licitação caso todas as exigências listadas nos retrocitados artigos sejam objeto de plena comprovação, devendo tal expediente ocorrer de forma parcimoniosa. Sobre tal questão, já salientamos em outra obra que, *in verbis*:

> Assim, as situações fáticas que permitem a contratação direta, como são exceções à regra de licitar, deverão sempre observar estritamente os permissivos legais que permitem tal expediente, não se admitindo, ainda, interpretações ampliativas, a fim de evitar futuro questionamento pelos órgãos de controle.[64]

Por derradeiro, exige o art. 16, inc. III, que deverá ser encartado no processo administrativo a designação da comissão de contratação como responsável pelo exame e julgamento dos documentos da proposta e dos documentos de habilitação, nos termos do disposto no inc. L do art. 6º da Lei nº 14.133/2021.[65]

Quanto ao §2º do artigo em comento, restou estabelecido que o registro de preços poderá ser utilizado na hipótese de contratação

---

[64] PIRES, Antonio Cecilio Moreira; PARZIALE, Aniello. *Comentários à nova lei de licitações públicas e contratos administrativos:* Lei 14.133 de 1º de abril de 2021. São Paulo: Almedina, p. 414.

[65] "L – comissão de contratação: conjunto de agentes públicos indicados pela Administração, em caráter permanente ou especial, com a função de receber, examinar e julgar documentos relativos às licitações e aos procedimentos auxiliares;"

direta, por inexigibilidade de licitação, para a aquisição, por força de decisão judicial, de medicamentos e insumos para tratamentos médicos.

Acerca da referida possibilidade, que efetivamente gerará avanços nas políticas públicas de saúde, temos a considerar que, na forma dos arts. 6º e 196 da CF/88, é garantido o direito à saúde, sendo, portanto, dever da União, dos Estados, do DF e dos Municípios, fornecer os medicamentos prescritos por médicos, independentemente do custo.

Ante a obrigatoriedade imposta pelo Poder Judiciário para o fornecimento de um determinado medicamento, que, por tal e qual motivo, inexiste nos estoques da Administração, e não possuindo tempo adequado para a contratação do mesmo por meio de licitação, pois tais decisões judiciais detêm prazo exíguo de cumprimento, não resta alternativa para a Administração a não ser a realização de uma contratação direta emergencial, pois se observa, efetivamente, perigo à vida, fato que exige providências imediatas do Poder Público para eliminar ou reduzir suas consequências lesivas.

Observa-se, ainda, a possibilidade de contratação direta de medicamento ou tratamento com fundamento no art. 75 da Nova Lei de Licitações, quando for observado, no caso concreto, inviabilidade fática de competição, ou seja, realiza-se a contratação direta por inexigibilidade quando a licitação não tem condições de ser realizada, quer seja devido à singularidade do objeto a ser licitado, quer seja pela impossibilidade de se estabelecer critérios objetivos para o seu julgamento.

Colocado tal cenário, que efetivamente ocorre em praticamente todos os Municípios e Estados da nação, detendo a Administração Pública registros de contratações pretéritas que permitam a criação de um histórico de atendimento, a legislação deixa a possibilidade de realização de um Sistema de Registro de Preços para garantir celeridade no atendimento de saúde pública, garantindo, assim, efetivamente, o direito à saúde.

ARTIGO 17 – DISPONIBILIDADE ORÇAMENTÁRIA

> Seção IV
> Da disponibilidade orçamentária
>
> Art. 17. A indicação da disponibilidade de créditos orçamentários somente será exigida para a formalização do contrato ou de outro instrumento hábil.

No âmbito do SRP, muitas vezes não se objetiva, como regra, em ato contínuo ao encerramento do torneio, proceder à devida contratação, mas apenas registrar os competentes preços, ajustando esses, e demais condições e obrigações, em uma ata de registro de preços, cuja natureza é de um compromisso para futura contratação.[66]

Assim, no momento do processamento do SRP por meio de concorrência ou pregão, bem como na ocasião da adesão como "carona", não há necessidade de constar a previsão orçamentária no competente instrumento editalício ou termo de adesão, respectivamente, uma vez que, nesse momento, não se estará adquirindo o objeto registrado, o qual se dará em momento oportuno, haja vista a conveniência e oportunidade da Administração frente aos seus objetivos institucionais.

Por conseguinte, a competente dotação orçamentária somente deverá existir na ocasião da efetiva contratação, devendo ser aposta no instrumento contratual ou equivalente.

Não é de outra forma que entende a melhor doutrina, prelecionada pelo jurista Jorge Ulisses Jacoby Fernandes, onde ressalva há tempos que:

---

[66] "Art. 2º, inc. II, do regulamento "II – ata de registro de preços – documento vinculativo e obrigacional, com característica de compromisso para futura contratação, no qual são registrados o objeto, os preços, os fornecedores, os órgãos ou as entidades participantes e as condições a serem praticadas, conforme as disposições contidas no edital da licitação, no aviso ou no instrumento de contratação direta e nas propostas apresentadas;"

Não há necessidade de que o órgão tenha prévia dotação orçamentária porque o Sistema de Registro de Preço, ao contrário da licitação convencional, não obriga a Administração Pública em face à expressa disposição legal nesse sentido.[67]

Nesse sentido também já se posicionou o Tribunal de Contas da União:

> 10.24 Análise: o registro de preços não é uma modalidade de licitação, e sim, um mecanismo que a Administração dispõe para formar um banco de preços de fornecedores, cujo procedimento de coleta ocorre por concorrência ou pregão.
> Em razão de ser um mecanismo de obtenção de preços junto aos fornecedores para um período estabelecido, sem um compromisso efetivo de aquisição, entendemos ser desnecessário, por ocasião do edital, o estabelecimento de dotação orçamentária. Todavia, por ocasião de uma futura contratação, torna-se imprescindível a dotação orçamentária para custeio da despesa correspondente, na forma do art. 11 do Decreto 3931/2001. Assim, acolhemos a justificativa.
> Nesse sentido, lembro que a administração não precisa de disponibilidade de recursos para iniciar a licitação, basta contar com a devida previsão orçamentária. Lembro, ainda, que o problema pode ser atenuado pelo aproveitamento das vantagens propiciadas pelo sistema de registro de preços prescritos no art. 15 da Lei de Licitações, que foi regulamentado pelo Decreto n.º 2.743/1998. De igual maneira, a administração deve observar que a aquisição direta de combustíveis com dispensa de licitação fundada no art. 24, VIII, da Lei n.º 8.666/1993 também não é plausível, já que contraria a jurisprudência do TCU, construída nos Acórdãos 29/1999 e 56/1999 e na Decisão 253/1997 proferidos pelo Plenário, bem como na Decisão 118/1998 proferida pela 2ª Câmara, entre outros.[7]

Esclareça-se que tal assunto foi objeto de abordagem pela AGU, que editou a Orientação Normativa/AGU nº 20, de 01.04.2009: "Na licitação para registro de preços, a indicação da dotação orçamentária é exigível apenas antes da assinatura do contrato".

Decisões judiciais de Tribunais de Contas
- **Condicionante para a instauração da licitação. Necessidade da efetiva disponibilidade dos recursos orçamentários. A indicação dos recursos orçamentários somente é exigível**

---

[67] Cf. in *Sistema de Registro de Preços e Pregão*. 2. ed. Belo Horizonte: Fórum, 2008, p. 88.

antes da assinatura do contrato decorrente da ata de registro de preços:** STJ – Resp nº 1.141.021/SP – Relatoria: Ministro Mauro Campbell Marques – "1. Trata-se de discussão acerca da interpretação do disposto no art. 7º, §2º, inciso III, da Lei nº 8.666/93: se há a exigência efetiva da disponibilidade dos recursos nos cofres públicos ou apenas a necessidade da previsão dos recursos orçamentários. Nas razões recursais o recorrente sustenta que o art. 7º, §2º, inciso III, da Lei nº 8.666/93 exige para a legalidade da licitação apenas a previsão de recursos orçamentários, exigência esta que foi plenamente cumprida. O acórdão recorrido, ao se manifestar acerca do ponto ora discutido, decidiu que 'inexistindo no erário os recursos para a contratação, violada se acha a regra prevista no art. 7º, §2º, III, da Lei 8.666/93'. A Lei nº 8.666/93 exige para a realização da licitação a existência de 'previsão de recursos orçamentários que assegurem o pagamento das obrigações decorrentes de obras ou serviços a serem executadas no exercício financeiro em curso, de acordo com o respectivo cronograma', ou seja, a lei não exige a disponibilidade financeira (fato de a administração ter o recurso disponível ou liberado), mas, tão somente, que haja previsão destes recursos na lei orçamentária. Recurso especial provido."

- **Condicionante para a instauração da licitação. Necessidade da efetiva disponibilidade dos recursos orçamentários. Sistema de Registro de Preços. A indicação dos recursos orçamentários somente é necessária antes da assinatura do contrato decorrente da ata de registro de preços**: AGU – Orientação Normativa nº 20, de 01.04.2009 – "Na licitação para registro de preços, a indicação da dotação orçamentária é exigível apenas antes da assinatura do contrato". (*DOU* de 07.04.2009, S. 1, ps. 14 e 15)
- **Sistema de Registro de Preços. A existência de preços registrados não obriga a administração a contratar:** TRF 1ª Região – AI nº 0021654-58.2012.4.01.0000/DF – Relatoria: Des. Fed. Selene Maria de Almeida – "4. No caso de pregão para registro de preço não há se falar em obrigatoriedade de contratar, vez que não é licitação para aquisição imediata, pois consiste apenas em procedimento formal para registro das condições para contratações futuras." (AG nº 0021654-58.2012.4.01.0000/

DF, Rel. Desembargadora Federal Selene Maria de Almeida, Quinta Turma, e-DJF1 p. 948 de 13/07/2012)
- **Sistema de Registro de Preços. Inexistência de obrigação de contratar o objeto registrado:** TCU – Acórdão nº 991/2009 – Plenário – Trecho do relatório do Ministro Relator Marcos Vinicios Vilaça – "A assinatura da referida ata não obriga a Administração a realizar as contratações previstas no edital, a teor do art. 15, §4º, da Lei nº 8.666/93. Contudo, o detentor da ata (licitante vencedor) tem a obrigação de realizar as contratações, quando a Administração assim o desejar, respeitado o quantitativo do bem ou do serviço previsto no edital e na ata."

ARTIGO 18 – FORMALIZAÇÃO DA ATA E ORGANIZAÇÃO DO CADASTRO DE RESERVA

CAPÍTULO V
DA ATA DE REGISTRO DE PREÇOS
Formalização e cadastro de reserva

Art. 18. Após a homologação da licitação ou da contratação direta, deverão ser observadas as seguintes condições para a formalização da ata de registro de preços:
I – serão registrados na ata os preços e os quantitativos do adjudicatário, observado o disposto no inciso IV do caput do art. 15;
II – será incluído na ata, na forma de anexo, o registro:
a) dos licitantes ou dos fornecedores que aceitarem cotar os bens, as obras ou os serviços com preços iguais aos do adjudicatário, observada a classificação na licitação; e
b) dos licitantes ou dos fornecedores que mantiverem sua proposta original; e
III – será respeitada, nas contratações, a ordem de classificação dos licitantes ou fornecedores registrados na ata.
§1º O registro a que se refere o inciso II do caput tem por objetivo a formação de cadastro de reserva, para o caso de impossibilidade de atendimento pelo signatário da ata.
§2º Para fins da ordem de classificação, os licitantes ou fornecedores de que trata a alínea "a" do inciso II do caput antecederam aqueles de que trata a alínea "b" do referido inciso.
§3º A habilitação dos licitantes que comporão o cadastro de reserva a que se referem o inciso II do caput e o §1º somente será efetuada quando houver necessidade de contratação dos licitantes remanescentes, nas seguintes hipóteses:
I – quando o licitante vencedor não assinar a ata de registro de preços no prazo e nas condições estabelecidos no edital; ou
II – quando houver o cancelamento do registro do fornecedor ou do registro de preços, nas hipóteses previstas nos art. 28 e art. 29.

§4º O preço registrado, com a indicação dos fornecedores, será divulgado no PNCP e disponibilizado durante a vigência da ata de registro de preços.

Fixa o art. 18 do regulamento em estudo os pormenores necessários para a formalização da ata de registro de preços, bem como para a estruturação do cadastro de reserva, que somente deverá ser acionado em caso de impossibilidade de atendimento pelo signatário da ata, conforme se depreende da leitura de seu §1º.

Neste sentido, o art. 15, inc. XII, do regulamento em comento, é bastante claro ao dispor que o edital de licitação para registro de preços observará as regras gerais estabelecidas na Lei nº 14.133/2021, e disporá sobre a inclusão, na ata de registro de preços, para a formação do cadastro de reserva.

Desta feita, encerrado o certame, elenca o art. 18 as condições pelas quais serão formalizadas as atas de registro de preço federais. Pois bem. Nos termos lá observados, conforme fixa o inc. I do artigo em comento, constarão da ata de registro de preços os preços e os quantitativos do adjudicatário ou dos adjudicatários, haja vista o disposto no inc. IV do *caput* do art. 15, que estabelece a possibilidade de o licitante oferecer ou não proposta em quantitativo inferior ao máximo previsto no edital e obrigar-se nos limites dela. Destaque-se, portanto, que a ata de registro de preços poderá arrolar o preço registrado de mais de um fornecedor.

No tocante ao inc. II do artigo em comento, fixa o regulamento federal que, não no instrumento, mas como anexo da ata de registro de preço, será previsto o cadastro de reserva, cujo teor registrará os nomes dos licitantes. Melhor explicando, a alínea "a" estabelece que será fixado no cadastro o nome dos licitantes que aceitarem cotar os bens, as obras ou os serviços com preços iguais aos do adjudicatário, observada a classificação na licitação. Por sua vez, a alínea "b" estabelece também a consignação dos preços e nome dos licitantes ou dos fornecedores que mantiverem a sua proposta original.

Assim ocorrerá, pois, como já restou acima colacionado, a possibilidade de os licitantes executarem o objeto demandado pela Administração pelo valor proposto pelo(s) adjudicatário(s), o que afasta a perda da vantajosidade verificada durante a licitação e a vigência da ata, reverenciando, assim, o princípio da economicidade durante o lapso temporal de existência do compromisso.

Em resumo, restarão observados na ata de registro de preços e seu anexo, três dados essenciais: 1. o valor proposto pelo(s) licitante(s) vencedor(es) do certame ou que apresentou o menor valor na contratação direta nos termos do ajuste; 2. o nome dos fornecedores que aceitarem cotar os bens, as obras ou os serviços com preços iguais aos do adjudicatário, observada a classificação na licitação (acompanhou o preço do primeiro colocado) e 3. o nome e os valores dos particulares que mantiveram o valor da sua oferta original (não acompanhou o preço do primeiro colocado).

Acerca da formalização do cadastro de reserva, tem-se que o art. 15, inc. XII, do regulamento federal, estabelece que o edital de licitação para registro de preços disporá sobre a inclusão, na ata de registro de preços, para a formação do cadastro de reserva.

Sem prejuízo de algum detalhe fixado no edital, pensamos nós que para se permitir a formação do cadastro reserva, à míngua de qualquer disciplina, deverá o agente de contratação indagar, antes da homologação do certame, no chat do sistema, que se constitui em espaço destinado à interlocução com os licitantes, quem se compromete em executar o objeto registrado pelo valor do(s) primeiro(s) colocado(s).

Há tendência de esse expediente ser automatizado, ou seja, poderá ser disponibilizado um espaço dentro do sistema, para o atendimento da exigência constante do art. 18, de sorte que a indagação sobre quem aceitaria executar o objeto registrado pelo preço do primeiro colocado ocorra automaticamente, sem necessidade de intervenção do agente de contratação.

Quem sinalizar positivamente a essa possibilidade terá seu nome arrolado em uma lista a ser criada, na ordem de classificação das propostas apresentadas. Ao cabo dessa listagem, será iniciada outra, cujo teor arrolará a relação de empresas que não aceitaram reduzir seus valores, comprometendo-se a executar o objeto pela sua proposta original, entendido aqui o valor da proposta original ou último lance ofertado. Esse expediente prestigia o licitante que efetivamente competiu na fase de lance, não gerando benefício àquele que se manteve inerte na fase competitiva.

Todas essas informações constarão de ata, que constitui o cadastro de reserva, cujo teor será anexado na ata de registro de preços. Ressalte-se que o §1º do artigo em estudo é claro ao dispor que o registro dessas informações tem por objetivo a formação de cadastro de reserva, para o caso de impossibilidade de atendimento pelo signatário da ata. Ou seja, primeiramente convoca-se o licitante adjudicatário e, caso o adjudicatário não venha cumprir com o pactuado, após cancelamento da ata, ao final do processo administrativo instaurado para esse desiderato, poderá o anexo da ata de registro de preço ser acionado.

Esclareça-se que não é permitido preterir os detentores da ata de registro de preços ou alternar a execução ou fornecimento do objeto registrado entre os fornecedores registrados e aqueles que se encontram arrolados no cadastro de reserva.

Já o §2º do artigo em comento estabelece que, para efeito da ordem de classificação dos particulares listados no cadastro de reserva e para fins de convocação para execução, os licitantes ou fornecedores de que trata a alínea "a" do inciso II do *caput* são aqueles que concordarem em fornecer/executar com os preços do adjudicatário, e portanto terão direito de precedência, e, portanto, deverão anteceder aqueles de que trata a alínea "b" do referido inciso, vale dizer, aqueles que concordam fornecer/executar com os seus preços. Melhor esclarecendo o conteúdo jurídico desse dispositivo, serão privilegiados os licitantes que participaram do certame com a sua oferta, mas ao final, aceitaram fornecer ou executar o objeto registrado pelo mesmo preço proposto por quem apresentou a proposta mais vantajosa no certame ou contratação direta.

Esclareça-se que o inc. III fixa que será respeitada, nas contratações, a ordem de classificação dos licitantes ou fornecedores registrados na ata. Ou seja, a ordem de classificação dos particulares arrolados no anexo da ata, que aceitaram executar o objeto registrado pelo valor do(s) primeiro(s) colocado(s), no documento denominado cadastro de reserva, ocorrerá conforme a ordem de classificação do certame.

No tocante ao §3º do artigo em comento, tem-se que o sistema de contratação pública fixa, como regra, prevê, primeiramente, a realização do julgamento das propostas comerciais, para, posteriormente, aferir a habilitação apenas e tão somente do primeiro colocado. É o que consta do art. 17 da Nova Lei de Licitações. Assim ocorrendo no âmbito do Sistema de Registro de Preços, não se analisa a documentação habilitatória de todos os licitantes, mesmo estando seus nomes listados no cadastro de reserva, mas apenas do(s) adjudicatário(s).

Diante desse fato, fixa o §3º do dispositivo precitado que a habilitação dos licitantes que comporão o cadastro de reserva somente será efetuada quando houver a necessidade de contratação dos licitantes remanescentes, nas seguintes hipóteses: I – quando o licitante vencedor não assinar a ata de registro de preços no prazo e nas condições estabelecidos no edital; ou II – quando houver o cancelamento do registro do fornecedor ou do registro de preços, nas hipóteses previstas nos arts. 28 e 29.

Após a assinatura da ata, na forma e condições previstas no edital, deverá a mesma ser digitalizada e inserida no sistema para disponibilização no PNCP. Há uma tendência no sentido de a assinatura da ata ser eletrônica, passando tal ajuste virtual ser encaminhado diretamente ao PNCP.

Por derradeiro, fixa o §4º que o preço registrado, com a indicação dos fornecedores, será divulgado no PNCP e disponibilizado durante a vigência da ata de registro de preços, o que garante publicidade e transparência, permite a identificação de atas para fins de adesão, bem como a possibilidade de utilização dos valores lá contidos para fins de elaboração de pesquisa de mercado.

ARTIGO 19 – ASSINATURA DA ATA DE REGISTRO DE PREÇOS

Assinatura

Art. 19. Após os procedimentos previstos no art. 18, o licitante mais bem classificado ou o fornecedor, no caso da contratação direta, será convocado para assinar a ata de registro de preços no prazo e nas condições estabelecidas no edital de licitação ou no aviso de contratação direta, sob pena de decadência do direito, sem prejuízo da aplicação das sanções previstas na Lei nº 14.133, de 2021.
§1º O prazo de convocação poderá ser prorrogado uma vez, por igual período, mediante solicitação do licitante mais bem classificado ou do fornecedor convocado, desde que:
I – a solicitação seja devidamente justificada e apresentada dentro do prazo; e
II – a justificação apresentada seja aceita pela Administração.
§2º A ata de registro de preços será assinada por meio de assinatura digital e disponibilizada no sistema de registro de preços.

Redação clássica em todos os regulamentos de contratação pública, o art. 19 do decreto federal disciplina o momento e a forma pela qual ocorrerá a assinatura da ata de registro de preços pelo licitante adjudicatário ou fornecedor em caso de contratação direta.

O disciplinamento dessa fase faz-se necessário, de modo a garantir a isonomia entre os participantes, haja vista ser um momento em potencial para alijar indevidamente proponentes da competição em razão de fixação de comportamento nessa quadra do procedimento que dificulte a assinatura do compromisso, bem como garantir decisões razoáveis e proporcionais em caso da verificação de problemas do futuro fornecedor em achegar-se para celebrar o futuro compromisso.

Fixa, o regulamento, a forma como o licitante melhor classificado ou fornecedor, em caso de contratação direta, será convocado para assinar a ata de registro de preço, de modo, assim, a assumir obrigações atinentes à execução ou fornecimento daquilo que foi devidamente registrado, na forma do previsto no ato convocatório.

Para tanto, primeiramente deve ser obedecido o processamento da ata de registro de preços, assinada pelo órgão ou pela entidade gerenciadora, conforme prescrição do art. 7º, inc. VII, do regulamento ora comentado.

Como já se verificou acima, haja vista a possibilidade da realização de cotação mínima, conforme prevê o art. 15, inc. IV, do decreto estudado, poderá a Administração gerenciadora da ata de registro de preços convocar mais de um particular para assinar o compromisso de fornecimento.

Ressalte-se, em razão de sua relevância, que a convocação deverá ocorrer, necessariamente, no prazo e nas condições fixadas no edital, sendo ilegal a realização do chamamento de forma divorciada da forma arrolada no ato convocatório.

Alerte-se que não poderão as condições fixadas na ata de registro de preços estar em descompasso daquelas arroladas na minuta do compromisso, anexo ao ato convocatório, sob pena de violação ao princípio da estrita vinculação ao edital, devendo esse ilegal expediente ser objeto de controle administrativo ou judicial. Ocorrência dessa natureza não pode ser admitida, pois as novas condições fixadas na ata podem ser prejudiciais ao contratado, seja do ponto de vista financeiro ou operacional, fato que inevitavelmente poderá acarretar uma execução contratual que será inquinada de "má-execução contratual", e, ainda que, a olhos vistos, isso seja culpa da Administração, muito provavelmente o processo punitivo será indevidamente manejado.

É importante considerar, ainda, que antes da assinatura da ata de registro de preço não há como a Administração Pública exigir a execução ou o fornecimento daquilo que consta do objeto do edital. Assim, somente após a celebração da ata de registro de preços é que os órgãos ou entidades gerenciadoras participantes poderão convocar o detentor da ata para fornecimento ou execução do objeto.

Em razão da regra que impõe que os procedimentos licitatórios ocorram em ambientes eletrônicos, o que permite a participação de empresas instaladas em qualquer um dos 5.568 Municípios e Distrito Federal, não poderá a Administração Pública criar qualquer tipo de obstáculo ou embaraço que impeça que particular não celebre o ajuste, a exemplo de exigir a presença física dos responsáveis legais no órgão ou entidade, por exemplo. Sendo assim, poderá o particular ser convocado para a celebração da ata na repartição pública, ou receber a minuta por e-mail, passando a assinar fisicamente o compromisso e encaminhar pelos Correios ou empresas de entrega etc., ou, ainda, assinar a mesma digitalmente, encaminhando o documento por meio eletrônico etc.

O encaminhamento da ata ou contrato, decorrente de forma não elencada no edital, não pode inviabilizar a utilização de outros meios, sob pena de violação ao princípio da razoabilidade, o que poderia carrear o controle administrativo ou judicial.

Já no caso do regulamento federal, estabelece o art. 19, §2º, que a ata de registro de preços será assinada por meio de assinatura digital e disponibilizada no sistema eletrônico que gerenciará o SRP, para, ato contínuo, ser disponibilizada no PNCP. Na impossibilidade, por tal e qual motivo, deverá ser seguido o meio tradicional.

Ademais, o referido comando legal é claro no sentido de que a não celebração da ata de registro de preço caracteriza comportamento infracional que exigirá da Administração Pública a instauração de procedimento administrativo sancionador, e possibilitará a aplicação de uma das sanções arroladas no art. 156 da Nova Lei de Licitações, após a concessão de prazo para oferecimento de defesa prévia.

Esclareça-se que, da mesma forma que o art. 90, §1º, da Lei nº 14.133/2021, fixa que o prazo de convocação para a assinatura do compromisso poderá ser prorrogado uma vez, por igual período, mediante solicitação da parte durante seu transcurso, devidamente justificada, e desde que o motivo apresentado seja aceito pela Administração, estabelece o §1º do art. 19 do decreto que o prazo de convocação poderá ser prorrogado uma vez, por igual período, mediante solicitação do licitante mais bem classificado ou do fornecedor convocado, desde que a solicitação seja devidamente justificada e apresentada dentro do prazo e, logicamente, tais razões sejam aceitas pela Administração. No caso concreto, haja vista a verificação de um fato superveniente, que saiu do controle do particular, a Administração não poderá negar a referida prorrogação quando for apresentada devidamente justificada.

Esclareça-se que poderá o particular se recusar a assinar a ata de registro de preços, haja vista o art. 90, §5º, da Lei nº 14.133/2021,[68] caso

---

[68] "§5º A recusa injustificada do adjudicatário em assinar o contrato ou em aceitar ou retirar o instrumento equivalente no prazo estabelecido pela Administração caracterizará o descumprimento total da obrigação assumida e o sujeitará às penalidades legalmente estabelecidas e à imediata perda da garantia de proposta em favor do órgão ou entidade licitante."

apresente uma justificativa, a exemplo da mudança do teor constante da minuta da ata, que venha criar novo encargo ou gerar prejuízo ao futuro fornecedor.

Por derradeiro, poderá o licitante adjudicatário, em caso de licitação, ou o fornecedor, em caso de contratação direta, por tal e qual motivo, não conseguir acudir ao chamado da Administração Pública para celebrar a ata de registro de preços. Nessa hipótese, não restará alternativa para o Poder Público a não ser proceder à convocação de licitantes remanescentes para tomar o seu lugar no polo passivo da ata de registro de preços, observada a ordem de classificação, e sem prejuízo de aplicação de penalidade, se for o caso.

Entretanto, reservamos nossos comentários para quando do exame do art. 20.

ARTIGO 20 – CONSEQUÊNCIAS DE O CONVOCADO NÃO ASSINAR A ATA DE REGISTRO DE PREÇOS

> Art. 20. Na hipótese de o convocado não assinar a ata de registro de preços no prazo e nas condições estabelecidos no art. 19, observado o disposto no §3º do art. 18, fica facultado à Administração convocar os licitantes remanescentes do cadastro de reserva, na ordem de classificação, para fazê-lo em igual prazo e nas condições propostas pelo primeiro classificado.
> Parágrafo único. Na hipótese de nenhum dos licitantes de que trata a alínea "a" do inciso II do caput do art. 18 aceitar a contratação nos termos do disposto no caput deste artigo, a Administração, observados o valor estimado e a sua eventual atualização na forma prevista no edital, poderá:
> I – convocar os licitantes de que trata a alínea "b" do inciso II do caput do art. 18 para negociação, na ordem de classificação, com vistas à obtenção de preço melhor, mesmo que acima do preço do adjudicatário; ou
> II – adjudicar e firmar o contrato nas condições ofertadas pelos licitantes remanescentes, observada a ordem de classificação, quando frustrada a negociação de melhor condição.

O art. 19 do decreto Federal em estudo estabelece o momento e a forma pela qual ocorrerá a assinatura da ata de registro de preços pelo licitante adjudicatário ou fornecedor, em caso de contratação direta, bem como o comportamento que o órgão ou entidade gerenciadora da ata deverá ter em caso de o convocado não acudir ao chamado da Administração.

Seja qual for o motivo, poderá o licitante adjudicatário ou o fornecedor em caso de contratação direta, não acudir ao chamado da Administração Pública para celebrar a ata de registro de preços, não restando alternativa para o Poder Público senão a convocação dos licitantes constantes do cadastro de reserva para tomar o seu lugar no polo passivo da ata de registro de preços.

Ocorrendo a recusa, fato que deverá ser devidamente consignado no processo administrativo, com as devidas informações, especialmente a prova de convocação do adjudicatário, nos termos do edital. De sua vez, o art. 19 do decreto Federal em estudo fixa a dinâmica para a convocação dos particulares que se encontram arrolados no cadastro de reserva, na forma explicada no art. 18, já mencionado.

Sendo assim, e examinando o teor constante do *caput* e nos incisos do dispositivo legal em estudo, observa-se uma sequência de atuação em que os agentes de contratação deverão respeitar obrigatoriamente.

Há de se recordar, preliminarmente, que o art. 18 estabelece que a ata de registro de preços assentará 1. os valores registrados pelo(s) detentor(es) da proposta mais vantajosa, 2. bem como consignará, no cadastro de reserva, anexo do instrumento, os nomes dos participantes do certame que concordaram em executar a ata de registro de preços pelo valor proposto pelo licitante adjudicatário, além 3. dos nomes e preços daqueles proponentes que constam da grade classificatória, que somente executam o objeto registrado pelo valor da sua proposta original.

Posto isso, uma vez consignados na ata os dados acima colacionados, quando o adjudicatário se recusar ou não acudir ao chamado para assinar o compromisso, estará autorizado o órgão ou entidade gerenciadora a convocar, para celebrar o instrumento, os proponentes subsequentes que concordaram, primeiramente, em executar a ata de registro de preços pelo valor proposto pelo licitante adjudicatário em igual prazo e nas condições propostas pelo primeiro classificado.

Assim, deverá ser expedido ofício ou comunicado – que não nos parece que deverá ocorrer pelo *chat*, haja vista a possibilidade de o particular não verificar a convocação – para o primeiro licitante listado no cadastro de reserva que concordou em executar o objeto registrado pelo valor oferecido pelo adjudicatário.

Entende-se que deverá o mesmo prazo oferecido para o primeiro colocado da licitação ser garantido a todos os particulares arrolados no cadastro de reserva. Caso o primeiro colocado do cadastro de reserva não venha a acudir ao chamado da Administração, a convocação acima delineada deverá ocorrer novamente, convocando-se o segundo na lista anexa à ata.

Chegando ao cabo da lista daqueles proponentes que concordaram em executar o objeto registrado pelo preço do adjudicatário ou vencedor da contratação direta, e restando infrutífera a sua contratação, conforme estabelece o art. 20, parágrafo único, inc. II, do regulamento, passará a Administração gerenciadora da ata a convocar os licitantes que não concordaram em executar ou fornecer o objeto pelo valor do primeiro colocado, mas, sim, pela monta fixada em sua proposta original para negociação.

Esclareça-se que o dispositivo legal não permite a contratação com o seu preço original, mas, sim, exige do administrador público a realização de uma negociação com os licitantes remanescentes, de modo a forçar uma redução, sendo que a negativa de negociação exige a convocação do próximo classificado para serem travadas melhores condições de contratação, fato que é depreendido da leitura da conjugação dos incs. I e II do parágrafo único do art. 20 do referido regulamento.

Quando frustrada a negociação para a busca de melhores condições, o que nos parece uma hipótese remota, haja vista que o primeiro convocado para tal desiderato não irá perder a oportunidade de realizar negócios com o governo, permite o inc. II do parágrafo único do art. 20 que a Administração gerenciadora adjudique e firme o contrato nas condições ofertadas pelos licitantes remanescentes, observada a ordem de classificação.

Observa-se que o expediente ora comentado é extremamente salutar para a busca da proposta mais vantajosa, isso porque a segunda rodada de convocação, para negociação, permite uma tentativa de se auferir uma redução dos valores logo com o primeiro convocado, observada a possibilidade de flagrante perda da oportunidade de contratação, pois o próximo proponente pode aceitar executar a ata pelo preço do adjudicatário.

Esclareça-se que a parte final do *caput* do artigo em comento fixa que a nova convocação deverá observar também as condições estabelecidas no ato convocatório, ou seja, o chamamento deverá ocorrer em igual prazo e nas condições propostas pelo primeiro classificado. Nada poderá ser alterado, inclusive as condições de execução, como prazo de entrega, encargos futuros, especificações do objeto registrado etc., sob pena de ilegalidade na condução de gestão do SRP.

Somente é possível exigir a celebração da ata de registro de preços caso a convocação para a assinatura ocorra dentro do prazo de validade das propostas fixado no ato convocatório, sendo que a simples homologação, adjudicação e a manifestação de quem é o vencedor não assegura a contratação, estando liberados os licitantes dos compromissos porventura assumidos, em caso de expiração do referido.

Desta feita, a Administração terá o prazo previsto no edital para convocar o(s) vencedor(es) para assinar a ata de registro de preços. Caso o prazo de validade da proposta esteja vencido, não poderá a Administração exigir do licitante o seu comprometimento, salvo se esse vier a expressamente prorrogar a validade da sua proposta comercial, não podendo o edital sugerir uma prorrogação automática, por total ausência de supedâneo legal. Portanto, é essencial que o proponente manifeste expressamente o desejo de prorrogar a validade da sua proposta comercial, pois tal prorrogação não pode ser imposta pela Administração.

Decisões dos órgãos de controle
- **Contratação do remanescente.** "9.3. com fundamento no art. 9º, inciso I, da Resolução-TCU 315/2020, dar ciência (…) sobre as seguintes impropriedades/falhas, (…), para que sejam adotadas medidas internas com vistas à prevenção de outras ocorrências semelhantes: (…)
9.3.2. contratação da empresa (…), em cadastro de reserva, por preços unitários distintos dos registrados na ata de registro de preços, em desacordo com o previsto no art. 12, inciso II, do Decreto Municipal de Natal/RN 11.005/2016, e em contrariedade à jurisprudência desta Corte de Contas (Acórdão 2.830/2016 – TCU – Plenário), que exige a contratação de remanescente pelos mesmos preços unitários do licitante vencedor, e não apenas pelo mesmo valor global;
9.3.3. ausência de verificação das condições de habilitação da empresa (…) no momento de sua convocação para a contratação do remanescente, em desacordo com o art. 12, §3º, Decreto Municipal de Natal/RN 11.005/2016, com o item 16.6 do edital, e com o princípio da vinculação ao instrumento convocatório" (Acórdão nº 1.939/2021 – TCU – Plenário)

ARTIGO 21 – SRP: COMPROMISSO DE FORNECIMENTO

> Art. 21. A existência de preços registrados implicará compromisso de fornecimento nas condições estabelecidas, mas não obrigará a Administração a contratar, facultada a realização de licitação específica para a aquisição pretendida, desde que devidamente justificada.[69]

O art. 21 do decreto reproduz o contido no art. 83 da Nova Lei de Licitações,[70] afirmando que os preços registrados na ata implicam, apenas e não somente, um documento que retrata compromisso de fornecimento do fornecedor e não obrigatoriedade de contratação pela Administração. O referido documento é determinação regulamentar que vem a concretizar a grande ideia do Sistema de Registro de Preços, que é oferecer um compromisso de contratação, que poderá ser acionado durante a sua vigência, de modo a afastar a necessidade de processamento de licitação.

O compromisso de contratação somente vincula a Administração no caso de contratação do objeto, levando-se em consideração as suas particularidades e condições estabelecidas no termo, estando, evidentemente e caso seja justificado, o Poder Público livre para contratar tudo aquilo que não esteja expressamente previsto no compromisso, como outros objetos ou até o mesmo executado de outra forma, por exemplo.

Anote-se que o art. 15, §4º, da Lei nº 8.666/93, já trazia redação nesse sentido, estabelecendo que a existência de preços registrados não obriga a Administração a firmar as contratações que deles poderão advir, ficando-lhe facultada a utilização de outros meios, respeitada a legislação relativa às licitações, sendo assegurado ao beneficiário do registro preferência em igualdade de condições.

---

[69] Fundamento legal: Art. 83 da NLLC – "Art. 83. A existência de preços registrados implicará compromisso de fornecimento nas condições estabelecidas, mas não obrigará a Administração a contratar, facultada a realização de licitação específica para a aquisição pretendida, desde que devidamente motivada".

[70] "Art. 83. A existência de preços registrados implicará compromisso de fornecimento nas condições estabelecidas, mas não obrigará a Administração a contratar, facultada a realização de licitação específica para a aquisição pretendida, desde que devidamente motivada."

É importante dizer, que a NLLC, tal qual a sua antecessora, dispôs claramente em seu art. 83 que o registro de preços compromissa a Administração Pública, embora não imponha encargo de contratação. Por sua vez, para o fornecedor não há compromisso de ajuste, mas, sim, natureza de obrigação de fornecimento, sendo que a inexecução do objeto registrado em ata pode gerar a instauração de processo administrativo sancionatório.

Logo, é dever do interessado em participar de uma licitação, objetivando a implementação de Sistema de Registro de Preços, se debruçar sobre o edital e empreender sério estudo sobre todas as condições para a execução daquilo que será registrado, haja vista toda a complexidade que envolve o tema, especialmente o objeto e suas particularidades, termo de referência e projeto básico, dada a possibilidade de a ata vigorar por até 2 anos.

É flagrantemente ilegal o órgão ou entidade, seja participante ou aderente, exigir do detentor da ata o fornecimento de bem ou execução de serviço ou obra cuja característica não se encontre registrada.

Por exemplo, não poderá Administração Pública exigir, devendo o detentor da ata recusar, salvo se o mesmo manifestar a possibilidade de:

1. entregar o bem registrado em quantitativo inferior àquele consignado em ata, haja vista gerar prejuízos ao fornecedor, pois os custos do particular contemplam o frete para uma determinada quantidade do bem registrado. A solicitação de entrega com quantitativo insuficiente pode muitas das vezes nem custear o valor da entrega.
2. a entrega de objeto registrado em prazo inferior àquele constante do edital reproduzido na ata de registro de preços, o que não deve ser admitido, haja vista a possibilidade de o bem registrado não ser um bem de prateleira, produto não contido no estoque do detentor da ata ou, ainda, que demande a sua produção, customização, configuração, adaptação etc.
3. realização de entrega em local diverso daquele constante da ata de registro de preços, pois o fornecedor, quando elabora a sua proposta comercial, contempla no seu preço os custos de transporte para um determinado destino. Entregar em outro local pode gerar sobrepreço em relação ao frete e, por conseguinte, prejuízo, o que não pode ser admitido. Se o edital fixou, por exemplo, que o objeto deve ser entregue no almoxarifado central da Secretaria de Educação, não pode a

Administração exigir que o objeto registrado seja entregue em cada escola existente no Município.
4. executar um objeto não registrado no compromisso que seja condição para realização de um serviço, esse, sim, registrado na ata. Principalmente nas atas cujo objeto registrado sejam serviços de qualquer natureza ou obra, poderá ocorrer que alguma atividade necessária para concluir a demanda não esteja contemplada na ata, o que pode inviabilizar a sua conclusão. Exemplo: em uma ata de registro de preços para execução de serviços de pintura de prédios municipais, pode ocorrer que o referido compromisso não contemple o item "lixamento" da parede que recebeu uma camada de massa corrida. Neste caso, não pode a Administração Pública exigir que o particular realize tal lixamento, uma vez que a ata só contempla a aplicação da massa e pintura da parede, não podendo o encargo de lixar as paredes ser imposto ao detentor da ata. Em resumo, qualquer exigência da Administração que esteja fora da ata deve ser rechaçada pelo detentor, seja administrativamente ou judicialmente.

Jurisprudência e decisões dos Tribunais de Contas
- **Sistema de Registro de Preços. Inexistência de obrigação de contratar o objeto registrado:** TCU – Acórdão nº 991/2009 – Plenário – Trecho do relatório do Ministro Relator Marcos Vinicios Vilaça – "A assinatura da referida ata não obriga a Administração a realizar as contratações previstas no edital, a teor do art. 15, §4º, da Lei nº 8.666/93. Contudo, o detentor da ata (licitante vencedor) tem a obrigação de realizar as contratações, quando a Administração assim o desejar, respeitado o quantitativo do bem ou do serviço previsto no edital e na ata".
- **Sistema de Registro de Preços. Ata de registro de preços. Detentor da ata. Compromisso para realização de obrigação futura. Administração. Inexistência de obrigação de contratar o objeto registrado:** TCU – Acórdão nº 991/2009 – Plenário – Trecho do relatório do Ministro Relator Marcos Vinicios Vilaça – "Nas licitações para registro de preços, os licitantes vencedores são chamados para assinar a ata de registro de preços, e não para assinar o contrato de fornecimento ou de prestação

de serviços, o que só ocorrerá em uma etapa subsequente. A assinatura da referida ata não obriga a Administração a realizar as contratações previstas no edital, a teor do art. 15, §4º, da Lei nº 8.666/93. Contudo, o detentor da ata (licitante vencedor) tem a obrigação de realizar as contratações, quando a Administração assim o desejar, respeitado o quantitativo do bem ou do serviço previsto no edital e na ata".

- **Sistema de Registro de Preços. Ata de registro de preços. Definição:** TJ/SP – Apelação nº 928.980.5/6-00 – Relatoria: Des. Torres de Carvalho – "1. Registro de preço. O registro de preço configura uma promessa unilateral de fornecimento do bem ou serviço por determinado prazo e preço, mediante cláusulas pré-ajustadas; implica obrigação somente para o fornecedor que pode ser sancionado se não honrar a promessa, mas não para o município, que não se obriga a contratar nem a pagar o preço combinado. O registro do preço dispensa a realização de licitação a cada compra e pode ser utilizado por qualquer órgão da administração, configurando um útil instrumento de gestão administrativa".

- **Sistema de Registro de Preços. Ata de registro de preços. Natureza pré-contratual. A efetiva contratação do objeto registrado na ata necessita ser instrumentalizada, na forma do art. 62 do estatuto federal Licitatório:** TCU – Acórdão nº 1.512/2006 – Plenário – Relatoria: Ministro Augusto Nardes – "9.6 determinar ao 1º Batalhão de Engenharia de Construção – MD/CE que: 9.6.1 firme termos de contrato com os vencedores das licitações, quando o edital prever obrigações futuras, inclusive prestação de assistência técnica, nos termos do art. 4º, inciso XXII da Lei nº 10.520, de 17/07/2002, c/c o art. 62, §4º, da Lei nº 8.666, de 21/06/1993, em razão de a ata de registro de preço não constituir título executivo extrajudicial hábil à execução em virtude de um eventual não cumprimento das obrigações acordadas, nos termos do art. 585 do Código de Processo Civil, e em face de a ata ser tão-somente compromisso para futura contratação, conforme estabelece o art. 1º, Parágrafo Único, inciso II, do Decreto nº 3.931, de 19/09/2001".

- **Sistema de Registro de Preços. Ata de Registro de Preços. Distinção entre a ata de registro de preços e o contrato decorrente:** TCU – Acórdão nº 3.273/2010 – Segunda Câmara

– Trecho do voto do ministro relator Augusto Sherman Cavalcanti – "Ao estabelecer que a ata de registro de preços é, essencialmente, um compromisso para futura contratação, o Decreto claramente distingue os instrumentos concernentes à ata e ao contrato, além de dispor que a assinatura da ata deve anteceder à celebração dos contratos dela decorrentes".

Saliento que a ata de registro de preços tem natureza diversa da do contrato, sendo inapropriada, também por isso, sua celebração em um mesmo termo ou instrumento. Como vimos, a ata firma compromissos para futura contratação, ou seja, caso venha a ser concretizado o contrato, há que se obedecer às condições previstas na ata.

Além do que, a ata de registro de preços impõe compromissos, basicamente, ao fornecedor (e não à Administração Pública), sobretudo em relação aos preços e às condições de entrega. Já o contrato estabelece deveres e direitos tanto ao contratado quanto ao contratante, numa relação de bilateralidade e comutatividade típicas do instituto.

ARTIGO 22 – VIGÊNCIA DA ATA DE REGISTRO DE PREÇOS

> Vigência da ata de registro de preços
>
> Art. 22. O prazo de vigência da ata de registro de preços será de um ano, contado do primeiro dia útil subsequente à data de divulgação no PNCP, e poderá ser prorrogado por igual período, desde que comprovado que o preço é vantajoso.[71]
> Parágrafo único. O contrato decorrente da ata de registro de preços terá sua vigência estabelecida na forma prevista no art. 36.

Estabelece o art. 22, *caput*, do decreto ora comentado, que o prazo de vigência da ata de registro de preços celebrada pela Administração federal será de um ano, contado do primeiro dia útil subsequente à data de divulgação do PNCP.

Acerca do dispositivo em comento, nos parece que o decreto federal não permite que a Administração formate uma ata de registro de preços com prazo de validade inferior ou superior a um ano, haja vista a observância da palavra "será". Essa disposição nos parece oportuna, pois além de uniformizar a vigência, garante-se que a ata federal esteja vigente, de modo a exponenciar a sua utilização, especialmente em razão da possibilidade de realização da carona interfederativa, conforme consta do art. 33 do regulamento em estudo, coexistindo com a validade dos créditos orçamentários, que vigoram também por um ano.

Não obstante seja assim, é muito comum a observância de atas de registro de preços celebradas por administrações públicas no país com a fixação de um prazo de vigência inferior a um ano, somente sendo permitida a sua prorrogação até o prazo máximo fixado em lei, caso exista autorização no edital e ata.

---

[71] Fundamento legal: Art. 84 – "Art. 84. O prazo de vigência da ata de registro de preços será de 1 (um) ano e poderá ser prorrogado, por igual período, desde que comprovado o preço vantajoso.
Parágrafo único. O contrato decorrente da ata de registro de preços terá sua vigência estabelecida em conformidade com as disposições nela contidas".

Haja vista a permissão legal contida no art. 84 da Lei nº 14.133/2021, que admite que a ata de registro de preços vigore por até 2 anos, observa-se que poderá tal ajuste ser prorrogado por igual período, desde que comprovado que o preço registrado mantém-se vantajoso. Ou seja, o dispositivo regulamentar em apreço simplesmente reproduziu o que estabelece o art. 84 da NLLC,[72] limitando a vigência da ata em um ano, permitindo apenas uma prorrogação, de modo a dar vazão à possibilidade de dilação de prazo "por igual período", ou seja, um ano.

Nessa linha de entendimento, a possibilidade de prorrogação da ata de registro de preços somente será possível caso o edital e também a ata de registro de preços assim permitam expressamente. Em caso de silêncio no ato convocatório, não será possível a dilação do prazo de vigência do compromisso.

Ademais, é imprescindível ressaltar que a referida prorrogação da ata não poderá ser imposta ao particular detentor da ata de registro de preços pela Administração gerenciadora. Grife-se que a prorrogação de qualquer ajuste não se encontra arrolada no inc. I do art. 124 da Nova Lei de Licitações, que permitiria a alteração unilateral dos seus termos, para alongar o prazo de vigência do referido pré-contrato.

Esclareça-se que a prorrogação da ata de registro de preços deverá ocorrer dentro do prazo de sua vigência, não sendo possível que esse expediente ocorra após a expiração do lapso de vigência.[73]

Entendemos que a ata de registro de preços detém natureza de um contrato a termo. Em outra obra, esclarecemos que os contratos "a termo" ou "por duração" ou "de execução continuada" são aqueles ajustes que se extinguem em razão do escoamento do prazo de vigência fixado no contrato administrativo, independentemente da conclusão do serviço ou do dia em que o mesmo venha a vencer, seja dia útil ou não. Ou seja, a defluência do lapso temporal é critério automático e

---

[72] "Art. 84. O prazo de vigência da ata de registro de preços será de 1 (um) ano e poderá ser prorrogado, por igual período, desde que comprovado o preço vantajoso."

[73] AGU – Orientação Normativa nº 19 – "O PRAZO DE VALIDADE DA ATA DE REGISTRO DE PREÇOS É DE NO MÁXIMO UM ANO, NOS TERMOS DO ART. 15, §3º, INC. III, DA LEI Nº 8.666, DE 1993, RAZÃO PELA QUAL EVENTUAL PRORROGAÇÃO DA SUA VIGÊNCIA, COM FUNDAMENTO NO ART. 12, CAPUT, DO DECRETO Nº 7.892, DE 2013, SOMENTE SERÁ ADMITIDA ATÉ O REFERIDO LIMITE E DESDE QUE DEVIDAMENTE JUSTIFICADA, MEDIANTE AUTORIZAÇÃO DA AUTORIDADE SUPERIOR E QUE A PROPOSTA CONTINUE SE MOSTRANDO MAIS VANTAJOSA." (Portaria nº 124/14 – DOU de 02/05/2014, Seção 1, p. 2).

irreversível de extinção das obrigações contratuais assumidas pelas partes.[74]

Acerca da impossibilidade de prorrogação de qualquer ajuste, quando for observado que o prazo de vigência da ata de registro de preços estiver expirado, ensina o professor Diogenes Gasparini, *in verbis*:

> A palavra 'prorrogação' é de origem latina (prorrogatio, de prorrogare) e significa alongar, dilatar, ampliar determinado prazo. Indica uma ampliação de prazo e só tem sentido quando este está próximo da extinção, não muito antes e nunca depois. De sorte que há impropriedade quando se fala em prorrogação no início do prazo e há irregularidade quando este já se extinguiu. Não se prorroga o que está expirado, acabado, em suma, que não está em vigor. Com a prorrogação, o prazo anterior e o posterior somam-se e passam a constituir um espaço de tempo sem qualquer solução de continuidade. Com a prorrogação não ocorre a interrupção do lapso.[75]

A prorrogação da ata de registro de preços pela Administração, na forma prevista no edital e compromisso, altera apenas e tão somente a cláusula constante do ajuste que trata do lapso temporal, aumentando o prazo inicialmente estabelecido, nada mais.

Sendo assim, pode ser sustentado que a prorrogação do prazo de vigência não modifica o quantitativo da ata de registro de preços, renovando o quantitativo inicialmente estimado pela Administração, podendo a administração, seja participante ou aderente, apenas contratar as quantidades residuais, podendo, sendo o caso, o ajuste sofrer modificações com o escopo de acrescer quantitativamente o objeto registrado.[76]

---

[74] PIRES, Antonio Cecilio Moreira; PARZIALE, Aniello. *Comentários à nova lei de licitações públicas e contratos administrativos:* Lei 14.133 de 1º de abril de 2021. São Paulo: Almedina, p. 637.

[75] Cf. Direito Administrativo, 13. ed., Saraiva, São Paulo, 2008, p. 708.

[76] "6. Quanto à consulta, concordo com a Segecex e o Ministério Público que o restabelecimento dos quantitativos iniciais no caso de prorrogação da ata de registro de preços não deve ser admitido, por contrariar os princípios básicos que norteiam a atividade da Administração Pública, tais como o da legalidade, da impessoalidade, da economicidade, da vinculação ao instrumento convocatório e da moralidade.
Na verdade, a prorrogação da ata de registro de preços com o restabelecimento dos quantitativos iniciais provoca a modificação do objeto da licitação e a consequente alteração das condições pactuadas, não sendo possível afirmar que a proposta vencedora permanece vantajosa para a Administração, uma vez que somente o contratado, e nenhum outro fornecedor do mercado, participa da negociação para alteração das quantidades previstas no edital.

Nesse caso, observando-se o exaurimento do quantitativo total inicialmente previsto no registro de preços, ou seja, contratando a Administração participante ou aderente todo o quantitativo legalmente permitido, verifica-se que o item ou a ata estará extinta automaticamente, de modo a inviabilizar, de pronto, não só as eventuais alterações quantitativas – para aquelas Administrações que assim expressamente permitem, lembrando-se, contudo, que essa hipótese é proibida pelo art. 23 do regulamento – como também a celebração de qualquer ajuste decorrente desse Sistema de Registro de Preços. Sobre tal questão, ensina Marçal Justen Filho:

> É possível atingir-se o limite das aquisições previstas no edital. Se tal vier a ocorrer, dar-se-á o exaurimento do registro. Isto se verificará, por exemplo, quando a licitação para o registro tiver envolvido certo quantitativo de produtos. Imagine-se que as necessidades da Administração superem as suas estimativas. É preciso adquirir quantidades que ultrapassem os montantes indicados por ocasião do registro. Nesse caso, aplicam-se as regras gerais acerca de vinculação dos contratos aos termos da licitação. Por decorrência, não caberá fundamentar a aquisição no registro de preços, eis que esse já se exauriu.[77]

Por sua vez, tem-se sustentada a possibilidade da renovação dos quantitativos, na ocasião da prorrogação da ata de registro de preços. Sobre esse novo entendimento, sustentado em razão da possibilidade de prorrogação da ata de registro de preços, salienta Ronny Charles, *in verbis*:

> Inicialmente, nas edições anteriores de nosso livro Leis de licitações comentadas, defendemos precipitadamente que eventual prorrogação da ata não teria o condão de permitir a renovação dos quantitativos firmados inicialmente na licitação. Importante salientar, este entendimento era majoritariamente adotado na égide da Lei n. 8.666/93, quando a prorrogação da ARP se dava apenas dentro do prazo de 12 meses. Neste período, inclusive, o TCU externou entendimento de que a prorrogação da ata de registro de preços, não permitiria o reestabelecimento dos

---

Também ressalto que a condição de procedimento especial de licitação atribuída ao Sistema de Registro de Preços não justifica a concessão de vantagem a competidor que seja vedada no procedimento licitatório convencional." (TCU – Acórdão nº 991/2009 – Plenário – Trecho do voto do Ministro Relator Marcos Vinicios Vilaça).

[77] Cf. *Comentários à Lei de Licitações e Contratos Administrativos*. 14. ed. São Paulo: Dialética, São Paulo, 2010, p. 205.

quantitativos inicialmente fixados na licitação[2]. Assim, inicialmente, entendíamos que o entendimento firmado outrora, na legislação anterior, deveria ser mantido agora com a aplicação da Lei nº 14.133/2021.

Todavia, melhor refletindo sobre o assunto, mudamos nosso entendimento.

Ao buscar a interpretação de um texto legal, é fundamental soltar velhas poitas, respeitando a autonomia normativa do texto produzido pelo legislador para evitar o equívoco hermenêutico de tentar compreender a norma nova com olhos fitos no retrovisor que aponta para a norma antiga, prejudicando interpretações que respeitem a evolução pretendida pelo texto legal. Seguindo o importante alerta feito pela doutrina do Ministro Luis Roberto Barroso, deve-se rejeitar a patologia crônica da hermenêutica brasileira, de interpretar retrospectivamente o texto novo "de maneira a que ele não inove nada, mas ao revés, fique tão parecido quanto possível com o antigo"[3].

Ora, sob a égide da Lei n. 8.666/93, o não reestabelecimento dos quantitativos, na prorrogação da vigência da Ata se demonstrava pertinente porque esta prorrogação se dava apenas dentro do período de 12 meses. Admitir a renovação de quantitativos poderia dar ensejo a que uma ata fosse forjada para fornecimento pelo período de três meses, com sucessivas renovações pelo mesmo período, até chegar ao período de 12 meses, implicando em um aumento do quantitativo ao quádruplo do originalmente previsto.

Ora, o planejamento é anual. Admitir que num mesmo ano esse quantitativo pudesse ser aumentado pela prorrogação da Ata parecia algo temerário.

Contudo, a Lei n. 14.133/2021 prevê uma vigência ordinária para a ata de registro de preços de 01 ano, com a possibilidade de prorrogação por mais um ano, nuance que, em nossa opinião, exige tratamento diverso do projetado no passado, sobretudo diante de uma interpretação sistemática de seu conjunto normativo.

Como já dito, dessume da própria Lei n. 14.133/2021 a anualidade do planejamento. O plano de contratações deverá ser anual (§1º, art. 12) e o próprio planejamento das compras deve considerar a expectativa de consumo anual (art. 40), do que resulta que a expectativa de consumo para a ARP deve respeitar também a anualidade.

Interpretar que a prorrogação admitida para ARP deveria ser compreendida como uma prorrogação em sentido estrito (inadmitindo, portanto, a renovação dos quantitativo) induziria o agente público competente a, para resguardar utilidade à prorrogação da ata de registro de preços, projetar o quantitativo previsto anualmente para um período de 24 meses. Assim, uma ARP envolvendo a pretensão contratual de fornecimento estimado em 10.000 unidades no ano, seria projetada com um quantitativo de, pelo menos, 20.000 unidades (para abarcar o quantitativo grosseiramente estimado para o período subsequente). Tal postura induziria um planejamento impreciso e provavelmente seria recebida como uma indicação falsa ou superestimada do quantitativo pretendido pela Administração, algo que geraria desconfiança entre os fornecedores sérios, prejudicando a obtenção de melhores propostas, pelo aumento de risco, baixa fidedignidade da demanda informada e perda de confiabilidade do órgão licitante.

Outrossim, essa posição afrontaria o princípio da anualidade do orçamento, induzindo o gestor responsável a ampliar a periodicidade da projeção de demanda.

Também parece inadequado defender que não seria possível renovar os quantitativos porque a prorrogação teria apenas como utilidade a conclusão do resíduo previsto na Ata. Ora, partindo do pressuposto que o planejamento foi sério e anual, o resíduo a ser contratado significaria apenas um pequeno percentual do previsto na ata de registro de preços. Se fosse para tratar a prorrogação da ata de maneira estrita, equiparando-a à continuidade de um contrato de escopo, não faria sentido o texto legal já definir que a prorrogação se daria por mais um ano, mesmo período da vigência inicial da ata de registro de preços, já que na prorrogação de um instrumento para a conclusão da execução (escopo) o período acrescido deve ser o estritamente necessário à conclusão do objeto (fornecimento). Ao definir que prorrogação (renovação) da ata de registro de preços se dará pelo mesmo período original[4], o legislador parece ter indicado uma modelagem de renovação, similar à outrora admitida para os serviços continuados, nas prorrogações admitidas pelo inciso II do artigo 57 da Lei n. 8.666/93.

Nessa linha de entendimento, a decisão administrativa de prorrogação da ata de registro de preços, que apenas deverá ocorrer quando o preço for vantajoso, permitirá a renovação do referido instrumento por mais um ano, admitindo a renovação de seus quantitativos. Exemplificando: se o planejamento da pretensão contratual identificou uma necessidade anual de 10.000 unidades, após o final da vigência ordinária de 01 ano, o instrumento poderia ser prorrogado por mais um ano, com a renovação do quantitativo, admitindo que no segundo ciclo de vigência (renovação) mais 10.000 unidades fossem contratadas pelo gerenciador e eventuais participantes.

Em suma, parece-nos que o legislador, ao se referir à prorrogação da Ata, optou pela possibilidade de renovação do instrumento, o que repercute na possibilidade de renovação dos quantitativos inicialmente previstos para o ciclo anual original.[78]

---

[78] Cf. *Prorrogação da ata e renovação dos quantitativos fixados na licitação*. Disponível em: https://ronnycharles.com.br/prorrogacao-da-ata-e-renovacao-dos-quantitativos-fixados-na-licitacao/. Acesso em: 1º jun. 2023.

Com efeito, nesse sentido também é conteúdo do Enunciado nº 42, aprovado no 2º Simpósio de Licitações e Contratos da Justiça Federal. Vejamos:

> No caso de prorrogação do prazo de vigência da ata de registro de preços, atendidas as condições previstas no art. 84 da Lei n. 14.133/2021, as quantidades registradas poderão ser renovadas, devendo o tema ser tratado na fase de planejamento da contratação e previsto no ato convocatório.

O parágrafo único do artigo em estudo fixa que o prazo de vigência da ata de registro de preços será de um ano, cujo marco inicial será contado do primeiro dia útil subsequente à data de divulgação no PNCP. Analisando tal dispositivo regulamentar, entende-se que a anualidade da ata de registro de preços não se inicia a partir da data aposta no compromisso ou na ocasião da assinatura do compromisso, mas, sim, no dia útil subsequente à data em que ocorre a divulgação, diga-se, a efetiva disponibilização no Portal Nacional de Contratações Públicas.

Ademais, tem-se que tal parágrafo único também estabelece que o contrato administrativo decorrente da ata de registro de preços terá sua vigência estabelecida na forma prevista no art. 36 do regulamento,[79] cujo teor estabelece que tais ajustes terão o seu regime jurídico fixado no edital ou no aviso de contratação direta, observado o disposto no art. 105 da Lei nº 14.133/2021.

Antes de analisarmos o conteúdo jurídico do trecho do regulamento acima colacionado, tem-se que poderá a Administração Pública brasileira, por meio das atas de registro de preços, celebrar contratos administrativos com os seguintes objetos: 1. fornecimento de bens contínuos ou não; 2. prestação de serviços contínuos: serviços contratados pela Administração Pública para a manutenção da atividade administrativa, decorrentes de necessidades permanentes ou prolongadas (art. 6, inc. XV, da NLLC); 3. serviços contínuos com regime de dedicação exclusiva de mão de obra (art. 6, inc. XVI, da NLLC); 4. serviços não contínuos ou contratados por escopo: aqueles que impõem ao contratado o dever de realizar a prestação de um serviço específico em período predeterminado, podendo ser prorrogado, desde que justificadamente,

---

[79] "Art. 36. A vigência dos contratos decorrentes do sistema de registro de preços será estabelecida no edital ou no aviso de contratação direta, observado o disposto no art. 105 da Lei nº 14.133, de 2021."

pelo prazo necessário à conclusão do objeto (art. 6, inc. XVI, da NLLC); e 5. obras e serviços de engenharia (art. 82, §5º, da NLLC).

Com efeito, cada um desses objetos, conforme exige o art. 105 da NLLC, terá um prazo de vigência distinto, devendo o mesmo estar previsto no edital de licitação, e deverão ser observadas, no momento da contratação e a cada exercício financeiro, a disponibilidade de créditos orçamentários, bem como a previsão no plano plurianual quando ultrapassar 1 (um) exercício financeiro.

Ademais, tem-se que o art. 106 da norma nacional fixa que a Administração poderá celebrar contratos com prazo de até 5 (cinco) anos nas hipóteses de serviços e fornecimentos contínuos, observando-se, para tanto, os requisitos lá fixados, podendo, ainda, os contratos de serviços e fornecimentos contínuos serem prorrogados sucessivamente, respeitada a vigência máxima decenal, na forma lá estampada.

- **Sistema de Registro de Preços. Jurisprudência sobre a 14.133. Prorrogação da ata de registro de preços:** "2. Na prorrogação do prazo de vigência de Ata de Registro de Preços (ARP), decorrido um ano de sua assinatura, nos moldes autorizados pelo art. 84 da Lei nº 14.133/21, é possível o reajuste ou a repactuação dos preços, conforme seja a mão-de-obra fator preponderante ou não, a fim de preservar a equação econômico-financeira da relação jurídica, em face da variação ordinária de custos". (TCE/MG – Processo nº 1120126)
- **Sistema de Registro de Preços. Contrato decorrente da ata de registro de preços. A extinção da ata não implica a extinção dos contratos decorrentes de tal documento:** TJ/SP – Apelação nº 0365627-63.2009.8.26.0000 – Relatoria: Des. Torres de Carvalho – "3. Contrato em curso. Nos termos do §único do art. 13 da lei local, o vencimento do prazo do registro não implica na extinção dos contratos em execução, dele decorrentes".
- **Sistema de Registro de Preços. Contrato decorrente da ata de registro de preços e aditivos. Descabimento na formalização conjunta no mesmo instrumento:** TCU – Acórdão nº 3.273/2010 – Segunda Câmara – Relatoria: Ministro Augusto Sherman Cavalcanti – "9.2.2. evite que as atas de registro de preço e os contratos, assim como seus aditivos, sejam formalizados em um mesmo termo ou instrumento, vez que têm natureza e finalidades distintas".

- **Sistema de Registro de Preços. Necessidade de celebração do competente ajuste:** TCU – Acórdão nº 1.512/2006 – Plenário – Relatoria: Ministro Augusto Nardes – "9.5 determinar ao 4º Batalhão de Engenharia de Construção – MD/CE que: 9.5.2 firme termos de contrato com os vencedores das licitações, quando o edital prever obrigações futuras, inclusive prestação de assistência técnica, nos termos do art. 4º, inciso XXII, da Lei nº 10.520, de 17/7/2002, c/c o art. 62, §4º, da Lei nº 8.666/1993, de 21/6/1993, em razão de a ata de registro de preço não constituir título executivo extrajudicial hábil à execução em virtude de um eventual não cumprimento das obrigações acordadas, nos termos do art. 585 do Código de Processo Civil, e em face de a ata ser tão-somente compromisso para futura contratação, conforme estabelece o art. 1º, parágrafo único, inciso II, do Decreto nº 3.931, de 19/9/2001".
- **Sistema de Registro de Preços. Prazo de vigência. Prorrogação. A suspensão do procedimento de adesão à Ata de Registro de Preços (…), em face da medida acautelatória, não autoriza a extrapolação do prazo de validade do referido instrumento** "9.3. alertar a Agência Nacional de Águas de que a suspensão do procedimento de adesão à Ata de Registro de Preços 1/2020, em face da medida acautelatória, não autoriza a extrapolação do prazo de validade do referido instrumento, limitado a doze meses contados a partir da data de sua publicação, incluídas eventuais prorrogações, na forma estabelecida no art. 12, caput, do Decreto 7.892/2013;" (TCU – Acórdão nº 1542/2021 – Plenário).

ARTIGO 23 – VEDAÇÃO A ACRÉSCIMOS DE QUANTITATIVOS DA ATA DE REGISTRO DE PREÇOS

> Vedação a acréscimos de quantitativos
>
> Art. 23. Fica vedado efetuar acréscimos nos quantitativos estabelecidos na ata de registro de preços.

No regime jurídico anterior se sustentava a possibilidade de a ata de registro de preços ser objeto de acréscimo quantitativo. Assim ocorria, pois a ata de registro de preços detinha natureza de um pré-contrato ou contrato preliminar, e, ante tal natureza, sustentava-se a possibilidade da ocorrência de eventuais acréscimos quantitativos com fundamento no disposto do art. 65, §1º, da Lei nº 8.666/93, desde que, no caso concreto, fosse observado um fato superveniente.

Atualmente, no âmbito da Nova Lei de Licitações, especialmente na Administração Pública federal, observa-se que o acréscimo quantitativo do objeto registrado é vedado pelo art. 23 estudado.

Isso não quer dizer que, em outras Administrações Públicas, a ocorrência da alteração quantitativa do objeto da ata de registro de preços não poderá ocorrer. Devem os demais órgãos e entidades públicos avaliar tal possibilidade, bem como a pertinência de adotar o regulamento federal para processar seus registros de preços, haja vista a incorporação dessa vedação em suas contratações públicas.

No Sistema de Registro de Preços processados pela Administração Pública federal, haja vista a impossibilidade de realização de acréscimo quantitativo do objeto registrado, deverão os órgãos e entidades participantes empreender adequado planejamento administrativo, no sentido de apontar as quantidades a serem registradas, de modo a não necessitar de acréscimo quantitativo durante a vigência da ata de registro de preços.

O planejamento deverá contemplar, inclusive, a demanda do objeto pretenso para o período que ultrapasse os 12 meses, uma vez que a prorrogação da ata de registro de preços não renova os quantitativos da ata.

Esclareça-se que essa proibição relaciona-se à modificação dos quantitativos da ata de registro de preços. Ou seja, observa-se ser possível a alteração quantitativa do ajuste decorrente da ata de registro de preços, conforme permissão contida no art. 35, cujo teor fixa que os contratos decorrentes do Sistema de Registro de Preços poderão ser alterados, observado o disposto no art. 124 da Lei nº 14.133/2021.

Desta feita, observando-se um fato superveniente, devidamente justificável, após o encaminhamento das demandas para fins de consolidação do quantitativo da administração participante, não sendo mais possível inserir a nova demanda verificada, entende-se que deverá ser aguardada a conclusão do certame processado pelo órgão ou entidade, ocasião em que deverão ser contratadas as quantidades que constam da ata. Após a celebração do ajuste ou utilização de instrumento equivalente, poderão ser iniciados os trâmites administrativos necessários para fazer a modificação das quantidades contratadas, conforme estabelece o art. 124, inc. II, "d", da Nova Lei de Licitações.

Ademais, no caso concreto, demandando-se mais do objeto registrado, poderá ocorrer o remanejamento de quantitativos, conforme previsão nesse regulamento.

ARTIGO 24 – CONTROLE E GERENCIAMENTO DA ATA DE REGISTRO DE PREÇOS

> Controle e gerenciamento
>
> Art. 24. O controle e o gerenciamento das atas de registro de preços serão realizados por meio da ferramenta de Gestão de Atas, quanto a:
> I – os quantitativos e os saldos;
> II – as solicitações de adesão; e
> III – o remanejamento das quantidades.
> Parágrafo único. O disposto no caput observará os procedimentos estabelecidos no manual técnico operacional que será publicado pela Secretaria de Gestão e Inovação do Ministério da Gestão e da Inovação em Serviços Públicos.

O artigo em destaque traz outra novidade, que se apresenta como mais uma alternativa para contornar a falta de planejamento administrativo ou para tratar ou oferecer solução para atendimentos decorrentes de fatos supervenientes.

Nesse sentido, avançou bem a Administração Pública, que produziu um módulo disponibilizado no portal compras.gov.br, cujo escopo é permitir e dar cumprimento ao contido no artigo que garante a possibilidade de controle e o gerenciamento das atas de registro de preços

Não nos cabe aqui tecer comentários acerca do referido artigo, uma vez que os pormenores procedimentais serão objeto de delineamento em manual a ser disponibilizado pelo governo federal.

O que nos cabe registrar é que os critérios de remanejamento das quantidades devem ser realizados de modo isonômico, ou que levem em consideração particularidades de ocasião, não podendo as razões de remanejamento ocorrer em face de interesses antirrepublicanos.

ARTIGO 25 – ALTERAÇÃO OU ATUALIZAÇÃO DOS PREÇOS REGISTRADOS NA ATA DE REGISTRO DE PREÇOS

> Alteração ou atualização dos preços registrados
>
> Art. 25. Os preços registrados poderão ser alterados ou atualizados em decorrência de eventual redução dos preços praticados no mercado ou de fato que eleve o custo dos bens, das obras ou dos serviços registrados, nas seguintes situações:
> I – em caso de força maior, caso fortuito ou fato do príncipe ou em decorrência de fatos imprevisíveis ou previsíveis de consequências incalculáveis, que inviabilizem a execução da ata tal como pactuada, nos termos do disposto na alínea "d" do inciso II do caput do art. 124 da Lei nº 14.133, de 2021;
> II – em caso de criação, alteração ou extinção de quaisquer tributos ou encargos legais ou superveniência de disposições legais, com comprovada repercussão sobre os preços registrados; ou
> III – na hipótese de previsão no edital ou no aviso de contratação direta de cláusula de reajustamento ou repactuação sobre os preços registrados, nos termos do disposto na Lei nº 14.133, de 2021.

1 Introdução

Caminhou bem o decreto federal ora comentado no tocante aos instrumentos necessários para garantir a manutenção da equação econômico-financeira das atas de registro de preços, haja vista a nova sistemática do SRP constante da NLLC, além do disposto no art. 25, §§7º[80] e 8º,[81] e art. 124, inc. II, "d",[82] ambos da Lei nº 14.133/2021.

Desta feita, observa-se que o novo regulamento federal recebeu profunda reforma em relação ao referido assunto, especialmente dada a possibilidade de a ata de registro de preços vigorar por até 2 anos – já contemplada a possibilidade de prorrogação –, bem como permitir o registro de serviços continuados, execução de obras e serviços de engenharia, além do fornecimento de bens, que poderão ser executados continuamente.

Conforme restará demonstrado adiante, observa-se coerência regulamentar com os ditames fixados na NLLC, especialmente em relação às regras que concretizam a parte final do art. 37, inc. XII, da CF/88, no tocante à garantia das condições efetivas da proposta dos licitantes durante a vigência da ata de registro de preços, o que não acontecia quando analisamos o Decreto nº 7.982/2013, que é objeto de muitas críticas, pois tal regulamento limitava a concessão de recomposição de preços da ata.

Considerando a necessidade de adequando descortinamento do conteúdo jurídico constante do dispositivo regulamentar em estudo, achamos por bem organizar os comentários subsequentes em itens, de modo a melhorar a intelecção e o aprendizado.

---

[80] "§7º Independentemente do prazo de duração do contrato, será obrigatória a previsão no edital de índice de reajustamento de preço, com data-base vinculada à data do orçamento estimado e com a possibilidade de ser estabelecido mais de um índice específico ou setorial, em conformidade com a realidade de mercado dos respectivos insumos."

[81] "§8º Nas licitações de serviços contínuos, observado o interregno mínimo de 1 (um) ano, o critério de reajustamento será por: I – reajustamento em sentido estrito, quando não houver regime de dedicação exclusiva de mão de obra ou predominância de mão de obra, mediante previsão de índices específicos ou setoriais; II – repactuação, quando houver regime de dedicação exclusiva de mão de obra ou predominância de mão de obra, mediante demonstração analítica da variação dos custos."

[82] "d) para restabelecer o equilíbrio econômico-financeiro inicial do contrato em caso de força maior, caso fortuito ou fato do príncipe ou em decorrência de fatos imprevisíveis ou previsíveis de consequências incalculáveis, que inviabilizem a execução do contrato tal como pactuado, respeitada, em qualquer caso, a repartição objetiva de risco estabelecida no contrato."

2 Da atualização e alteração dos preços registrados

2.1 Da necessidade de fixação de cláusula no edital e ata acerca das condições para alteração ou atualização de preços registrados

Primeiramente, tem-se que o art. 15, inc. VI, do regulamento federal, fixa que o edital de licitação para registro de preços "observará" as regras gerais estabelecidas na Lei nº 14.133, de 2021, e "disporá" sobre as condições para alteração ou atualização de preços registrados, conforme a realidade do mercado e observado o disposto nos arts. 25 a 27.

Em nosso pensar, tendo em vista a forma de construção da redação regulamentar, nos parece que não há facultatividade no tocante à inserção no edital e na ata de cláusula de reajuste e repactuação de preços, pelo que disso decorre uma obrigação de os agentes públicos incumbidos de elaborar os editais e minutas de ata de registro de preços agirem de tal forma.

Doravante, não estando prevista cláusula de reajuste no edital e na ata de registro de preços, de modo a preservar a existência do compromisso e o interesse público almejado com ele, tem sido admitida a posterior introdução de cláusula, com os critérios para reajuste em contratos administrativos. Ora, por certo, temos que esse entendimento pode ser seguramente aplicado à ata de registro de preços e também para fins de repactuação, conforme os precedentes que a seguir colacionamos. Vejamos:

> 1. Sempre que o contrato administrativo vigorar por período superior a 1 (um) ano, o contratado fará jus ao reajuste por índice, sendo dever da Administração Pública concedê-lo independentemente de requerimento do particular ou de previsão contratual expressa. (TCE/MG – Consulta nº 1048020)

A revisão do preço difere de um simples reajuste, eis que intenta o reequilíbrio contratual e pode ser requerida mesmo sem previsão no ajuste firmado. (TJMG – Apelação Cível nº 1.0024.11.222802-8/001, Relator(a): Des.(a) Leite Praça, 19ª CÂMARA CÍVEL, julgamento em 23/06/2022, publicação da súmula em 30/06/2022)

> EMENTA: APELAÇÃO CÍVEL – AÇÃO COMINATÓRIA – CONTRATO ADMINISTRATIVO – REAJUSTE – IPCA – PREVISÃO

CONTRATUAL – RECONVENÇÃO – DESCUMPRIMENTO CONTRATUAL – MULTA – INCIDÊNCIA. – O reajuste do valor contratado constitui forma de recomposição do valor histórico e não acréscimo contratual e, ainda que o contrato seja omisso, é possível aplicar da correção monetária sem necessidade de aditamento (TJ/MG – Apelação Cível nº 1.0349.06.014045-7/001, Relator(a): Des.(a) Renato Dresch, 4ª CÂMARA CÍVEL, julgamento em 14/05/2020, publicação da sumula em 15/06/2020)

2.2 Da modificação do preço em caso de força maior, caso fortuito ou fato do príncipe ou em decorrência de fatos imprevisíveis ou previsíveis de consequências incalculáveis (art. 25, inc. I)

Da mesma forma que o contrato administrativo pode ter a sua equação econômico-financeira rompida, em razão da observância de circunstâncias supervenientes que possam impactar negativamente na execução do objeto, poderá uma ata de registro de preços sofrer também, ser alvo de incidência negativa, comprometendo o equilíbrio econômico-financeiro do ajuste.

Nessa linha, o art. 25 do regulamento federal fixa que os preços registrados poderão ser alterados ou atualizados em decorrência de eventual redução dos preços praticados no mercado ou de fato que eleve o custo dos bens, das obras ou dos serviços registrados, em caso de força maior, caso fortuito, fato do príncipe ou em decorrência de fatos imprevisíveis ou previsíveis, porém de consequências incalculáveis, que venham a inviabilizar a execução do objeto registrado na ata, tal como pactuada, nos termos do disposto na alínea "d" do inciso II do *caput* do art. 124 da Lei nº 14.133, de 2021.

Sendo assim, para viabilizar a recomposição dos preços registrados na ata, deverá o detentor do compromisso apresentar à Administração gerenciadora do SRP um requerimento, cujo teor deverá assentar as razões da quebra da equação, demonstrando tal circunstância por meio de documentos, planilhas etc.

Esclareça-se que, além da ata de registro de preços, existindo contratações decorrentes do referido compromisso, deverá também o particular apresentar aos órgãos participantes ou aderentes contratantes um pedido de recomposição de preços desses ajustes, devendo, para tanto, ser juntados documentos e planilhas para demonstrar a quebra da equação econômico-financeira da avença.

Ainda em relação à recomposição de preços, esclareça-se que, na hipótese de sobrevirem fatos imprevisíveis, ou previsíveis, porém de consequências incalculáveis, retardadores ou impeditivos da execução do objeto registrado em ata, ou, ainda, em caso de força maior, caso fortuito ou fato do príncipe, e extracontratual, permite-se a concessão de recomposição dos preços inicialmente ajustados a qualquer momento após a assinatura do compromisso, durante todo o seu prazo de vigência, incluídas as prorrogações.

Assim, desde que o rompimento da equação seja devidamente comprovado por meio de planilhas, além de documentos que demonstrem a excepcionalidade e a superveniência do fato, a qualquer tempo, independentemente de previsão contratual, o requerimento do particular deve ser concedido.[83]

2.3 Da modificação do preço em razão de criação, alteração ou extinção de quaisquer tributos ou encargos legais ou superveniência de disposições legais, com comprovada repercussão sobre os preços registrados (art. 25, inc. II)

É sabido que qualquer tipo de atividade econômica enseja a incidência de impostos e demais encargos legais, que são repassados à Administração nos custos do licitante. Observando-se a sua majoração, após a celebração da ata de registro de preços, fato que poderá gerar

---

[83] Sobre o tema salienta com mestria o jurista Celso Antônio Bandeira de Mello, *in verbis*: "A recomposição de preços, assim, independe de previsão no contrato de um critério de reajustamento de preços e torna-se devida no momento em que deixa de atender à sua finalidade, ou seja, à manutenção da equação financeira do ajuste, em razão de atos e fatos inimputáveis ao particular contratante, como se vê, diversos fatores podem justificar a aplicação da recomposição de preço, que de modo geral caberá sempre que se trate de restaurar um equilíbrio econômico-financeiro insuscetível de ser eficazmente solúvel pelos reajustes" (Cf. *Curso de Direito Administrativo*. 25. ed. São Paulo: Malheiros, 2008, p. 627).
Não é de outra forma que salienta o Tribunal de Contas da União, in verbis: "24. O reequilíbrio econômico-financeiro pode se dar a qualquer tempo; conseqüentemente não há que se falar em periodicidade mínima para o seu reconhecimento e respectiva concessão. Com efeito, se decorre de eventos supervenientes imprevisíveis na ocorrência e (ou) nos efeitos, não faria sentido determinar tempo certo para a sua concessão. Na mesma linha de raciocínio, não pede previsão em edital ou contrato, visto que encontra respaldo na lei e na própria Constituição Federal, sendo devida desde que presentes os pressupostos.
25. Nesse sentido, Jorge Ulisses Jacoby Fernandes (Comentando as licitações públicas – Série: grandes nomes. Rio de Janeiro: Temas e Idéias, 2002, p. 185) ensina que 'enquanto o reajuste e a repactuação têm prazo certo para ocorrer e periodicidade pré-definida, o reequilíbrio pode se dar a qualquer tempo (...)'." (Acórdão nº 1563.2004 – Plenário).

um custo maior ao detentor do compromisso, deverão os novos custos ser absorvidos pela Administração contratante ou detentora da ata de registro de preços, sob pena de violação da parte final do art. 37, inc. XXI, da CF/88.

Acerca do que acima apresentamos, são também os ensinamentos de Diogenes Gasparini, *in verbis*:

> Fato do príncipe – ato ou fato da autoridade pública – é toda determinação estatal, positiva ou negativa, geral e imprevisível ou previsível mas de conseqüências incalculáveis, que onera extraordinariamente ou que impede a execução do contrato e obriga a Administração Pública a compensar integralmente os prejuízos suportados pelo contratante particular.[84]

Sendo assim, o fenômeno previsto no art. 25, inc. II, do artigo em comento, caracteriza-se como uma das hipóteses de incidência do fato do príncipe. Conceituamos o "fato do príncipe" como toda determinação estatal, imprevista e imprevisível, que venha a onerar a execução do contrato ou ata de registro de preços.

Logo, observando-se que, após a entrega dos envelopes ou do início da fase competitiva de uma licitação processada eletronicamente, a criação, alteração ou extinção de quaisquer tributos ou encargos legais ou superveniência de disposições legais, com comprovada repercussão sobre os preços registrados, poderá, após a celebração da ata, o fornecedor peticionar à Administração gerenciadora para solicitar a revisão dos preços consignados no compromisso.

2.4 A atualização da ata de registro de preços por meio do reajuste (art. 25, inc. III)

Conforme reza o art. 25, inc. III, do regulamento, o valor dos objetos registrados na ata de registro de preços, que não se relaciona como prestação de serviço em regime de alocação exclusiva de mão de obra, será atualizado por meio de reajuste contratual, que ocorrerá na forma do art. 25, §7º, da Lei nº 14.133/2021, que estabelece que: "independentemente do prazo de duração do contrato, será obrigatória a previsão no edital de índice de reajustamento de preço, com data-base vinculada à data do orçamento estimado e com a possibilidade de ser

---

[84] Cf. *Direito Administrativo*. São Paulo: Saraiva, 2012, p. 821.

estabelecido mais de um índice específico ou setorial, em conformidade com a realidade de mercado dos respectivos insumos".

Acerca da forma como o reajustamento de preços deverá ser implementado, cujo teor deverá ser reproduzido no edital e na ata de registro de preços, verifica-se que o marco inicial, para a contagem da anualidade, será apenas e tão somente a data do orçamento da administração, não mais vigorando a possibilidade de o marco inicial ser a data da licitação, conforme fixava o art. 3º, §1º, da Lei nº 10.192/01.[85] Aliás, ressalte-se ser totalmente ilegal fixar como o início da anualidade a data da assinatura do contrato decorrente do compromisso ou ata de registro de preços.

Infere-se, portanto, que temos um único marco inicial para o reajuste, que deverá ocorrer nos termos do art. 25, §7º, com data-base vinculada à data do orçamento estimado da Administração.

Considerando que o óbvio, nos dias de hoje, deve ser explicado, importa dizer, novamente, que o marco inicial da contagem da anualidade é a data do orçamento da Administração Pública. Ora, se o cumprimento dessa exigência deve ocorrer na fase interna da licitação, forçoso será concluir que a aplicação da cláusula de reajuste obrigatório deverá acontecer em momento anterior à data da prorrogação da ata de registro de preço, por força da aplicação do princípio da anualidade.

Assim, observado o transcurso de um ano, deverá o reajustamento ocorrer de modo automático, sendo aplicada a cláusula de reajuste contratual, em conformidade com a legislação, que, com cristalina clareza, estabelece que referida cláusula é de previsão obrigatória.

Esclareça-se que a ausência de cláusula de reajuste no edital e na ata de registro de preços constitui ilegalidade, sujeita à apuração disciplinar, e exige inserção posterior, sob pena de inconstitucionalidade, em razão de desprestigiar o que consta da parte final do art. 37, inc. XXI, da Constituição Federal de 1988, conforme já asseverado anteriormente.

Destarte, sustentamos ser totalmente descabido utilizar como marco inicial da contagem a data da assinatura da ata. Doravante, também é descabido utilizar como marco inicial para contagem da

---

[85] "Art. 3º Os contratos em que seja parte órgão ou entidade da Administração Pública direta ou indireta da União, dos Estados, do Distrito Federal e dos Municípios, serão reajustados ou corrigidos monetariamente de acordo com as disposições desta Lei, e, no que com ela não conflitarem, da Lei no 8.666, de 21 de junho de 1993.
§1º A periodicidade anual nos contratos de que trata o caput deste artigo será contada a partir da data limite para apresentação da proposta ou do orçamento a que essa se referir."

anualidade a data da abertura da licitação, uma vez que o art. 25, §7º, da Lei nº 14.133/2021 estabelece que, apenas e tão somente, existirá um marco inicial da contagem da anualidade exigida pela Lei do Plano Real, a data do orçamento da administração.

Caso o índice de reajustamento aplicado à ata de registro de preços seja insuficiente para restabelecer a equação econômico-financeira de forma adequada, poderá ser aplicado, ou melhor dizendo, apresentado um pedido de recomposição de preços, devendo, para tanto, ser observado o constante do art. 124, inciso II, alínea "d", da Nova Lei de Licitações.

2.5 A atualização da ata de registro de preços por meio de repactuação de preços (art. 25, inc. III)

Já no tocante à alteração da cláusula financeira da ata de registro de preços por meio de repactuação de preços,[86] observa-se que a utilização desse mecanismo somente deverá ser implementada quando ocorrer o registro de preço de serviços cuja execução aconteça com regime de dedicação exclusiva de mão de obra ou predominância de mão de obra, conforme fixa o art. 25, §8º, da Lei nº 14.133/2021.

De modo bem claro, nas atas de registro de preços cujo objeto esteja relacionado à execução de serviços contínuos, o restabelecimento da equação econômico-financeira ocorrerá, necessariamente, por meio da repactuação de preços, e nunca mediante reajuste, sendo certos nossos comentários anteriores acerca do marco inicial da contagem da anualidade: a data do orçamento da Administração Pública.

Considerando o silêncio do regulamento no tocante ao processamento da repactuação no âmbito das atas de registros de preços, temos que a processualização observará o disposto no art. 135 da Nova Lei de Licitações.[87]

---

[86] O conceito de repactuação encontra-se previsto no art. 6º, inc. LIX, da Nova Lei de Licitações – "LIX – repactuação: forma de manutenção do equilíbrio econômico-financeiro de contrato utilizada para serviços contínuos com regime de dedicação exclusiva de mão de obra ou predominância de mão de obra, por meio da análise da variação dos custos contratuais, devendo estar prevista no edital com data vinculada à apresentação das propostas, para os custos decorrentes do mercado, e com data vinculada ao acordo, à convenção coletiva ou ao dissídio coletivo ao qual o orçamento esteja vinculado, para os custos decorrentes da mão de obra;"

[87] "Art. 135. Os preços dos contratos para serviços contínuos com regime de dedicação exclusiva de mão de obra ou com predominância de mão de obra serão repactuados para manutenção

Como já salientamos, a omissão de cláusula de repactuação do contrato não inviabiliza a realização do referido expediente, por tratar-se de garantia constitucional do particular contratado. A nosso ver, entende-se que é dever introduzir o procedimento da repactuação, como cláusula da ata de registro de preços, devendo ser apurada a responsabilidade de quem deu causa a tal omissão.

É oportuno salientar, ainda, que o art. 92, §6º, da Nova Lei de Licitações, fixa que, nos contratos para serviços contínuos com regime de dedicação exclusiva de mão de obra ou com predominância de mão de obra, o prazo para resposta ao pedido de repactuação de preços será preferencialmente de 1 (um) mês, contado da data do fornecimento da documentação prevista no §6º do art. 135 da NLLC, devendo tal período ser expressamente fixado na ata de registro de preços e contrato administrativo decorrente do compromisso.[88]

Observa-se que tanto a repactuação de preços quanto o reajustamento do contrato ou recomposição de preços poderão ser deferidos em momento anterior ao início do fornecimento do bem, prestação de

---

do equilíbrio econômico-financeiro, mediante demonstração analítica da variação dos custos contratuais, com data vinculada:
I – à da apresentação da proposta, para custos decorrentes do mercado;
II – ao acordo, à convenção coletiva ou ao dissídio coletivo ao qual a proposta esteja vinculada, para os custos de mão de obra.
§1º A Administração não se vinculará às disposições contidas em acordos, convenções ou dissídios coletivos de trabalho que tratem de matéria não trabalhista, de pagamento de participação dos trabalhadores nos lucros ou resultados do contratado, ou que estabeleçam direitos não previstos em lei, como valores ou índices obrigatórios de encargos sociais ou previdenciários, bem como de preços para os insumos relacionados ao exercício da atividade.
§2º É vedado a órgão ou entidade contratante vincular-se às disposições previstas nos acordos, convenções ou dissídios coletivos de trabalho que tratem de obrigações e direitos que somente se aplicam aos contratos com a Administração Pública.
§3º A repactuação deverá observar o interregno mínimo de 1 (um) ano, contado da data da apresentação da proposta ou da data da última repactuação.
§4º A repactuação poderá ser dividida em tantas parcelas quantas forem necessárias, observado o princípio da anualidade do reajuste de preços da contratação, podendo ser realizada em momentos distintos para discutir a variação de custos que tenham sua anualidade resultante em datas diferenciadas, como os decorrentes de mão de obra e os decorrentes dos insumos necessários à execução dos serviços.
§5º Quando a contratação envolver mais de uma categoria profissional, a repactuação a que se refere o inciso II do caput deste artigo poderá ser dividida em tantos quantos forem os acordos, convenções ou dissídios coletivos de trabalho das categorias envolvidas na contratação.
§6º A repactuação será precedida de solicitação do contratado, acompanhada de demonstração analítica da variação dos custos, por meio de apresentação da planilha de custos e formação de preços, ou do novo acordo, convenção ou sentença normativa que fundamenta a repactuação."

[88] "Art. 92. São necessárias em todo contrato cláusulas que estabeleçam: (...) X – o prazo para resposta ao pedido de repactuação de preços, quando for o caso;"

serviço ou execução da obra, haja vista a possibilidade de, na ocasião do acionamento da ata de registro de preços, já ser observado o transcurso da anualidade exigida por meio do art. 27, §7º, da Nova Lei de Licitações ou ser identificado que os preços registrados, na ocasião da contratação, se encontram totalmente desbalanceados ou, ainda, ser comprovada a existência de uma nova convenção coletiva.

2.6 A questão da preclusão lógica nos expedientes que permitem o restabelecimento da equação econômica

Durante muito tempo, no âmbito da vigência da Lei nº 8.666/93, os contratados pela Administração Pública federal para executar serviços com dedicação exclusiva de mão de obra, a exemplo de serviços de limpeza e vigilância, tinham o encargo de, ao longo da execução contratual, antes da prorrogação ou extinção do ajuste, elaborar um requerimento pleiteando a "repactuação de preços", sob pena de "preclusão lógica" do direito, ou seja, restar caracterizada a impossibilidade da sua concessão após os momentos acima apontados, o que inviabilizaria o restabelecimento da equação econômico-financeira daquele ajuste, gerando prejuízo ao particular.

Mesmo tal expediente não constando expressamente em lei, assim ocorria, haja vista a previsão contida no art. 57, §7º, da Instrução Normativa nº 5, de 25 de maio de 2017, editada pela Secretaria de Gestão do Ministério do Planejamento, Desenvolvimento e Gestão, ao fixar que as "repactuações a que o contratado fizer jus e que não forem solicitadas durante a vigência do contrato serão objeto de preclusão com a assinatura da prorrogação contratual ou com o encerramento do contrato".

Ante tal redação, grande era a queixa dos empresários acerca da incidência da referida "preclusão lógica" nos contratos administrativos cujos objetos acima apresentamos, pois, se o particular, por tal e qual motivo, não conseguiu solicitar a implementação da cláusula de repactuação durante a vigência do seu ajuste, restaria impedida a modificação da cláusula financeira do contrato para acomodar os acréscimos verificados nos termos da negociação coletiva.

Se assim era nos contratos administrativos celebrados pela Administração Pública, diga-se, federal, bem como de outros entes administrativos que adotaram expressamente em sua legislação a aludida sistemática de repactuação, grife-se que inexistia qualquer tipo de discussão no que diz respeito a proceder verificação, objetivando concluir se qualquer preclusão lógica seria suficiente para afastar o reajustamento de preço ou nas revisões ou pedidos de reequilíbrio de preços.

Ou seja, os pedidos de reajustamento de preço ou de revisões, recomposição ou de reequilíbrio de preços poderiam, e podem, ser solicitados após a extinção do contrato, devendo o valor apurado ser pago a título de indenização. Em outras palavras, no âmbito da Lei nº 8.666/93, era e continua ser ilegal não conceder o reajustamento de preço, revisões ou pedidos de reequilíbrio de preços após a extinção do ajuste, especialmente após a prorrogação do seu prazo de vigência.

Ocorre, todavia, que, no âmbito da Lei nº 14.133/2021, a questão é diferente. Expliquemos.

Observa-se que a Nova Lei de Licitações reproduziu a dinâmica da "preclusão lógica", porém, não mais no processamento da "repactuação de preços", hoje previsto na lei nacional, mas, sim, para o "pedido de restabelecimento do equilíbrio econômico-financeiro", comumente chamado de pedido de revisão de recomposição ou reequilíbrio de preços, conforme se verifica expressamente no seu art. 131, parágrafo único. Vejamos: "Parágrafo único. O *pedido de restabelecimento do equilíbrio econômico-financeiro* deverá ser formulado durante a vigência do contrato e antes de eventual prorrogação nos termos do art. 107 desta Lei" (destaques nossos).

Antes de adentrar nas discussões acerca do referido parágrafo único, cabe ressaltar que, em nosso pensamento, tanto na hipótese da "repactuação de preços", conforme estabelece a referida IN – diga-se, de incidência limitada aos contratos da União e daqueles outros entes que adotaram o referido normativo para regular os seus contratos –, como agora previsto na Nova Lei de Licitações, impedir que o contratado pleiteie a modificação da cláusula financeira após a extinção do contrato é flagrantemente inconstitucional, pois colide frontalmente com a determinação contida na parte final do art. 37, inc. XXI, da CF/88, que estabelece que a Administração Pública deve manter as condições efetivas ajustadas entre o Poder Público e o particular.

Com efeito, determinações dessa natureza não podem ser admitidas, pois o particular, na fase derradeira do ajuste, por qualquer motivo que seja, pode não ter condições de produzir o referido requerimento e juntar os documentos necessários para subsidiar seu pedido. Logo, não pode ser punido o contratado com a impossibilidade de restabelecimento das condições econômicas da sua proposta, que é garantido constitucionalmente, em razão de uma condição meramente temporal, que a nosso ver não tem razão de ser.

Por conseguinte, esse dispositivo encontra-se eivado pelo vício maior de inconstitucionalidade. *Lato sensu*, não pode a lei condicionar o cumprimento de uma garantia constitucional, a *discrímen* temporal que afronta os princípios da razoabilidade e proporcionalidade. Logo, caso a lei não seja revisada, ou, ainda, que o dispositivo em tela seja levado ao crivo do STF, por um dos legitimados para a propositura de ação direta de inconstitucionalidade, isso não é impeditivo para que o interessado direto na questão, após o esgotamento das vias administrativas, caso assim entenda pertinente, leve o ato administrativo ao crivo do Poder Judiciário.

De qualquer modo, e independentemente da adoção das hipóteses supramencionadas, vale registrar que a questão da "preclusão lógica", por ora, deverá ser aplicada em consonância com o princípio da legalidade restrita, exigindo do particular suscitar essa questão e discuti-la adequadamente.

Por oportuno, retomando às nossas considerações acerca do conteúdo jurídico do parágrafo único do art. 131 da Nova Lei de Licitações, temos que a "preclusão lógica" está reservada para os pedidos de revisão, recomposição ou reequilíbrio de preços, sendo vedado e, portanto, ilegal aventar a possibilidade de ocorrência da preclusão no caso de ingresso de pedido de implementação de cláusula de reajuste ou de repactuação de preços, em especial a distinção legal fixada no art. 92, incisos X e XI, da Nova Lei de Licitações.[89]

Mais uma vez, deve-se entender "pedido de restabelecimento do equilíbrio econômico-financeiro" como solicitação de revisão, recomposição ou reequilíbrio de preços, e não repactuação de preços ou pedido de reajustamento do contrato, eis a distinção legal mencionada e, por nós, enfatizada. Esclareça-se, por oportuno, que a distinção é reforçada pelo disposto no art. 137, §3º, inc. II, da Nova Lei de Licitações, que fixa que o restabelecimento do equilíbrio econômico-financeiro do contrato ocorre na forma da alínea "d" do inciso II do *caput* do art. 124 dessa lei.

Assim, conjugando-se os dispositivos legais acima colacionados, entende-se que a preclusão lógica somente poderá ocorrer nos casos

---

[89] "X – o prazo para resposta ao pedido de repactuação de preços, quando for o caso;
XI – o prazo para resposta ao pedido de restabelecimento do equilíbrio econômico-financeiro, quando for o caso;"

de pedidos de revisão, recomposição ou reequilíbrio de preços, não devendo, de forma alguma, aventar-se a impossibilidade de apreciar pedidos de repactuação de preços ou reajustamento após a extinção do ajuste, eis que constituídos mediante cláusula contratual que, uma vez implementado o condicionante temporal, deve ser aplicada.

Sobreleva dizer que outra não deve ser a interpretação, tendo em vista a determinação contida na parte final do art. 37, inc. XXI, que estabelece que a Administração Pública deve manter as condições efetivas da proposta ajustada entre o poder público e o particular. Por conseguinte, a correta interpretação é aquela que aponta para um entendimento restritivo, pelo que é inviável admitir a preclusão fora das hipóteses previstas em lei.

Além do mais, é oportuno destacar que nos "contratos por escopo", a referida "preclusão lógica" somente restará configurada, após a expedição do termo de recebimento definitivo da obra, serviço ou fornecimento, momento em que o ajuste será automaticamente extinto, nunca devendo ser fixado como prazo de extinção do contrato qualquer outra data prevista no instrumento, pois isso se presta apenas para servir de um referencial para fins de fixação de mora, conforme estabelece o art. 6º, inc. XVII, da Nova Lei de Licitações.

Aventando questões de ordem prática, na impossibilidade de o contratado não deter tempo suficiente para a elaboração do referido pedido, que deverá arrimar as suas razões com os devidos documentos, de modo a provar o desbalanceamento, queremos crer que basta a protocolização de um pedido simples, com o fito de registrar a pretensão, devendo o requerimento conter protesto de juntada posterior dos documentos aptos a demonstrar o desequilíbrio.

Por derradeiro, entende-se que aventar qualquer tipo de possibilidade de "preclusão lógica" somente será possível nos contratos celebrados com arrimo na Nova Lei de Licitações, não podendo esse expediente ser aplicado naqueles ajustes celebrados com base na legislação revogada, sob pena de violação ao art. 190 da Lei nº 14.133/2021, que fixa que o "contrato cujo instrumento tenha sido assinado antes da entrada em vigor desta Lei continuará a ser regido de acordo com as regras previstas na legislação revogada".

À guisa de conclusão, é preciso que o segmento fique atento para a correta aplicação das disposições do art. 190, de modo a evitar ou frear abusos na aplicação de expedientes condenáveis nos contratos administrativos, aguardando eventual alteração legislativa ou, ainda, que se busque a declaração de inconstitucionalidade do art. 131, parágrafo único, da Lei nº 14.133/2021.

• **Sistema de Registro de Preços. Jurisprudência sobre a 14.133. Manutenção da equação econômico-financeira:** "3. Para o reajuste, é aplicado o índice de variação de preços apropriado, automaticamente, após 12 (doze) meses contados da apresentação do orçamento ou da proposta, nos termos do §3º do art. 92 da Lei nº 14.133/21.
4. Para a repactuação, o interregno mínimo é de um ano, contado da apresentação da proposta (art. 92, §3º), e a variação nos custos deve ser analiticamente demonstrada, com data vinculada à apresentação da proposta, para os custos do mercado, e ao acordo, convenção coletiva ou dissídio coletivo, para os custos de mão-de-obra (art. 135, I e II, e §3º).
5. Não há prazo mínimo de vigência contratual ou da ARP para a incidência da revisão derivada da ocorrência de fato do príncipe. O que determinará a sua incidência é a prática de ato estatal de caráter geral que afete a equação econômico-financeira do contrato, em qualquer momento após a oferta da proposta ou do orçamento, desde que a variação seja demonstrada analiticamente, para mais ou para menos". (TCE/MG – Processo nº 1120126)

ARTIGO 26 – NEGOCIAÇÃO DE PREÇOS NA HIPÓTESE DE O PREÇO REGISTRADO TORNAR-SE SUPERIOR AO PREÇO PRATICADO NO MERCADO

> Negociação de preços registrados
>
> Art. 26. Na hipótese de o preço registrado tornar-se superior ao preço praticado no mercado, por motivo superveniente, o órgão ou a entidade gerenciadora convocará o fornecedor para negociar a redução do preço registrado.
> §1º Caso não aceite reduzir seu preço aos valores praticados pelo mercado, o fornecedor será liberado do compromisso assumido quanto ao item registrado, sem aplicação de penalidades administrativas.
> §2º Na hipótese prevista no §1º, o gerenciador convocará os fornecedores do cadastro de reserva, na ordem de classificação, para verificar se aceitam reduzir seus preços aos valores de mercado, observado o disposto no §3º do art. 28.
> §3º Se não obtiver êxito nas negociações, o órgão ou a entidade gerenciadora procederá ao cancelamento da ata de registro de preços, nos termos do disposto no art. 29, e adotará as medidas cabíveis para a obtenção de contratação mais vantajosa.
> §4º Na hipótese de redução do preço registrado, o órgão ou a entidade gerenciadora comunicará aos órgãos e às entidades que tiverem firmado contratos decorrentes da ata de registro de preços, para que avaliem a conveniência e a oportunidade de diligenciarem negociação com vistas à alteração contratual, observado o disposto no art. 35.

Em razão de um fato superveniente, poderá ser observada no mercado correlato de um objeto registrado, durante a vigência da ata de registro de preço – incluída a prorrogação –, a redução do seu valor.

A observância da diminuição do valor registrado, que deverá ser comprovada por meio de estudos e documentos, ou seja, motivadamente, permitirá que a Administração Pública gerenciadora da ata venha desencadear junto ao(s) detentor(es) da ata de registro de preços uma negociação para que os valores venham se ajustar à nova realidade de mercado.

Esclareça-se que esse expediente deve ser realizado com muita parcimônia e transparência pela Administração Pública gerenciadora, devendo ser franqueada a possibilidade de o particular produzir todo tipo de prova, de modo a demonstrar a inocorrência da redução do objeto registrado no mercado correlato.

Nessa oportunidade não poderá a Administração exigir que o particular reduza o valor observado na ata de registro de preços, devendo referido expediente limitar-se apenas e tão somente a negociar a diminuição, haja vista a permissão concretizada na liberação do particular do compromisso assumido, sem imposição de sanção, conforme fixa o §1º do artigo em comento.

Com efeito, afigura-se impertinente exigir a redução do preço registrado com base em preço extraído da internet, que não leva em consideração custos que o empresário da *web* não incorpora ao seu preço, o atraso na realização de pagamento, além de outras intercorrências que podem ser precificadas por um particular no preço oferecido em licitações.

Ademais, o objeto que se encontra com valor reduzido deve ser idêntico àquele registrado, em especial, deve apresentar a mesma qualidade, especificações técnicas, volume comercializado, desempenho etc.

Estabelece, ainda, o referido dispositivo que a negociação tem que derivar de um fato superveniente, observado após a assinatura da ata de registro de preços. Entenda-se por "fato superveniente" um acontecimento imprevisível ou inevitável que altera as condições originais do contrato, *in casu,* ata de registro de preços, tornando o ajuste excessivamente oneroso para uma das partes.

O fato superveniente no âmbito de uma ata de registro de preços pode apresentar várias naturezas, tais como: uma mudança na legislação que aumenta a carga tributária incidente no objeto registrado; uma situação de guerra ou calamidade pública, que altera o valor do bem ou insumo necessário para produzi-lo, haja vista a sua cotação no mercado internacional.

Estabelece o §1º do artigo em estudo, a principal consequência do insucesso da referida negociação, caracterizada na liberação do compromisso celebrado pelo particular na ata de registro de preços, sem instauração de processo sancionatório. Assim deve ocorrer, uma vez que a Administração Pública não pode acionar a ata para adquirir objeto cujo valor esteja superior àquele verificado no mercado correlato, sob pena de violação ao princípio da economicidade, expressamente previsto no art. 5º da Nova Lei de Licitação e *caput* do art. 70 da Constituição Federal de 1988.

No tocante ao §2º do artigo em comento, após a devida liberação do particular detentor da ata de preços, por não conseguir reduzir o valor registrado, fato este que deverá estar devidamente documentado, poderá a Administração gerenciadora da ata de preços convocar formalmente os particulares arrolados no cadastro de reserva, de modo a indagá-los se executarão o objeto registrado conforme os preços praticados na ocasião, ou seja, revisados, o que exigirá que esse também venha reduzir o conteúdo econômico da sua proposta comercial que foi efetivamente registrada nos autos do processo licitatório.

A convocação deverá observar a ordem de classificação das propostas comerciais na licitação, devendo o cadastro de reserva, quando arrolar a lista de empresas, também consignar a sua posição na grade classificatória verificada na fase final do julgamento das propostas comerciais, com fase de lances ou não.

Já o §3º do artigo em foco estabelece que, não se obtendo êxito nas negociações empreendidas com cada um dos licitantes listados no cadastro de reserva, cuja interlocução deverá estar devidamente assentada no processo administrativo, o órgão ou ente gerenciador deverá declarar o cancelamento da ata de registro de preços por meio de ato expedido pela autoridade competente, nos termos do art. 29, inc. III, do regulamento.

Com vistas a publicizar a redução dos valores registrados para os participantes ou aderentes, estabelece o art. 27, §4º, do regulamento que, na hipótese de redução do preço registrado, o órgão ou a entidade gerenciadora comunicará aos órgãos e às entidades que tiverem firmado contratos decorrentes da ata de registro de preços, para que avaliem a conveniência e a oportunidade de diligenciar em negociação, objetivando alteração contratual, observado o disposto no art. 35.

A negociação da ata de registro de preços deve ser realizada com muita responsabilidade, notadamente em se tratando de redução dos valores efetivamente contratados, uma vez que poderá o detentor da ata já ter incorrido em gastos necessários para a execução do objeto registrado.

Em outras palavras, entende-se que um cenário é a realização da negociação para redução do valor da ata, ocasião em que o particular, em tese, ainda não incorreu com os gastos para aquisição do bem ou prestação do serviço. Outro cenário é a realização de negociação para reduzir o valor do contrato decorrente da ata, momento em que particular já pode ter incorrido nos gastos cujo valor não espelhou a realidade do momento da negociação, mas o momento em que os valores estavam efetivamente maiores. Despiciendas maiores considerações para se concluir que tal fato deverá ser levado em consideração, sob pena de violação ao princípio da segurança jurídica.

ARTIGO 27 – PEDIDO DE ALTERAÇÃO DA ATA NA HIPÓTESE DE O VALOR REGISTRADO TORNAR-SE SUPERIOR AO PREÇO PRATICADO NO MERCADO

Art. 27. Na hipótese de o preço de mercado tornar-se superior ao preço registrado e o fornecedor não poder cumprir as obrigações estabelecidas na ata, será facultado ao fornecedor requerer ao gerenciador a alteração do preço registrado, mediante comprovação de fato superveniente que o impossibilite de cumprir o compromisso.
1º Para fins do disposto no caput, o fornecedor encaminhará, juntamente com o pedido de alteração, a documentação comprobatória ou a planilha de custos que demonstre a inviabilidade do preço registrado em relação às condições inicialmente pactuadas.
§2º Na hipótese de não comprovação da existência de fato superveniente que inviabilize o preço registrado, o pedido será indeferido pelo órgão ou pela entidade gerenciadora e o fornecedor deverá cumprir as obrigações estabelecidas na ata, sob pena de cancelamento do seu registro, nos termos do disposto no art. 28, sem prejuízo da aplicação das sanções previstas na Lei nº 14.133, de 2021, e na legislação aplicável.
§3º Na hipótese de cancelamento do registro do fornecedor, nos termos do disposto no §2º, o gerenciador convocará os fornecedores do cadastro de reserva, na ordem de classificação, para verificar se aceitam manter seus preços registrados, observado o disposto no §3º do art. 18.
§4º Se não obtiver êxito nas negociações, o órgão ou a entidade gerenciadora procederá ao cancelamento da ata de registro de preços, nos termos do disposto no art. 29, e adotará as medidas cabíveis para a obtenção da contratação mais vantajosa.
§5º Na hipótese de comprovação do disposto no caput e no §1º, o órgão ou a entidade gerenciadora atualizará o preço registrado, de acordo com a realidade dos valores praticados pelo mercado.

§6º O órgão ou a entidade gerenciadora comunicará aos órgãos e às entidades que tiverem firmado contratos decorrentes da ata de registro de preços sobre a efetiva alteração do preço registrado, para que avaliem a necessidade de alteração contratual, observado o disposto no art. 35.

Da mesma forma que o valor de um objeto registrado na ata de registro de preços pode se tornar menor do que aquele praticado no mercado correlato, pode-se observar, no caso concreto, que os valores constantes do referido compromisso não mais refletem as condições mercadológicas, haja vista o seu aumento no mercado correlato.

Desta feita, de igual modo, a Administração Pública pode demandar o fornecedor para negociar a redução dos valores registrados, exigindo que o órgão gerenciador aprecie o pleito do particular, com o escopo de adequar os preços registrados àqueles que se encontram sendo praticados no segmento mercadológico.

Sobre esse assunto, o referido decreto federal avançou muito no tocante à admissão da apreciação de pedido de recomposição de preço dos valores consignados na ata de registro de preços, não mais fixando limitadores e sem regras de difícil intelecção, a exemplo do que estabelecem os arts. 17 e 19 do Decreto nº 7.982/2013.

Sendo assim, o art. 27, que ora se comenta, estabelece que, na hipótese de o preço de mercado tornar-se superior ao preço registrado, ensejando o descumprimento da ata por parte do fornecedor naquilo que diz respeito às obrigações estabelecidas no instrumento, será facultado a ele requerer ao gerenciador a alteração do preço registrado, mediante comprovação de fato superveniente que o impossibilite de cumprir o compromisso.

Observa-se que o referido art. 27 se compatibiliza com o que consta do art. 124, inc. II, "d", da Nova Lei de Licitações, cuja redação concretiza o mandamento constitucional fixado na parte final do art. 37, inc. XXI, da Constituição da República de 1988, que estabelece que, durante a execução do contrato, serão mantidas as condições efetivas da proposta.[90]

---

[90] "XXI – ressalvados os casos especificados na legislação, as obras, serviços, compras e alienações serão contratados mediante processo de licitação pública que assegure igualdade de condições a todos os concorrentes, com cláusulas que estabeleçam obrigações de pagamento, mantidas as condições efetivas da proposta, nos termos da lei, o qual somente permitirá as

Calha aqui, por pertinente, lembrar que o mandamento constitucional sobrefalado encontra-se previsto na Lei de Licitações e adaptado para o SRP, de maneira que seja devidamente exercido. Assim, com o propósito de requerer a revisão de preços, deverá o particular, detentor da ata de registro de preços, ingressar com um requerimento junto ao órgão gerenciador, declinando as razões que acarretaram o desbalanceamento da equação econômico-financeira, demonstrando, ainda, por meio de competentes documentos, as evidências do seu pedido.

Nesse sentido, fixa o §1º do artigo em comento que o fornecedor encaminhará, juntamente com o pedido de alteração, a documentação comprobatória ou a planilha de custos que demonstre a inviabilidade do preço registrado em relação às condições inicialmente pactuadas.

Jorge Ulisses Jacoby Fernandes, debruçando-se sobre essa questão, ministrou sua clássica lição, sobre a formulação e conteúdo de um adequado pedido de recomposição de preços:

> 2. Demonstração do desequilíbrio:
> Ao pleitear o reequilíbrio caberá ao contratado apresentar duas planilhas de custos: uma do tempo atual, e outra da época da proposta.
> São esses períodos que devem ser considerados pela Administração Pública e somente esses justificam o atendimento do pleito.
> (...)
> Atento ao que foi exposto, não deve o administrador conceder o reequilíbrio confiando apenas, nos dados apresentados pela contratado, Ao contrário, impõe-se-lhe o dever de verificar, item por item, a compatibilidade e veracidade da informação apresentada.[91]

Da mesma forma salienta o Egrégio Tribunal de Contas da União, *in verbis*:

> 2. Em casos de recomposição de preços motivada por ocorrência de fato comprovadamente imprevisível, deve constar do processo análise fundamentada e criteriosa sobre o ocorrido, a fim de ficar caracterizado como extraordinário e extracontratual quanto à sua ocorrência e/ou quanto aos seus efeitos. (TCU – Acórdão nº 7/2007 – 1ª Câmara)

---

exigências de qualificação técnica e econômica indispensáveis à garantia do cumprimento das obrigações."

[91] Cf. *Vade-Mécum de Licitações e Contratos.* 2. ed. Belo Horizonte: Fórum, 2005, p. 870.

1.1 que, no atendimento a futuras solicitações de reequilíbrio econômico-financeiro, verifique se os fatos motivadores do pleito atendem às exigências do art. 65, inc. II, alínea "d", da Lei nº 8.666/93, bem como exija, como condição prévia de admissão do pleito, a apresentação de Planilha de Custos e Formação de Preços – conforme art. 7º, parágrafo 2º, inc. II da Lei nº 8.666/93 –, com o detalhamento necessário para se avaliar o desequilíbrio alegado pela contratada; (TCU – Acórdão nº 975/2007 – Plenário).

Observa-se, portanto, que o pedido de recomposição dos preços consignados na ata deverá ser lastreado em documentos, cujas informações estarão devidamente planilhadas de modo a demonstrar a majoração dos custos, que objetivam retratar a inviabilidade ou impossibilidade da execução das obrigações constantes da ata pelo valor registrado.

Logo, é dever do particular guardar todos os orçamentos, cotações etc. realizados no mercado correlato que arrimaram a elaboração da proposta comercial quando da participação da licitação, pois a administração pública gerenciadora irá solicitar a prova dos elementos que viabilizaram a orçamentação na ocasião do certame.

Conforme fixa o §2º do artigo em comento, a inobservância do referido parágrafo gerará, inevitavelmente, o indeferimento do pedido, acarretando o não cumprimento dos encargos constantes da ata e possibilidade de cancelamento do compromisso, na forma do art. 28 do regulamento, o que pode gerar a imposição de penalidades arroladas no art. 156 da Lei de Licitações.

Com efeito, dificilmente o fornecedor com preços registrados, em caso de indeferimento do pedido de recomposição de preços, executará o encargo fixado na ata com prejuízo, sendo o declínio do compromisso, o cancelamento da ata e a aplicação de sanções um cenário muito provável. Logo, é dever do particular adequadamente cotar o objeto pretenso pela administração, guardando as informações buscadas no mercado correlato na época, bem como orçar adequadamente a sua proposta.

Nesse caso, após o cancelamento da ata de registro de preços, em relação ao referido particular, estabelece o §3º do regulamento em estudo que, na hipótese de cancelamento do registro do fornecedor, nos termos do disposto no §2º, acima comentado, o gerenciador convocará os fornecedores do cadastro de reserva, na ordem de classificação, para verificar se aceitam manter seus preços registrados, observado o disposto no §3º do art. 18, cujo teor fixa que:

> §3º A habilitação dos licitantes que comporão o cadastro de reserva a que se referem o inciso II do caput e o §1º somente será efetuada quando houver necessidade de contratação dos licitantes remanescentes, nas seguintes hipóteses:
> I – quando o licitante vencedor não assinar a ata de registro de preços no prazo e nas condições estabelecidos no edital; ou
> II – quando houver o cancelamento do registro do fornecedor ou do registro de preços, nas hipóteses previstas nos art. 28 e art. 29.

Acerca dos comentários ao referido dispositivo regulamentar, remetemos o leitor ao referido parágrafo para conhecer nossas impressões lá lançadas.

Por sua vez, o §4º do art. 27 estabelece que, se não obtiver êxito nas negociações, o órgão ou a entidade gerenciadora procederá ao cancelamento da ata de registro de preços, nos termos do disposto no art. 29, e adotará as medidas cabíveis para a obtenção da contratação mais vantajosa. Estabelece o art. 29 que, *in verbis*:

> Art. 29. O cancelamento dos preços registrados poderá ser realizado pelo gerenciador, em determinada ata de registro de preços, total ou parcialmente, nas seguintes hipóteses, desde que devidamente comprovadas e justificadas:
> I – por razão de interesse público;
> II – a pedido do fornecedor, decorrente de caso fortuito ou força maior; ou
> III – se não houver êxito nas negociações, nos termos do disposto no §3º do art. 26 e no §4º do art. 27.

É de relevo salientar que se o particular conseguir demonstrar a existência de fato superveniente que inviabilize o preço registrado, cabe à Administração gerenciadora buscar negociação com o detentor da ata, de modo a garantir uma contratação vantajosa para o Erário.

Acerca dos comentários ao referido dispositivo regulamentar, recomendamos ao leitor a leitura de nossas impressões quando do exame do art. 29.

No tocante ao §5º, fixa-se que, em caso de deferimento do pedido do particular detentor da ata de preço, deverão os preços ser alterados, de modo a permitir que o particular prossiga no cumprimento das obrigações assentadas no instrumento.

Entenda-se que a recomposição de preços deverá retroagir à data da efetiva quebra da equação econômico-financeira, sendo descabida a concessão do direito do particular a partir da data da apresentação do requerimento ou do deferimento pela administração gerenciadora.

Por derradeiro, tem-se que o §6º do artigo em comento fixa que o órgão ou a entidade gerenciadora comunicará aos órgãos e às entidades que tiverem firmado contratos decorrentes da ata de registro de preços sobre a efetiva alteração do preço registrado, para que avaliem a necessidade de alteração contratual, observado o disposto no art. 35.

Analisando o conteúdo jurídico do referido dispositivo regulamentar, observa-se que, deferido o pedido de recomposição de preços, deverá o órgão ou entidade gerenciadora comunicar às administrações participantes acerca da decisão proferida.

Esclareça-se que o referido parágrafo não garante que a atualização dos preços registrados processe automaticamente a modificação nos valores assentados nos contratos decorrentes da ata, sendo de responsabilidade de cada órgão ou entidade participante a avaliação do fato superveniente, que gerou a alteração da ata na contratação específica, de modo a permitir a alteração contratual.

Por conseguinte, não sendo possível a recomposição de preços, mesmo justificando o fato superveniente, comprovada a boa-fé da requerente em não conseguir entregar os objetos em razão de fatos que escapam à vontade do subscrevente, impõe-se o cancelamento da ata de registro de preços.

ARTIGO 28 – CANCELAMENTO DO REGISTRO DO FORNECEDOR

> CAPÍTULO VI
> DO CANCELAMENTO DO REGISTRO DO FORNECEDOR E DOS PREÇOS REGISTRADOS
>
> Cancelamento do registro do fornecedor
> Art. 28. O registro do fornecedor será cancelado pelo órgão ou pela entidade gerenciadora, quando o fornecedor:
> I – descumprir as condições da ata de registro de preços sem motivo justificado;
> II – não retirar a nota de empenho, ou instrumento equivalente, no prazo estabelecido pela Administração sem justificativa razoável;
> III – não aceitar manter seu preço registrado, na hipótese prevista no §2º do art. 27; ou
> IV – sofrer sanção prevista nos incisos III ou IV do caput do art. 156 da Lei nº 14.133, de 2021.
> §1º Na hipótese prevista no inciso IV do caput, caso a penalidade aplicada ao fornecedor não ultrapasse o prazo de vigência da ata de registro de preços, o órgão ou a entidade gerenciadora poderá, mediante decisão fundamentada, decidir pela manutenção do registro de preços, vedadas novas contratações derivadas da ata enquanto perdurarem os efeitos da sanção.
> §2º O cancelamento do registro nas hipóteses previstas no caput será formalizado por despacho do órgão ou da entidade gerenciadora, garantidos os princípios do contraditório e da ampla defesa.
> §3º Na hipótese de cancelamento do registro do fornecedor, o órgão ou a entidade gerenciadora poderá convocar os licitantes que compõem o cadastro de reserva, observada a ordem de classificação.

O art. 28 do decreto regulamentar fixa as hipóteses cuja verificação, no caso concreto, possibilita o cancelamento da ata de registro de preços.

É de se ver que o cancelamento do "registro do fornecedor" equivale à extinção do contrato administrativo, tendo em vista que o ato de excluir o particular da ata, ou apenas de um item ou lote do compromisso, representa efetivamente o prejuízo de este fornecer. Logo, o manejo do instrumento que cancela o registro deve ocorrer de forma responsável, sob pena de gerar prejuízos ao particular, uma vez que pode já ter incorrido em gastos para honrar as obrigações assumidas.

Com efeito, tal expediente relaciona-se ao cancelamento do registro de preço constante do compromisso, não podendo tal decisão administrativa refletir nos contratos decorrentes da ata de registro de preços, devendo ser analisado se o fato que gera o cancelamento reflete de forma negativa nos ajustes gerados a partir do pré-contrato.

Outrossim, é oportuno apontar a existência de atividade discricionária atinente à possibilidade de instaurar ou não processo administrativo para cancelar o registro do fornecedor. Deve-se examinar o contexto de manter ou não o registro, na medida em que o prejuízo ao interesse público, decorrente do cancelamento da ata, poderá ser significativamente prejudicial para a Administração, principalmente se admitirmos, a título de exemplo, a hipótese de a dificuldade apresentada para executar o objeto demandado pelo adjudicatário poder se estender aos demais licitantes constantes do cadastro de reserva.

Lista o *caput* do art. 28 as seguintes razões – sendo essa uma lista, em nosso sentir, taxativa – que possibilitam que o órgão gerenciador afaste o fornecedor de forma anormal da execução da ata de registro de preços, a saber: I – descumprir as condições da ata de registro de preços sem motivo justificado; II – não retirar a nota de empenho, ou instrumento equivalente, no prazo estabelecido pela Administração sem justificativa razoável; III – não aceitar manter seu preço registrado, na hipótese prevista no §2º do art. 27; ou IV – sofrer sanção prevista nos incisos III ou IV do *caput* do art. 156 da Lei nº 14.133/2021.

Impende considerar que as hipóteses de cancelamento do registro de fornecedor e de preços encontram-se estritamente de acordo com o disposto nos arts. 28 e 29 do regulamento, com redação customizada às particularidades do caso concreto, deverão ser obrigatoriamente fixadas no edital, minuta e no compromisso celebrado, conforme fixa o art. 15, inc. VIII, desse regulamento comentado.

Analisemos cada uma das referidas hipóteses.

1 Descumprir as condições da ata de registro de preços sem motivo justificado

O não cumprimento do pactuado na ata de registro de preços, sem que sejam apresentadas as pertinentes razões para o comportamento omissivo do fornecedor, pode ser uma razão para o cancelamento do registro de preço do fornecedor, conforme se observa da leitura do art. 18, inc. I, do regulamento em estudo.

Acerca do referido comportamento cuja incursão pode acarretar o cancelamento, já salientamos em outro estudo que:

> O risco é algo intrínseco no desempenho de qualquer atividade econômica, haja vista que o cumprimento de obrigações no prazo e condições pactuadas exige excessivo esforço e comprometimento de pessoas vinculadas diretamente à sua estrutura empresarial, a responsabilidade de outras colaboradores e empresas eventualmente contratadas para o referido desiderato, além da não verificação de um caso fortuito e força maior durante o referido lapso em que a obrigação deve ser cumprida.[92]

Podendo, portanto, qualquer tipo de risco impactar negativamente o cumprimento das obrigações fixadas na ata de registro de preços, deve a Administração Pública instaurar processo administrativo, de modo a permitir que o particular apresente a devida justificativa, não podendo ser tomada nenhuma outra ação que não seja notificar o particular que apresente suas razões.

Alerte-se que a incursão no comportamento fixado no inc. I do artigo em estudo somente ocorrerá a partir do momento em que a ata de registro de preços estiver plenamente em vigor.

2 Não retirar a nota de empenho, ou instrumento equivalente, no prazo estabelecido pela Administração sem justificativa razoável

Eventualmente, pode acontecer que o adjudicatário, após a celebração da ata de registro de preços, não venha retirar ou ignorar a expedição de ordem de serviço ou fornecimento, nota de empenho,

---

[92] Cf. PARZIALE, Aniello. *Sanções no âmbito das contratações das estatais:* Regime jurídico, segurança jurídica e aspectos relevantes. Rio de Janeiro: CEEJ, 2023.

autorização de funcionamento ou deixar de assinar o instrumento contratual derivado do compromisso.

Inexistindo justificativa para que o fornecedor registrado manifeste comportamento omissivo, poderá a Administração gerenciadora da ata de registro de preços instaurar processo administrativo com o escopo de buscar o cancelamento do registro do fornecedor.

Para fins de caracterização do comportamento fixado no art. 28, inc. II, o particular deve efetivamente saber que a ata de registro de preços encontra-se em vigência, o que deverá ser comprovado pela Administração para viabilizar a instauração do processo que buscará, ao seu cabo, e se for o caso, o cancelamento do registro.

É oportuno salientar que a instauração do competente processo para cancelamento da ata somente será devida caso não seja apresentada uma justificativa razoável, que deverá estar acostada de documentos que comprovem a situação que ensejou o descumprimento de sua obrigação de retirar a ordem de serviço ou fornecimento, nota de empenho, autorização de funcionamento ou deixar de assinar o instrumento contratual derivado da ata de registro de preços.

Nesse sentido, existindo comprovada justificativa para não retirar a nota de empenho, ou instrumento equivalente, que deverá ser comprovada por meio de documentos hábeis, é dever da Administração, após a apuração da ocorrência, manter o registro do particular, pois todos estão sujeitos a adversidades, que podem acontecer corriqueiramente em qualquer atividade econômica.

É de curial importância deixar claro que a instauração do devido processo somente ocorrerá caso o fornecedor não venha retirar a nota de empenho, ou instrumento equivalente, no prazo estabelecido no edital e reproduzido na ata de registro de preços.

Em eventual dúvida entre os vários prazos para cumprimento da obrigação observados no caso concreto, deverá ser utilizado aquele fixado no ato convocatório, que o particular teve acesso e entendeu ser aquele que deveria ser observado, haja vista a necessidade de cumprimento do princípio da estrita vinculação ao edital.

Para fins de incursão no comportamento tipificado no art. 28, inc. II, o particular deve efetivamente receber a comunicação administrativa que determina que o detentor da ata de registro de preços retire a nota de empenho ou instrumento equivalente, o que deverá ser comprovado pela Administração para viabilizar a instauração do processo sancionador.

3 Não aceitar manter seu preço registrado, na hipótese prevista no §2º do art. 27

Conforme fixa o art. 25 do regulamento ora comentado, poderá o detentor da ata de registro de preços apresentar um pedido de recomposição dos preços da ata, cujo processamento ocorrerá na forma prevista no art. 124, inc. II, "d", da Nova Lei de Licitações.

Assim, protocolizado pelo fornecedor junto à Administração gerenciadora, após o processamento, poderá o requerimento não comprovar a existência de fato superveniente que inviabilize a manutenção do preço registrado, o que impedirá a viabilização do pleito. Nesse caso, o pedido apresentado será indeferido pelo órgão ou pela entidade gerenciadora, devendo este cumprir o pactuado na ata na forma e em condições lá estabelecidas, sem prejuízo da apresentação de recurso contra a decisão, *in casu*, o pedido de reconsideração previsto no art. 165, inc. II, da Nova Lei de Licitações.

Dessa forma ocorrendo, o fornecedor deverá cumprir as obrigações estabelecidas na ata. Caso o particular não consiga honrar os encargos fixados no compromisso, a Administração gerenciadora da ata de registro de preços não terá alternativa a não ser proceder ao cancelamento do seu registro, ao cabo do devido processo que venha conceder o direito ao contraditório e à ampla defesa, com direito a recurso, não podendo, grife-se, ocorrer automaticamente.

Ademais, tendo em vista a caracterização de inexecução da ata, deverá a Administração também instaurar procedimento administrativo sancionador.

4 Imposição de sanção de impedimento de licitar e contratar ou declaração de inidoneidade e a possibilidade de manutenção do registro do apenado

Fixa o art. 28, *caput*, combinado com o inc. IV, que o registro do fornecedor será cancelado pelo órgão ou pela entidade gerenciadora quando o fornecedor sofrer a sanção prevista nos incisos III ou IV do *caput* do art. 156 da Lei nº 14.133/2021, vale dizer, a sanção de impedimento de licitar e contratar ou declaração de inidoneidade.

Acerca do mesmo assunto, ressalta o §1º do artigo em comento que, na hipótese de o fornecedor ser apenado com a sanção de impedimento de licitar e contratar ou declaração de inidoneidade, caso a penalidade imposta não ultrapasse o prazo de vigência da ata de registro de preços, o órgão ou a entidade gerenciadora poderá, mediante decisão fundamentada, decidir pela manutenção do registro de preços, vedadas novas contratações derivadas da ata enquanto perdurarem os efeitos da sanção.

Analisaremos os dois dispositivos conjuntamente.

Em relação aos impactos das sanções restritivas de direito sobre a ata de registro de preços, tem-se que as punições, como regra, impedem a convocação do indivíduo sancionado para que venha atender as demandas da Administração contidas no compromisso, bem como apresentar propostas de novas licitações ou contratações diretas, além de celebrar novos contratos com o Poder Público durante o período de punição.

Convém salientar, ainda, que, além de excluir o sancionado de futuros certames e contratações, tais punições, como regra, também prejudicam a continuidade da execução dos ajustes que o particular já mantém com a Administração, independentemente de seu desempenho, uma vez que a lei o impede de realizar negócios com o Governo. Vale dizer que essa ocorrência resultará na rescisão desses contratos com base no art. 92, inc. XVI, da Lei nº 14.133/2021, devendo, para tanto, ser instaurado processo administrativo rescisório para cada ajuste, independentemente do tipo de ajuste utilizado, seja ele um instrumento contratual ou equivalente.

Todavia, tem-se que a Administração Pública não pode ser prejudicada pela suspensão do direito de o particular fornecer ou manter contrato.

Sendo assim, observa-se que o art. 28, §1º, agasalha esse entendimento, inclusive manifestado pelo Egrégio Tribunal de Contas da União, prolatado no Acórdão nº 1.340/2011 – Plenário, de relatoria do Ministro Raimundo Carreiro,[93] em que foi consignado, *in verbis*:

> 7. Em acréscimo às ponderações de Sua Excelência, as quais adoto como razões de decidir, pondero que a rescisão de todos os contratos anteriormente celebrados pela empresa declarada inidônea nem sempre se mostra a solução mais vantajosa para a administração pública, pois, dependendo da natureza dos serviços pactuados, que em algumas situações não podem sofrer solução de continuidade, não seria vantajoso

---

[93] Entendimento atual conforme Acórdão nº 9.353/2020 – TCU – 1ª Câmara – Relator: Ministro Benjamin Zymler.

para a administração rescindir contratos cuja execução estivesse adequada para celebrar contratos emergenciais, no geral mais onerosos e com nível de prestação de serviços diverso, qualitativamente, daquele que seria obtido no regular procedimento licitatório.

Não se pode deixar de salientar que, para o Egrégio Superior Tribunal de Justiça, os efeitos da "declaração de inidoneidade" são *ex nunc*, ou seja, só produzem suas implicações para o futuro, não interferindo nos ajustes já celebrados, uma vez que não retroagem. Com efeito, se tal entendimento é sustentado no caso da imposição da sanção mais grave no sistema punitivo das contratações públicas, entende-se que essa exegese pode ser aplicada pelas demais, vale dizer, suspensão temporária de participação em licitação e impedimento de contratar (art. 83, inc. III, da Lei nº 13.303/2016) e do impedimento de licitar e contratar (art. 156, inc. III, da Lei nº 14.133/2021).

Para essa Corte, portanto, no âmbito do SRP, não será necessária a rescisão dos contratos já celebrados pela Administração com o particular apenado e que se encontram vigentes, conforme se verifica no acórdão prolatado nos autos do MS nº 13.964/DF, de relatoria do Ministro Teori Albino Zavascki, *in verbis*:

> ADMINISTRATIVO. DECLARAÇÃO DE INIDONEIDADE PARA LICITAR E CONTRATAR COM A ADMINISTRAÇÃO PÚBLICA. VÍCIOS FORMAIS DO PROCESSO ADMINISTRATIVO. INEXISTÊNCIA. EFEITOS *EX NUNC* DA DECLARAÇÃO DE INIDONEIDADE: SIGNIFICADO.
> (...)
> 2. Segundo precedentes da 1ª Seção, a declaração de inidoneidade "só produz efeito para o futuro (efeito *ex nunc*), sem interferir nos contratos já existentes e em andamento" (MS 13.101/DF, Min. Eliana Calmon, *DJe* de 09.12.2008). Afirma-se, com isso, que o efeito da sanção inibe a empresa de "licitar ou contratar com a Administração Pública" (Lei 8.666/93, art. 87), sem, no entanto, acarretar, automaticamente, a rescisão de contratos administrativos já aperfeiçoados juridicamente e em curso de execução, notadamente os celebrados perante outros órgãos administrativos não vinculados à autoridade impetrada ou integrantes de outros entes da Federação (Estados, Distrito Federal e Municípios). Todavia, a ausência do efeito rescisório automático não compromete nem restringe a faculdade que têm as entidades da Administração Pública de, no âmbito da sua esfera autônoma de atuação, promover medidas administrativas específicas para rescindir os contratos, nos casos

autorizados e observadas as formalidades estabelecidas nos artigos 77 a 80 da Lei 8.666/93.
3. No caso, está reconhecido que o ato atacado não operou automaticamente a rescisão dos contratos em curso, firmados pela impetrante.
4. Mandado de segurança denegado, prejudicado o agravo regimental.[94]

Ante esse entendimento, em caso de aplicação do impedimento de licitar ou declaração de inidoneidade, caso o lapso temporal da sanção não ultrapasse o prazo de vigência da ata de registro de preços, o órgão ou a entidade gerenciadora poderá, mediante decisão fundamentada, decidir pela manutenção do registro de preços, vedadas novas contratações derivadas da ata enquanto perdurarem os efeitos da sanção. Ou seja, caso os efeitos dessas sanções se encerrem em momento anterior à ocasião da extinção do compromisso, poderá a Administração voltar a acionar o detentor da ata até a expiração do prazo de sua vigência.

Avançando, estabelece o §2º do artigo em comento que o cancelamento do registro, nas hipóteses previstas no seu *caput*, será formalizado por despacho do órgão ou da entidade gerenciadora, garantidos os princípios do contraditório e da ampla defesa.

O primeiro comentário oferecido nessa oportunidade relaciona-se ao fato de que o cancelamento do "registro do fornecedor" equivale à extinção do contrato administrativo, eis que o ato de retirar o particular da ata, ou apenas de um item ou lote, quando este se sagra vencedor de mais de um, representa efetivamente o alijamento de este fornecer para a Administração Pública, restringindo um direito garantido a qualquer empresa brasileira, na forma da lei.

Sobre o tema, ensinam Edgar Guimarães e Joel Menezes Niebühr, *in verbis*:

> *O cancelamento dos preços registrados é análogo à rescisão do contrato administrativo.* O cancelamento deve ser procedido pela administração pública, garantindo-se os princípios do contraditório e ampla defesa, nos termos do artigo 5º, LV da Constituição Federal e do parágrafo único do art. 20 do Decreto Federal nº 7.892/13.[95]

---

[94] Cf. *As sanções nas contratações públicas:* as infrações, as penalidades e o processo administrativo sancionador. Belo Horizonte: Fórum, 2021, p. 218.
[95] Cf. *Registro de Preços:* aspectos práticos. Fórum, Belo Horizonte, 2008, p. 112.

Sendo assim, entende-se que o cancelamento da ata de registro de preços somente poderá ocorrer ao cabo de um procedimento administrativo que garanta a oportunidade de que o fornecedor venha apresentar defesa, bem como, e necessariamente, recurso administrativo, sob pena de violação do disposto nos incs. LIV e LV do art. 5º da Constituição da República de 1988.

Logo, é inadmitido que o cancelamento de registro de fornecedor venha a ocorrer automaticamente, com apenas um clique no sistema, sem que seja oportunizado ao particular a possibilidade de apresentação das razões existentes para afastar a pretensão estatal.

A tempo, durante a marcha do processo de penalização, enquanto não concluído o expediente sancionatório, após a decisão da fase recursal, poderá o detentor da ata de registro de preços ser demandado, sob pena de violação do princípio da presunção da inocência.

Por derradeiro, fixa o §3º do artigo ora comentado que, na hipótese de cancelamento do registro do fornecedor, o órgão ou a entidade gerenciadora poderá convocar os licitantes que compõem o cadastro de reserva, observada a ordem de classificação.

Assim, à vista do alijamento do registro de preços registrado, ao fim do processo administrativo, não restará alternativa para a Administração gerenciadora senão convocar os particulares que se encontram arrolados no cadastro de reserva.

ARTIGO 29 – CANCELAMENTO DOS PREÇOS REGISTRADOS

> Cancelamento dos preços registrados
>
> Art. 29. O cancelamento dos preços registrados poderá ser realizado pelo gerenciador, em determinada ata de registro de preços, total ou parcialmente, nas seguintes hipóteses, desde que devidamente comprovadas e justificadas:
> I – por razão de interesse público;
> II – a pedido do fornecedor, decorrente de caso fortuito ou força maior; ou
> III – se não houver êxito nas negociações, nos termos do disposto no §3º do art. 26[96] e no §4º do art. 27.[97]

1 Introdução

Observa-se que o art. 29 do regulamento federal arrola mais três hipóteses em que a Administração gerenciadora poderá extinguir antecipadamente a ata de registro de preços, na integralidade ou, ainda, algum item lá registrado.

Esclareça-se que a possibilidade de cancelamento da ata fixada no artigo em comento poderá ser total – recaindo sobre toda a ata – ou

---

[96] "Art. 26. Na hipótese de o preço registrado tornar-se superior ao preço praticado no mercado, por motivo superveniente, o órgão ou a entidade gerenciadora convocará o fornecedor para negociar a redução do preço registrado.
(...)
§3º Se não obtiver êxito nas negociações, o órgão ou a entidade gerenciadora procederá ao cancelamento da ata de registro de preços, nos termos do disposto no art. 29, e adotará as medidas cabíveis para a obtenção de contratação mais vantajosa."

[97] "Art. 27. Na hipótese de o preço de mercado tornar-se superior ao preço registrado e o fornecedor não poder cumprir as obrigações estabelecidas na ata, será facultado ao fornecedor requerer ao gerenciador a alteração do preço registrado, mediante comprovação de fato superveniente que o impossibilite de cumprir o compromisso.
(...)
§4º Se não obtiver êxito nas negociações, o órgão ou a entidade gerenciadora procederá ao cancelamento da ata de registro de preços, nos termos do disposto no art. 29, e adotará as medidas cabíveis para a obtenção da contratação mais vantajosa."

parcial – incidindo em apenas em alguns itens. Assim, considerando a inexistência de limitações ou demais condições no referido dispositivo em destaque, em nosso entender, poderá ocorrer o cancelamento da ata na integralidade, ou seja, em relação a todos os itens ou, ainda, em relação a determinados itens, ou, ainda, em relação aos quantitativos, neste caso, mantendo-se todos os itens registrados, porém reduzindo suas quantidades.

Assim, as hipóteses de cancelamento não acarretam a instauração de processo administrativo sancionatório, pois se relaciona a situações em que o particular não consegue controlar, quais sejam: razão de interesse público; observância de caso fortuito ou força maior e comprovação de fato superveniente, na forma do §3º do art. 26 e no §4º do art. 27.

Analisaremos cada uma das hipóteses em que a Administração gerenciadora poderá cancelar a ata de registro de preços:

2   Por razão de interesse público

A verificação de um determinado fato, durante a vigência de ata de registro de preços pode deter uma relevância tão significativa que poderá ser um motivo para permitir o cancelamento do compromisso com fundamento nas "razões de interesse público".

Razões de interesse público referem-se a circunstâncias excepcionais que justificam a extinção da ata de registro de preços por iniciativa da Administração, sem que exista culpa ou responsabilidade do particular contratado, uma vez ser declarado nos autos do processo administrativo que a avença não é mais conveniente para a Administração.

Lembremos que "razões de interesse público", identificadas no processo administrativo, também permitem a extinção antecipada de contratos administrativos, conforme se observa da leitura do art. 79, inc. XII, da Lei nº 8.666/1993,[98] bem como do art. 137, inc. VIII, da Lei nº 14.133/2021.[99]

---

[98] "Art. 78. Constituem motivo para rescisão do contrato: (...) XII – razões de interesse público, de alta relevância e amplo conhecimento, justificadas e determinadas pela máxima autoridade da esfera administrativa a que está subordinado o contratante e exaradas no processo administrativo a que se refere o contrato;"

[99] "Art. 137. Constituirão motivos para extinção do contrato, a qual deverá ser formalmente motivada nos autos do processo, assegurados o contraditório e a ampla defesa, as seguintes situações: (...) VIII – razões de interesse público, justificadas pela autoridade máxima do órgão ou da entidade contratante;"

São exemplos de situações que podem ser enquadradas como "razões de interesse público": recebimento por meio de doação do objeto registrado, impossibilidade de contratação do objeto registrado em razão de descontinuidade de política pública que irá repassar recursos para fazer frente à ata de registro de preços; mudanças na legislação: a alteração de uma lei ou norma pode tornar inviável a continuidade da ata ou exigir a sua modificação, impossibilitando a sua execução; falha no projeto de engenharia que inviabiliza a execução do objeto registrado; morte ou decretação de falência do fornecedor registrado na ata de registro de preços.

Acerca da extinção contratual com arrimo em razões de interesse público, entendimento que se aplica no âmbito do Sistema de Registro de Preços, leciona o saudoso jurista Diogenes Gasparini, *in verbis*:

> A rescisão administrativa em razão do interesse público funda-se na variação específica que pode sofrer esse interesse ao longo da vigência do contrato administrativo. Com efeito, o interesse público pode alterar-se e autorizar a extinção do acordo, em face, por exemplo, da inutilidade superveniente de seu objeto (construção de um prédio escolar pelo Município, contratada pouco antes de o Estado-Membro, das proximidades, abrir concorrência para a construção de um prédio destinado ao mesmo fim) ou porque a Administração Pública tem necessidade do bem cujo uso foi transferido ao contratante particular. As razões específicas de interesse público são, sim, motivos para a rescisão administrativa, ex vi do art. 78, XII, do Estatuto federal Licitatório.
> A rescisão administrativa em razão do interesse público não tem natureza punitiva, e por beneficiar a comunidade investe o contratante particular no direito de ser plenamente indenizado conforme vem decidindo os Tribunais. Esse o único direito do contratante. Vale dizer: o ex-contratante que não pode opor-se à rescisão, não tem direito a continuar no desfrute da situação criada pelo contrato, mas tão-só a uma completa indenização (§2º do art. 79 do Estatuto federal Licitatório). Por esse motivo, o então contratante particular tem direito a uma indenização pelos prejuízos sofridos e regularmente comprovados e, ainda, à devolução da garantia, ao pagamento pela execução do ajuste até à data da rescisão e ao pagamento do custo da desmobilização.[100]

---

[100] Cf. *Direito Administrativo*. 14. ed. São Paulo: Saraiva, 2009, p. 787.

Nesse sentido, leciona Marçal Justen Filho:

> Primeiramente, condicionou a rescisão à existência de razões de 'interesse público' de alta relevância e amplo conhecimento. A Adjetivação não pode ser ignorada. A eventual dificuldade em definir, de antemão, o sentido de 'alta relevância' não autoriza ignorar a exigência legal. A Administração está obrigada a demonstrar que a manutenção do contrato acarretará lesões sérias a interesses cuja relevância não é a usual. A 'alta' relevância indica uma importância superior aos casos ordinários. Isso envolve danos irreparáveis, tendo em vista a natureza da prestação ou do objeto executado (...). Há necessidade de extinguir-se o contrato porque sua manutenção será causa de conseqüências lesivas.[101]

Para que a extinção da ata de registro de preços com fundamento em razões de interesse público se revista de legalidade deverá ser consignado no processo administrativo a situação fática de alta relevância e amplo conhecimento, assegurando-se ao contratado o direito ao contraditório e à ampla defesa. Da decisão administrativa cabe recurso.

3 A pedido do fornecedor, decorrente de caso fortuito ou força maior

A observância de uma situação que caracterize caso fortuito ou força maior durante a vigência da ata de registro de preços que venha impactar negativamente no cumprimento das obrigações pactuadas pode gerar a possibilidade do cancelamento do compromisso.

Acerca do que seria caso fortuito ou força maior, nos socorremos de entendimento proposto pelo Poder Judiciário, *in verbis*:

> Quanto às diferenças, de maneira breve e simples, podemos dizer que o caso fortuito é o evento que não se pode prever e que não podemos evitar. Já os casos de força maior seriam os fatos humanos ou naturais, que podem até ser previstos, mas da mesma maneira não podem ser impedidos; por exemplo, os fenômenos da natureza, tais como tempestades, furacões, raios, etc. ou fatos humanos como guerras, revoluções, e outros. Cabe ressaltar que o tema é bastante polêmico e a

---

[101] Cf. *Comentários à Lei de Licitações e Contratos Administrativos*. 12. ed. São Paulo: Dialética, 2008, p. 786.

doutrina possui diversos conceitos para cada um deles ou para os dois quando considerados expressões sinônimas.[102]

Conceituamos, desta feita, como força maior todo fato gerado a partir da experiência humana cuja consequência impede o início ou continuidade do contrato ou ata de registro de preços na forma pactuada. Por sua vez, caso fortuito seria todo evento produzido pela natureza que, em face da sua imprevisibilidade, impossibilita o início ou continuidade da execução do contrato ou ata de registro de preços na forma pactuada.

Haja vista a temeridade que os gestores de contratos administrativos ou ata de registros de preços manifestam quando apreciam pedidos de recomposição de preços, decidir acerca da decisão de extinção antecipada de ajustes típicos ou cancelamento de atas, apresentamos exemplos de situações que se enquadram como caso fortuito e força maior:

1. desastres naturais, como inundações, fortes ou excessivas chuvas, terremotos, tornados, tempestades, deslizamentos de terra, aberturas de crateras em rodovias, inundações e outros desastres naturais que podem afetar a capacidade de uma empresa de cumprir suas obrigações;
2. guerra, intervenções militares, conflito sociais, manifestação e convulsão social cujo tamanho, densidade, continuidade pode interromper ou atrasar a execução da ata ou contrato, haja vista a possibilidade de geração da paralisação da cadeia produtiva, de logística etc., necessária para cumprir as obrigações assumidas;
3. greve de trabalhadores, *lockdown* empresarial ou demais paralisações, a exemplo dos caminhoneiros, que pode, como de fato restou comprovado, interromper ou atrasar a execução de um contrato ou ata de registro de preços, haja vista o efetivo problema de paralisação do trânsito e transporte;
4. doença epidêmica, a exemplo da covid-19, que pode, como de fato restou comprovado, afetar efetivamente a capacidade de uma empresa de cumprir suas obrigações;
5. interrupções no fornecimento de energia elétrica, água, gás encanado, problemas na rede de telecomunicações na

---

[102] Disponível em: https://www.tjdft.jus.br/institucional/imprensa/campanhas-e-produtos/direito-facil/edicao-semanal/caso-fortuito-e-forca-maior.

empresa, no canteiro de obra ou local de prestação do serviço podem afetar a capacidade de uma empresa cumprir suas obrigações;
6. problemas com fornecedores ou outros colaboradores, que podem, por tal e qual motivo, apresentarem-se impossibilitados de fornecer os produtos, equipamentos, insumos e demais materiais essenciais para a execução de um contrato;
7. falta de matéria-prima no mercado correlato, que, aliás, pode ser importado, o que pode gerar mais intercorrências, pode ser considerado um caso fortuito, pois escapa do controle do contratado e efetivamente pode prejudicar o cumprimento dos encargos contratuais.

O pedido de cancelamento da ata de registro de preços, total ou parcialmente, deverá ser instruído com as devidas informações acerca da situação fática que seja enquadrada como "caso fortuito" ou "força maior". Da negativa da Administração pública cabe recurso administrativo, *in casu*, pedido de reconsideração, devidamente previsto no art. 165, II, da Nova Lei de Licitações.

4 Inexistência de êxito nas negociações, nos termos do disposto no §3º do art. 26 e no §4º do art. 27

Fixa o inc. III do art. 29 do regulamento federal de registro de preços que, na impossibilidade de êxito nas negociações na hipótese de o preço registrado tornar-se superior ao preço praticado no mercado (art. 26), e no caso em que preço de mercado tornar-se superior ao preço registrado (art. 27), surge a possibilidade de a Administração gerenciadora da ata de registro de preços colocar cabo ao compromisso, por meio de regular procedimento administrativo.

Vejamos o que diz o §3º do art. 26 e o §4º do art. 27 do regulamento federal de registro de preços:

> Art. 26. Na hipótese de o preço registrado tornar-se superior ao preço praticado no mercado, por motivo superveniente, o órgão ou a entidade gerenciadora convocará o fornecedor para negociar a redução do preço registrado.
> (...)
> §3º Se não obtiver êxito nas negociações, o órgão ou a entidade gerenciadora procederá ao cancelamento da ata de registro de preços, nos

termos do disposto no art. 29, e adotará as medidas cabíveis para a obtenção de contratação mais vantajosa.

Art. 27. Na hipótese de o preço de mercado tornar-se superior ao preço registrado e o fornecedor não poder cumprir as obrigações estabelecidas na ata, será facultado ao fornecedor requerer ao gerenciador a alteração do preço registrado, mediante comprovação de fato superveniente que o impossibilite de cumprir o compromisso.

(...)

§4º Se não obtiver êxito nas negociações, o órgão ou a entidade gerenciadora procederá ao cancelamento da ata de registro de preços, nos termos do disposto no art. 29, e adotará as medidas cabíveis para a obtenção da contratação mais vantajosa.

Observa-se que o cancelamento da ata de registro de preços, em ambas as hipóteses, será o caminho necessário para viabilizar a contratação do objeto registrado pretenso por outros meios, pois, como é sabido, em momento anterior, convocaram-se todos os particulares para que estes assumissem a condição de detentores da ata, porém, sem sucesso.

ARTIGO 30 – PROCEDIMENTOS PARA REMANEJAMENTO DE QUANTITATIVOS

CAPÍTULO VII
DO REMANEJAMENTO DAS QUANTIDADES REGISTRADAS NA ATA DE REGISTRO DE PREÇOS

Procedimentos

Art. 30. As quantidades previstas para os itens com preços registrados nas atas de registro de preços poderão ser remanejadas pelo órgão ou pela entidade gerenciadora entre os órgãos ou as entidades participantes e não participantes do registro de preços.
§1º O remanejamento de que trata o caput somente será feito:
I – de órgão ou entidade participante para órgão ou entidade participante; ou
II – de órgão ou entidade participante para órgão ou entidade não participante.
§2º O órgão ou a entidade gerenciadora que tiver estimado as quantidades que pretende contratar será considerado participante para fins do remanejamento de que trata o caput.
§3º Na hipótese de remanejamento de órgão ou de entidade participante para órgão ou entidade não participante, serão observados os limites previstos no art. 32.
§4º Para fins do disposto no caput, competirá ao órgão ou à entidade gerenciadora autorizar o remanejamento solicitado, com a redução do quantitativo inicialmente informado pelo órgão ou pela entidade participante, desde que haja prévia anuência do órgão ou da entidade que sofrer redução dos quantitativos informados.
§5º Caso o remanejamento seja feito entre órgãos ou entidades de Estados, do Distrito Federal ou de Municípios distintos, caberá ao fornecedor beneficiário da ata de registro de preços, observadas as condições nela estabelecidas, optar pela aceitação ou não do fornecimento decorrente do remanejamento dos itens.

§6º Na hipótese de compra centralizada, caso não haja indicação, pelo órgão ou pela entidade gerenciadora, dos quantitativos dos participantes da compra centralizada, nos termos do disposto no §2º, a distribuição das quantidades para a execução descentralizada ocorrerá por meio de remanejamento.

Pode ocorrer que, por qualquer motivo, que os quantitativos registrados não sejam suficientes para atender a demanda manifestada pelo órgão ou entidade com o objeto pretenso, mesmo após a realização de acréscimo quantitativo do objeto contratado com lastro na ata, lembremos.

Quando assim for observado, fixa o art. 30 do regulamento federal que as quantidades previstas para os itens com preços registrados nas atas de registro de preços poderão ser remanejadas pelo órgão ou pela entidade gerenciadora, podendo tais itens ser repartidos entre os órgãos ou às entidades das participantes e não participantes do registro de preços.

Para tanto, observa-se no §1º do referido artigo as condições para realização desse expediente. Sendo assim, o remanejamento somente ocorrerá: I – de órgão ou entidade participante para órgão ou entidade participante; ou II – de órgão ou entidade participante para órgão ou entidade não participante.

Pela leitura, nos parece que não poderão os quantitativos dos órgãos não participantes (aderentes ou caroneiros), após a seu regular processamento e autorização da adesão, ser remanejados para os órgãos participantes, vale dizer, aqueles que apresentaram a sua demanda.

O §2º do artigo em comento fixa que o órgão ou a entidade gerenciadora que estimou as quantidades que pretendeu contratar também será considerada participante para fins do remanejamento. Ou seja, seu quantitativo também poderá ser repartido e distribuído aos participantes ou aderentes.

Estabelece o §3º do dispositivo legal examinado que, na hipótese de remanejamento de quantitativos registrados para um órgão ou de entidade participante para um órgão ou entidade não participante (carona), serão observados os limites previstos no art. 32. No tocante a tais limites, não poderá ocorrer adesões cujo quantitativo total aderido não ultrapasse o dobro das quantidades totais consignadas na ata de registro de preços e não poderá o aderente realizar contratações que ultrapassem a metade do quantitativo registrado.

De modo a organizar o remanejamento dos quantitativos entre administrações, estabelece o §4º do art. 30 do regulamento que competirá ao órgão ou à entidade gerenciadora autorizar o remanejamento formalmente solicitado, sob pena de perda de controle da ata e geração de prejuízo ao planejamento administrativo dos demais participantes.

Ressalte-se que tal autorização que o regulamento exige deve ser expressa, não podendo a pretensão de fornecimento avançar administrativamente sem que tal aquiescência seja manifestada, sob pena de caracterização de contratação verbal, incidindo tanto os servidores como o detentor da ata em responsabilização conforme prega a lei.

Outrossim, deverá existir prévia e expressa anuência pela autoridade competente do órgão ou entidade que terá seus quantitativos reduzidos com o remanejamento, haja vista que o planejamento administrativo utilizando o objeto e o correspondente quantitativo registrados poderá ser prejudicado com a diminuição superveniente.

Somente após a anuência da Administração que terá o seu quantitativo reduzido, e da autorização do gerenciador do SRP é que ocorrerá a efetiva diminuição das quantidades registradas em ata, que, logicamente, ainda não foi objeto de consumo ou contratação.

Com efeito, a transferência aumentará a quantidade do objeto registrado para uma administração participante, ou viabilizará a adesão à ata de registro de preços, caso o remanejamento seja destacado para uma administração, na condição de aderente.

Por mais que o detentor da ata de registro de preços e Administração que demande o quantitativo venham a dialogar a respeito do futuro remanejamento, a sua efetivação somente deverá ocorrer após a conclusão da operacionalização que consta do artigo em comento, devendo, portanto, existir cautela e paciência para evitar responsabilização.

Outrossim, de modo a evitar problemas para a Administração que terá seu quantitativo reduzido, não deve haver celebração do contrato ou emissão de instrumento equivalente antes da concretização do expediente em estudo, principalmente a anuência do participante, pois com a redução do quantitativo podem as futuras contratações públicas realizadas por ele passarem a ser ilegais. Resta claro que poderá o órgão que terá seu quantitativo negar tal remanejamento.

Em vista da dimensão continental do Brasil, oportunamente, reza o §5º do artigo regulamentar que, caso o remanejamento ocorra entre órgãos e entidades de Estados, do Distrito Federal ou de Municípios distintos, caberá ao fornecedor beneficiário da ata de registro de preços, observadas as condições nela estabelecidas, optar pela aceitação ou não do fornecimento decorrente do remanejamento dos itens.

Com efeito, objetivando evitar prejuízos ao fornecedor detentor da ata, uma vez que o remanejamento dos quantitativos pode gerar despesas não previstas em sua proposta, principalmente aquelas relacionadas ao custo de transporte quando o objeto registrado tratar de fornecimento ou, em caso de ata de prestação de serviço ou obras, aumento do valor do insumo aplicado ou da mão de obra a ser paga em um local que não foi levado em consideração no momento em que o particular encontrava-se elaborando a sua proposta comercial.

Por derradeiro, estabelece o §6º do art. 30 que, na hipótese de compra centralizada, caso não haja indicação, pelo órgão ou pela entidade gerenciadora, dos quantitativos dos participantes da compra centralizada, nos termos do disposto no §2º, a distribuição das quantidades para a execução descentralizada ocorrerá por meio de remanejamento.

ARTIGO 31 – REGRA GERAL DA ADESÃO DAS ATAS

CAPÍTULO VIII
DA UTILIZAÇÃO DA ATA DE REGISTRO DE PREÇOS POR ÓRGÃOS OU ENTIDADES NÃO PARTICIPANTES

Regra geral

Art. 31. Durante a vigência da ata, os órgãos e as entidades da Administração Pública federal, estadual, distrital e municipal que não participaram do procedimento de IRP poderão aderir à ata de registro de preços na condição de não participantes, observados os seguintes requisitos:[103]
I – apresentação de justificativa da vantagem da adesão, inclusive em situações de provável desabastecimento ou de descontinuidade de serviço público;
II – demonstração da compatibilidade dos valores registrados com os valores praticados pelo mercado, na forma prevista no art. 23 da Lei nº 14.133, de 2021; e
III – consulta e aceitação prévias do órgão ou da entidade gerenciadora e do fornecedor.
§1º A autorização do órgão ou da entidade gerenciadora apenas será realizada após a aceitação da adesão pelo fornecedor.
§2º Após a autorização do órgão ou da entidade gerenciadora, o órgão ou a entidade não participante efetivará a aquisição ou a

---

[103] Fundamento legal: Art. 86, §2º – "§2º Se não participarem do procedimento previsto no caput deste artigo, os órgãos e entidades poderão aderir à ata de registro de preços na condição de não participantes, observados os seguintes requisitos:
I – apresentação de justificativa da vantagem da adesão, inclusive em situações de provável desabastecimento ou descontinuidade de serviço público;
II – demonstração de que os valores registrados estão compatíveis com os valores praticados pelo mercado na forma do art. 23 desta Lei;
III – prévias consulta e aceitação do órgão ou entidade gerenciadora e do fornecedor".

contratação solicitada em até noventa dias, observado o prazo de vigência da ata.

§3º O prazo previsto no §2º poderá ser prorrogado excepcionalmente, mediante solicitação do órgão ou da entidade não participante aceita pelo órgão ou pela entidade gerenciadora, desde que respeitado o limite temporal de vigência da ata de registro de preços.

§4º O órgão ou a entidade poderá aderir a item da ata de registro de preços da qual seja integrante, na qualidade de não participante, para aqueles itens para os quais não tenha quantitativo registrado, observados os requisitos previstos neste artigo.

1 Introdução

Extremamente criticada no âmbito da Lei nº 8.666/93, sendo, inclusive, julgada por alguns autores como inconstitucional,[104] a adesão ou a comumente "carona" à ata de registro de preços – que se caracteriza como a possibilidade de utilização do compromisso por órgão ou entidade que não apresentou, no momento oportuno, os seus quantitativos para determinado objeto – passou a ser devidamente consignada da Nova Lei de Licitações, conforme se observa de seu art. 86, §2º.

Demais disso, a adesão à ata de registro de preços apresenta relevância no âmbito das contratações públicas conforme se observa da leitura do art. 3º, inc. IV, que o SRP poderá ser adotado quando a

---

[104] Sobre tal entendimento, manifesta-se Joel de Menezes Niebuhr, *in verbis*: "Cumpre reconhecer que para os agentes administrativos, a adesão à ata de registro de preços é algo extremamente cômodo, porquanto os desobriga de promover licitação. Em vez de lançar processo licitatório – com todos os desgastes e riscos que lhe são inerentes –, basta achar alguma ata de registro de preços pertinente ao objeto que se pretenda contratar, e, se as condições da referida ata forem convenientes, contratar diretamente, sem maiores burocracias e formalidades. Daí a ampla, efusiva e até mesmo passional acolhida da adesão à ata de registro de preços pela Administração Pública. O autor deste livro é contrário à figura da ata de registro de preços e tem exposto os seus argumentos já não é de hoje. Em janeiro de 2006, publicou artigo intitulado 'Carona' em ata de registro de preços: atentado veemente aos princípios de direito administrativo, embora já tecesse críticas desde o nascedouro da adesão. Propunha-se a demonstrar que a adesão à ata de registro de preços opunha-se a uma plêiade de princípios de direito administrativo, por isto inconstitucional e ilegal. Na mais tênue hipótese, desferia agravos aos princípios da legalidade, isonomia, vinculação ao edital, moralidade administrativa, impessoalidade e economicidade. As alterações no perfil da adesão à ata de registro de preços e os limites que foram sendo estabelecidos por sucessivos decretos até desaguar na Lei n. 14.133/2021 não mudam substancialmente o quadro de inconstitucionalidade. A Lei n. 14.133/2021 apenas desfez a agressão ao princípio da legalidade – dado que agora a adesão ganhou estatura legal. Os demais princípios permanecem violados." (*Licitação pública e contrato administrativo*. Belo Horizonte: Fórum, 2022, p. 897).

Administração julgar pertinente, em especial quando for atender à execução descentralizada de programa ou projeto federal, por meio de compra nacional ou através de "carona adesão".

Sendo assim, ante previsão legal, passam os arts. 31 e 32 a fixar os pormenores que deverão ser devidamente observados e implementados para fins de melhor operacionalização da adesão da ata de registro de preço.

Iniciamos os nossos comentários aos referidos requisitos apontando que se encontra claro no regulamento ser permitido que todos os órgãos e entidades federais, estaduais, distritais e municipais venham a aderir a atas de registro de preços processadas por uma Administração federal.

2 Da necessidade da adesão à ata de registro de preços ocorrer durante a vigência da ata

De sua vez, estabelece o *caput* do art. 31 que a adesão à ata de registro de preços deverá ocorrer durante a sua vigência, cabendo, inclusive, a sua realização no seu último dia.

Nesse sentido, é oportuno registrar que a ata de registro de preços equipara-se a um "contrato a termo", tendo como principal característica a automática extinção do compromisso com o defluxo do lapso temporal lá fixado, sem a necessidade de ocorrência de demais formalidades, a exemplo da edição de um ato administrativo que declare a extinção. Em outras palavras, após a extinção da ata de registro de preços, todas as contratações que se arrimarem no referido compromisso serão ilegais.

Os contratos administrativos celebrados durante a vigência de uma ata que, ato contínuo, venham a expirar, permanecem vigentes, podendo, inclusive, ser prorrogados, se for o caso.

Com efeito, que reste claro que o prazo de vigência de um contrato administrativo não estará vinculado ao prazo de vigência da ata de registro de preços, devendo ser observada a disciplina contida na Lei nº 8.666/93 ou nº 14.133/2021.

3 Condições para realização de adesão a atas de registros de preços

Observa-se que o art. 31 é claro ao permitir que tanto órgãos e entidades federais, estaduais, distritais e municipais realizem a adesão às atas de registro de preços processados pela administração pública federal, especialmente em razão da existência das compras nacionais, em que as condições fixadas em políticas públicas submetidas aos Estados, Municípios e Distrito Federal podem exigir a aquisição dos bens ou serviços previstos em ata de registro de preços federal, fato que justifica a adesão ao compromisso.

Reproduzindo o disposto no art. 86, §2º, da Nova Lei de Licitações, estabelece o *caput* do art. 31 que durante a vigência da ata de registro de preços poderão os órgãos e as entidades da Administração Pública federal estadual distrital e municipal que não apresentaram suas demandas no IRP aderir à ata, desde que preencham os seguintes requisitos: 1. apresentação de justificativa da vantagem da adesão, inclusive em situações de provável desabastecimento ou descontinuidade de serviço público; 2. demonstração de que os valores registrados estão compatíveis com os valores praticados pelo mercado na forma da art. 23 da NLLC; 3. prévia consulta e aceitação do órgão ou entidade gerenciadora e do fornecedor.

3.1 Demonstração da vantajosidade

Analisando tais requisitos, conclui-se que a primeira condição para inaugurar o procedimento para adesão à ata de registro de preços é a edição de ato administrativo que assenta a justificativa da vantagem[105] da adesão ou carona, devendo ali todas as razões serem declinadas para que, de forma extraordinária, a Administração Pública não venha instaurar uma licitação pública, na forma estabelecida na Lei nº 14.133/2021, e busque o atalho que permitirá o fornecimento do objeto ou prestação de serviço ou obra com uma maior velocidade.

Com efeito, tem-se que o regulamento exige que a justificativa da pretensão de adesão deva ser apresentada, inclusive, em casos extremos, onde ocorrer eventualmente situações de desabastecimento ou de descontinuidade no serviço público, pois adversidades dessa natureza não podem autorizar a adesão de preço, tem que ser apresentada uma justificativa de vantajosidade.

De modo a conferir efetivamente a vantajosidade na adesão, o que é necessário, haja vista a necessidade de referência ao princípio da

---

[105] "9.8.4. a aquisição de itens por meio de adesão a ata de registro de preços de outras unidades gestoras deve ser precedida da demonstração da vantajosidade econômica, nos termos do art. 22, caput, do Decreto 7.892/2013;" (Acórdão nº 375/2017 – TCU – Plenário.)

economicidade, que se encontra expressamente previsto no art. 5º da Lei nº 14.133/2021 e art. 70 da CF/88, é dever da futura Administração Pública aderente demonstrar a compatibilidade dos valores registrados na ata de registro de preços com os valores praticados no mercado correlato e local, de modo a efetivamente demonstrar a vantajosidade ao Erário, na forma estampada no art. 23 da Nova Lei de Licitações.[106]

3.2 Autorização da entidade ou do órgão gerenciador e da anuência do fornecedor

Ademais, deverá ser demonstrado, por meio de competentes documentos, que o órgão que pretende aderir à ata de registro de preço consultou, e teve a resposta positiva e prévia, da entidade ou órgão gerenciador da ata de registro de preço, que tem por competência, dentre outras, controlar todos os quantitativos registrados, além do fornecedor, que deverá anuir ou concordar com a nova entrega, haja vista a possibilidade de a referida carona se demonstrar totalmente antieconômica para o particular, circunstância que a anuência deverá ser negada.

De modo a evitar que a Administração Pública gerenciadora seja sobrecarregada de pedidos de adesão à ata de registro de preços que podem não prosperar, em razão, por exemplo, da não anuência do fornecedor, fixa o §1º do art. 31 do regulamento em estudo que a autorização do órgão ou da entidade gerenciadora apenas será realizada após a aceitação da adesão pelo fornecedor, circunstância que deverá ser demonstrada ao gerenciador.

Entende-se que deverá o processo administrativo que busca viabilizar a adesão à ata de registro de preços ser submetido à assessoria jurídica, tanto do gerenciador como do aderente ao compromisso,[107]

---

[106] "9.3.2. como órgão gerenciador, somente admita futuras adesões (...), por outros órgãos e entidades não participantes, se estiverem devidamente justificadas, mediante a realização de estudo que demonstre o ganho de eficiência, a viabilidade e a economicidade na utilização da ata de registro de preços, conforme determinado no art. 22 do Decreto 7.892/2013;" (Acórdão nº 2.611/2019 – TCU – 2ª Câmara).

[107] "II) O ÓRGÃO PARTICIPANTE E O ÓRGÃO NÃO PARTICIPANTE DO SISTEMA DE REGISTRO DE PREÇOS PODERÃO SOLICITAR MANIFESTAÇÃO DAS RESPECTIVAS CONSULTORIAS JURÍDICAS QUE LHES PRESTAM ASSESSORAMENTO ACERCA DA JURIDICIDADE DO PROCESSO DE CONTRATAÇÃO OU ADESÃO, ESPECIALMENTE NOS CASOS EM QUE HAJA DÚVIDA DE ORDEM JURÍDICA OBJETIVAMENTE EXPOSTA." (AGU – Orientação Normativa nº 64, de 29 de maio de 2020).

de modo a controlar a legalidade deste expediente, evitando, assim, apontamentos ou reprovações dos órgãos de controle.

3.3 Prazo máximo para a conclusão da adesão

Com o escopo de evitar abusos e desvio de finalidade nas contratações decorrentes da adesão à ata de registro de preços, estabelece o §2º do art. 31 que, após a autorização do órgão ou da entidade gerenciadora, além da anuência do particular, a administração não participante efetivará a aquisição ou a contratação solicitada em até noventa dias, em nosso sentir, corridos, observado o prazo de vigência da ata.

Com efeito, uma contratação decorrente da adesão deve ser realizada imediatamente ou sem maiores interrupções no fluxo da processualidade administrativa necessária, uma vez que a carona se presta a contratar objeto que fugiu de efetivo planejamento administrativo ou que detenha certa urgência ou importância, nos parecendo que o prazo máximo de 90 dias para concluir a contratação do objeto aderido seja um lapso até excessivo.

Sobre esta questão, tendo em vista que para toda regra há uma exceção, o §3º fixa que o prazo previsto no §2º, vale dizer, 90 dias, diga-se, corridos, poderá ser prorrogado excepcionalmente, mediante solicitação do órgão ou da entidade não participante aceita pelo órgão ou pela entidade gerenciadora, desde que respeitado o limite temporal de vigência da ata de registro de preços. O que chama a atenção no referido parágrafo é o fato de que a adesão à ata de registro de preços deverá ser realizada até o último dia útil de vigência da ata.

3.4 Da possibilidade de o órgão participante figurar como aderente

No tocante ao §4º do artigo comentado, causa-nos certa perplexidade, pois a sua expressa previsão nos parece ser desnecessária. A lógica jurídica indica que, se é oferecida a possibilidade de qualquer órgão ou entidade aderir a uma ata de registro de preços, esse mesmo direito não seria tolhido de quem efetivamente participou do processo licitatório na condição de participante, mas, contudo, não apresentou os quantitativos para um determinado item que, em um primeiro momento, entendeu ser desnecessário.

De qualquer sorte, estabelece o §4º que o órgão ou a entidade poderá aderir a item da ata de registro de preços da qual seja integrante, na qualidade de não participante, para aqueles itens para os quais não tenha quantitativo registrado, observados os requisitos previstos nesse artigo.

3.5 Da necessidade de contratação do objeto registrado

Não poderá o órgão ou entidade aderente realizar contratações daquilo que não se encontrar registrado, devendo apenas e unicamente ser fornecido ou ser prestado o objeto cujo preço tenha sido registrado, nas especificações previstas na ata de registro de preços, sob pena de caracterização de burla à licitação.

Sobre tal questão, o Tribunal de Contas da União já fixou que:

> 1.7.2. dar ciência ao Instituto de Tecnologia em Imunobiológicos (Bio-Manguinhos) da ocorrência das seguintes irregularidades (...):c) possibilidade de autorização de adesões às atas de registro de preços, (...), o que não é permitido quando o objeto da contratação reflete necessidades especiais do órgão, como a indicação de marca, o que contraria a jurisprudência deste Tribunal, conforme exposto no Acórdão 2600/2017-TCU-Plenário. (Acórdão nº 659/2018 – TCU – Plenário)

4 Entendimentos dos Tribunais de Contas sobre a adesão às atas de registro de preços

- "1) Durante o regime de transição do art. 191 da Lei nº 14.133/21, a Administração poderá optar pela aplicação da Lei nº 14.133/21 ou da Lei nº 8.666/93 como critério de comprovação para viabilidade de adesão 'carona' à ARP licitada sob a égide da Lei nº 8.666/93. 2) Caso opte pelos critérios de adesão da Lei nº 8.666/93, deverá demonstrar a vantajosidade na adesão respeitando os regulamentos da antiga lei (Decreto Federal nº 7.892/2013 e Decreto Estadual nº 840/2017) e o marco temporal estabelecido no art. 193, II, Lei nº 14.133/2021. 3) Caso opte pelos critérios da Lei nº 14.133/2021, admite-se a adesão à ata de registro de preços por órgão ou entidade que não participou do procedimento licitatório, desde que sejam obedecidas as condicionantes dispostas no seu art. 86, §2º ao §8º do novo regramento legal. No âmbito do Estado de Mato Grosso, o Decreto Estadual nº 1.525/2022 admitiu a adesão dos órgãos e entidades estaduais que não participaram do procedimento licitatório a atas de registros de preços na qualidade de "carona", desde que demonstrada a vantajosidade na adesão, bem como respeitadas as demais condicionantes disciplinadas nos artigos 213 e 214 do mesmo decreto. 4) Após o marco temporal do art. 193, II, da Lei nº 14.133/21, o órgão ou entidade não participante poderá aderir como 'carona' em eventual ARP ainda vigente apenas se atender aos critérios de comprovação para viabilidade/vantajosidade previstas na Lei nº 14.133/21 (e regulamentos), tendo em vista a aplicação obrigatória do novo regime. 5) Embora a Administração Pública possa fundamentar a adesão à ARP em critérios de comprovação de vantajosidade da Nova Lei de Licitações, a ARP registrada de acordo com a Lei no 8.666/93 deverá ter seu contrato respectivo regido pelas regras nela previstas durante toda a sua vigência, conforme prevê o art. 191, parágrafo único da Lei nº 14.133/21. 6) Admite-se no âmbito da Administração Pública Estadual, de forma excepcional, a alteração do produto registrado em ata de registro de preço constituída no regime da Lei nº 8.666/1993, desde que não ocasione a transfiguração do objeto originalmente constante na ata, devendo a empresa registrada comprovar a impossibilidade ou dificuldade momentânea ou definitiva de obtenção do produto anterior, nas condições pactuadas e ofertar novo produto com características equivalentes ou superiores às registradas anteriormente, sem acréscimos financeiros, atendidos, ainda, os demais requisitos e procedimentos previstos nos artigos 94 e 95 do Decreto Estadual nº 840/2017. 7) A alteração do produto registrado em Ata de Registro de Preços deve ser formalizada em termo aditivo e valerá somente para as adesões supervenientes, nos termos do §2º do art. 95 do Decreto Estadual nº 840/2017" (TCE/MT – Resolução de Consulta nº 1/2023 – PP – Processo nº 48.010-0/2023)

- "Ementa: TRIBUNAL DE JUSTIÇA DO ESTADO DE MATO GROSSO. CONSULTA. LICITAÇÃO. ADESÃO À ATA DE REGISTRO DE PREÇOS. PRORROGAÇÃO. A órgãos e entidades que não participaram da licitação resultante no registro de preços é admitida a adesão a ata constituída sob a égide da Lei nº 8.666/1993, cuja vigência se estende por mais de um ano em decorrência de prorrogação amparada em legislação local, desde que justificada a vantagem da adesão, com evidenciação de que os valores registrados estão compatíveis com os praticados pelo mercado, realizada prévia consulta ao órgão gerenciador, obtida aceitação do fornecedor e cumpridas as demais condicionantes previstas em legislação local do órgão gerenciador da ata de registro de preços. A possibilidade decorre do entendimento adotado e incorporado pela Lei n.º 14.133/2021 (art. 84), que possui aplicação imediata ao caso, inclusive para as situações praticadas com base na Lei n.º 8.666/1993". (TCE/MT – Resolução de Consulta nº 3/2023 – PP – Processo nº 48.117-3/2023)

ARTIGO 32 – LIMITES PARA AS ADESÕES DAS ATAS

Limites para as adesões

Art. 32. Serão observadas as seguintes regras de controle para a adesão à ata de registro de preços de que trata o art. 31:
I – as aquisições ou as contratações adicionais não poderão exceder, por órgão ou entidade, a cinquenta por cento dos quantitativos dos itens do instrumento convocatório registrados na ata de registro de preços para o órgão ou a entidade gerenciadora e para os órgãos ou as entidades participantes;[108] e
II – o quantitativo decorrente das adesões não poderá exceder, na totalidade, ao dobro do quantitativo de cada item registrado na ata de registro de preços para o órgão ou a entidade gerenciadora e os órgãos ou as entidades participantes, independentemente do número de órgãos ou entidades não participantes que aderirem à ata de registro de preços.[109]
§1º Para aquisição emergencial de medicamentos e de material de consumo médico-hospitalar por órgãos e entidades da Administração Pública federal, estadual, distrital e municipal, a adesão à ata de registro de preços gerenciada pelo Ministério da Saúde não estará sujeita ao limite de que trata o inciso II do caput.[110]

---

[108] Fundamento legal: Art. 86, §4º – "§4º As aquisições ou as contratações adicionais a que se refere o §2º deste artigo não poderão exceder, por órgão ou entidade, a 50% (cinquenta por cento) dos quantitativos dos itens do instrumento convocatório registrados na ata de registro de preços para o órgão gerenciador e para os órgãos participantes".

[109] Fundamento legal: Art. 86, §5º – "§5º O quantitativo decorrente das adesões à ata de registro de preços a que se refere o §2º deste artigo não poderá exceder, na totalidade, ao dobro do quantitativo de cada item registrado na ata de registro de preços para o órgão gerenciador e órgãos participantes, independentemente do número de órgãos não participantes que aderirem".

[110] Fundamento legal: Art. 86, §7º – "§7º Para aquisição emergencial de medicamentos e material de consumo médico-hospitalar por órgãos e entidades da Administração Pública federal, estadual, distrital e municipal, a adesão à ata de registro de preços gerenciada pelo Ministério da Saúde não estará sujeita ao limite de que trata o §5º deste artigo".

§2º A adesão à ata de registro de preços por órgãos e entidades da Administração Pública estadual, distrital e municipal poderá ser exigida para fins de transferências voluntárias, hipótese em que não ficará sujeita ao limite de que trata o inciso II do caput, desde que:[111]

I – seja destinada à execução descentralizada de programa ou projeto federal; e

II – seja comprovada a compatibilidade dos preços registrados com os valores praticados no mercado, na forma prevista no art. 23 da Lei nº 14.133, de 2021.

1 Moldura legal

Fixadas no art. 31 as condições para que Administrações federais, estaduais, distritais e municipais acessem a ata de registro de preço da União por meio de adesão, passa o art. 32 do regulamento ora comentado melhor delinear o constante do art. 86, §§4º e 5º, da Nova Lei de Licitações, cujo teor estabelece as balizas controladoras para o órgão gerenciador, cujo teor vale a pena reproduzir:

> §4º As aquisições ou as contratações adicionais a que se refere o §2º deste artigo não poderão exceder, por órgão ou entidade, a 50% (cinquenta por cento) dos quantitativos dos itens do instrumento convocatório registrados na ata de registro de preços para o órgão gerenciador e para os órgãos participantes.
>
> §5º O quantitativo decorrente das adesões à ata de registro de preços a que se refere o §2º deste artigo não poderá exceder, na totalidade, ao dobro do quantitativo de cada item registrado na ata de registro de preços para o órgão gerenciador e órgãos participantes, independentemente do número de órgãos não participantes que aderirem.

Cumpre-nos dizer que o conteúdo jurídico constante do regulamento, naquilo que diz respeito ao inc. I do artigo em comento, reproduzindo as disposições do §4º do art. 86 da NLLC, profere que as aquisições ou as contratações de serviços ou obras adicionais, entenda-se,

---

[111] Fundamento legal: Art. 86, §6º – "§6º A adesão à ata de registro de preços de órgão ou entidade gerenciadora do Poder Executivo federal por órgãos e entidades da Administração Pública estadual, distrital e municipal poderá ser exigida para fins de transferências voluntárias, não ficando sujeita ao limite de que trata o §5º deste artigo se destinada à execução descentralizada de programa ou projeto federal e comprovada a compatibilidade dos preços registrados com os valores praticados no mercado na forma do art. 23 desta Lei".

processadas no âmbito da adesão ao SRP, não poderão exceder, por órgão ou entidade, a cinquenta por cento dos quantitativos dos itens do instrumento convocatório registrados na ata de registro de preços para o órgão ou a entidade gerenciadora e para os órgãos ou entidades participantes.

Melhor explicando, vamos supor que uma entidade gerenciadora, após consolidar o quantitativo de várias administrações participantes, realizou uma licitação e celebrou uma ata de registro de preços para a aquisição de papel sulfite A4. A ata registra um preço unitário de R$10,00 para cada resma de papel sulfite, sendo que a quantidade registrada no compromisso foi de 100.000 resmas.

Com base nas regras de controle estabelecidas no art. 32, inc. I, a adesão realizada por um órgão ou entidade participante que deseje aderir à ata de registro de preços deverá estar limitada ao máximo de 50% desse quantitativo, ou seja, no máximo, 50.000 resmas de papel sulfite.

Por sua vez, verificando o conteúdo jurídico constante do regulamento, fixa o inc. II, reproduzindo o disposto no §5º do art. 86 da NLLC, que o quantitativo decorrente das adesões não poderá exceder, na totalidade, ao dobro do quantitativo de cada item registrado na ata de registro de preços para o órgão ou a entidade gerenciadora e os órgãos ou entidades participantes, independentemente do número de órgãos ou entidades não participantes que aderirem à ata de registro de preços.

Com arrimo no exemplo acima colacionado, o quantitativo total de resmas de papel sulfite adquirido por todos os órgãos e entidades participantes não poderá ultrapassar o dobro da quantidade registrada na ata, ou seja, no máximo, 200.000 resmas de papel sulfite.

Observa-se flagrante limitação quando da realização da adesão de ata de registro de preços, pois, levando-se o quantitativo registrado no exemplo acima colacionado (200.000 resmas de papel sulfite), deferindo a gerenciadora a adesão da quantidade máxima permitida pela lei, que no caso concreto restará fixada em 50.000 resmas, observa-se a possibilidade de realização apenas quatro adesões.

Logo, há uma tendência de a Administração gerenciadora não deferir a adesão no volume máximo admitido por lei, tendo em vista a possibilidade de atender várias Administrações que não realizaram o adequado planejamento administrativo, fato caracterizado pelo não encaminhamento da sua demanda, ou, ainda, em caso de o órgão ou entidade não ter demandado o objeto naquela ocasião.

Considerando que para toda regra há exceção, o §1º do artigo em comento disciplina que, para aquisição emergencial de medicamentos e de material de consumo médico-hospitalar, por órgãos e entidades da Administração Pública federal, estadual, distrital e municipal, a adesão à ata de registro de preços gerenciada pelo Ministério da Saúde não estará sujeita ao limite de que trata o inc. II do *caput*, vale dizer, dobro do quantitativo de cada item registrado na ata de registro de preços, para o órgão ou a entidade gerenciadora e os órgãos ou entidades participantes.

Dessume-se, portanto, que a adesão à ata de registro de preços federal poderá ser exigida para fins de transferências voluntárias. Nesse sentido, o §2º do artigo em comento fixa que a adesão à ata de registro de preços por órgãos e entidades da Administração Pública estadual, distrital e municipal poderá ser exigida para fins de transferências voluntárias, hipótese em que não ficará sujeita ao limite de que trata o inc. II do *caput*, desde que: I – seja destinada à execução descentralizada de programa ou projeto federal; e II – seja comprovada a compatibilidade dos preços registrados com os valores praticados no mercado, na forma prevista no art. 23 da Lei nº 14.133/2021.

2 Impossibilidade de ocorrência de permissão de adesão à ata para aquisição de itens listados no grupo, isoladamente

Em caso de ata de registro de preços por lotes é proibido permitir a adesão à ata para aquisição de itens listados no grupo, isoladamente, por outros órgãos não participantes.

Sobre essa questão, o Acórdão nº 2.977/2012 – Plenário do TCU, já tratou deste assunto, nos seguintes termos:

> A adjudicação por grupo, em licitação para registro de preços, sem robustas, fundadas e demonstradas razões (fáticas e argumentativas) que a sustente, revela-se sem sentido quando se atenta para o evidente fato de que a Administração não está obrigada a contratar a composição do grupo a cada contrato, podendo adquirir isoladamente cada item, no momento e na quantidade que desejar. Essa modelagem torna-se potencialmente mais danosa ao erário na medida em que diversos outros órgãos e entidade podem aderir a uma ata cujos preços não refletem os menores preços obtidos na disputa por item. Em registro de preços, a realização de licitação utilizando-se como critério de julgamento o

menor preço global por grupo/lote leva, vis à vis a adjudicação por item, a flagrantes contratações antieconômicas e dano ao erário, potencializado pelas possibilidades de adesões, uma vez que, como reiteradamente se observa, itens são ofertados pelo vencedor do grupo a preços superiores aos propostos por outros competidores.

Ainda que a decisão do Egrégio Tribunal de Contas tenha sido proferida sob a égide da Lei nº 8.666/93, não temos dúvidas da possibilidade de sua utilização, pois as suas balizas encontram-se em consonância com a nova legislação.

ARTIGO 33 – VEDAÇÕES ÀS ADESÕES

Vedações

Art. 33. Fica vedada aos órgãos e às entidades da Administração Pública federal a adesão a ata de registro de preços gerenciada por órgão ou entidade estadual, distrital ou municipal.[112]

A adesão, por órgão ou entidade pertencente à Administração Federal direta, autárquica e fundacional, fundos especiais, empresas públicas, sociedades de economia mista e demais entidades controladas, direta ou indiretamente pela União, ao Sistema de Registro de Preços processado por outra unidade administrativa que integre os órgão ou entes retromencionados, tem autorização expressamente concedida pelo art. 31 do presente regulamento, desde que observados os contornos lá fixados.

Assim, por meio desse expediente, após prévia consulta ao órgão gerenciador e desde que comprovada a devida vantagem econômica, a ser demonstrada por meio de pesquisa mercadológica,[113][114][115] poderá a

---

[112] Fundamento legal: Art. 86, §8º – "§8º Será vedada aos órgãos e entidades da Administração Pública federal a adesão à ata de registro de preços gerenciada por órgão ou entidade estadual, distrital ou municipal".

[113] TCU – Acórdão nº 142/2008 – Plenário – TC: 027.365/2007-8 – "9.2. determinar ao DNIT que se abstenha de aderir à ata de registro de preços do Ministério do Desenvolvimento Social e Combate à Fome (MDS), com relação ao lote III – persianas, visto que não foi comprovada a vantagem exigida no art. 8º, *caput*, do Decreto n.º 3.931, de 19/9/2001;".

[114] TCU – Acórdão nº 324/2009 – Plenário – TC: 002.578/2005-0 – "98. Desse modo, é importante a utilização da ampla e prévia pesquisa de preços em um Sistema de Registro de Preços, de modo que os preços obtidos sejam aqueles efetivamente praticados no mercado e não preços de ocasião, que favoreçam algum fornecedor".

[115] TCU – Acórdão 2463/2008 – Plenário – TC: 001.419/2007-6 – "16.5. Conclui-se que a inadequação no procedimento de elaboração da pesquisa de mercado contribuiu para potencializar um possível dano ao Erário. O Decreto n.º 3.931/2001, ao impor este procedimento para a Ata de Registro de Preços, pretendeu forçar os gestores a buscarem os melhores preços possíveis para contratação com a Administração, dentro da realidade dos preços praticados no mercado, sem deixar de considerar a economia que se ganha nas compras de grande vulto. A ampla pesquisa de mercado não pode ser considerada mais um documento formal que comporá o processo, trata-se de procedimento que visa orientar o gestor na redução

Administração afastar o necessário torneio, contratando do particular detentor da ata de registro de preços do objeto pretenso.

Não podemos deixar de registrar que essa hipótese constitui exceção ao princípio da licitação (inc. XXI do art. 37 da CF/88), devendo tal regramento ser interpretado de forma restritiva e taxativa, não podendo abarcar outros meios de afastamento de licitação, bem como de entendimentos ampliativos, não expressamente previstos no diploma aventado.

Por conseguinte, nos termos do art. 1º do regulamento em estudo, o constante nessas regras é apenas aplicado aos Sistemas de Registro de Preços processados pela Administração Pública federal direta, autárquica e fundacional, fundos especiais, empresas públicas, sociedades de economia mista e demais entidades controladas, direta ou indiretamente pela União.

Assim, somente será admitida a legalidade da adesão à ata quando realizada entre os órgãos ou entes acima expostos, não sendo permitido que órgãos ou entes federais realizem adesões a atas de registro de preços processadas por Estados, Municípios ou pelo Distrito Federal.

Diga-se de passagem, aliás, que o mandamento comentado é fruto da concretização da jurisprudência do Tribunal de Contas da União, que se manifestava assim há muito tempo, *in verbis*:

> 1.6. Determinar ao Embratur que: 1.6.2. abstenha de aderir ou participar de Sistema de Registro de Preços, se a gerência desse estiver a cargo de órgão ou entidade da Administração Pública Estadual, Municipal ou do Distrito Federal, em razão da devida publicidade que deve ser dada ao certame licitatório no âmbito da Administração Pública Federal, em obediência ao inciso I do art. 21 da Lei 8.666/93, bem como de conformidade aos princípios básicos da legalidade, da publicidade e da igualdade e à Orientação Normativa AGU 21/2209.[8]

Com efeito, como já dito acima, comenta-se o regulamento federal, sendo possível que cada ente venha regulamentar o referido assunto de forma distinta.

É fato que diversos municípios vêm consultando os Tribunais de Contas, que exercem jurisdição sobre eles, com o escopo de colher seus entendimentos acerca da possibilidade de as Comunas aderirem a atas de registro de preços realizados por outros Municípios ou Estado.

---

e otimização das despesas públicas, buscando a transparência e a efetividade na gerência da coisa pública".

Vejamos a opinião de alguns Tribunais de Contas em novembro de 2023:

> Consulta. Secretaria de Estado da Administração e da Previdência (SEAP). Possibilidade de participação de órgãos e entes municipais de forma ampla em ata de registro de preços gerenciada pela Administração Pública Estadual. Pela impossibilidade, levando-se em conta o atual cenário normativo Estadual dado pelo Decreto Estadual n. 7.303/21. Pela possibilidade futura, tendo em vista previsão expressa na Lei nº 14.133/2021, condicionada à autorização por ato normativo regulamentar infralegal do Poder Executivo Estadual. (TCE/PR – Acórdão nº 1572/22 – Tribunal Pleno)

> CONSULTA. ATA DE REGISTRO DE PREÇOS. ÓRGÃO GERENCIADOR. MUNICÍPIO. ART. 86, §3º, DA LEI Nº 14.133/21. NORMA ESPECÍFICA. APLICAÇÃO À ESFERA FEDERAL. AUTONOMIA FEDERATIVA. REEQUILÍBRIO ECONÔMICO-FINANCEIRO. PRAZO. REAJUSTE. ÍNDICE DE PREÇOS. REPACTUAÇÃO. MÃO-DE-OBRA. REVISÃO. FATO DO PRÍNCIPE. DEMONSTRAÇÃO ANALÍTICA.
> 1. O §3º do art. 86 da Lei nº 14.133/21 dispõe sobre norma específica, aplicável apenas à Administração Pública federal, cabendo ao Estado de Minas Gerais, em âmbito regional, e aos municípios mineiros, no âmbito local, regulamentar, com fundamento no art. 78, §1º, da mesma Lei, os procedimentos auxiliares, entre os quais se insere o sistema de registro de preços, oportunidade em que poderá dispor acerca da possibilidade ou não de adesão a atas de registro de preços municipais, além das distritais, estaduais e federais, inclusive dos consórcios públicos criados nessas esferas. (TCE/MG – Processo nº 1120126)

Em outras palavras, a questão aqui comentada pode ser resolvida pelo ente federado, no exercício de seu poder legiferante.

ARTIGO 34 – FORMALIZAÇÃO DA CONTRATAÇÃO DECORRENTE DA ATA

> CAPÍTULO IX
> DA CONTRATAÇÃO COM FORNECEDORES REGISTRADOS
>
> Formalização
>
> Art. 34. A contratação com os fornecedores registrados na ata será formalizada pelo órgão ou pela entidade interessada por meio de instrumento contratual, emissão de nota de empenho de despesa, autorização de compra ou outro instrumento hábil, conforme o disposto no art. 95 da Lei nº 14.133, de 2021.
> Parágrafo único. Os instrumentos de que trata o caput serão assinados no prazo de validade da ata de registro de preços.

Como já salientamos, em outra oportunidade, o Sistema de Registro de Preços afigura-se como um procedimento auxiliar de licitação, sendo que o decreto em estudo disciplina apenas o processamento do certame, bem como a gestão das atas de registro de preços, não tratando de aspectos contratuais.

Logo, acertadamente, tem-se que o art. 34 do regulamento remete a celebração do contrato administrativo ou emissão de instrumento contratual equivalente para o disposto a partir do art. 95 da Lei nº 14.133/2021, o que é possível em razão da virtualização observada no âmbito federal.

Sendo necessário apresentar o conteúdo vertido no art. 95, observa-se que a Lei de Licitações é determinante quanto à regra de que os termos da contratação, fixado no edital, devem ser resumidos no instrumento contratual, cujo conteúdo deverá harmonizar-se com o constante do art. 92 da NLLC.

Deveras, cabe-nos, ainda registrar que o *caput* do artigo em comento excepciona a necessidade da celebração de um contrato administrativo típico, permitindo que a Administração contratante substitua o ajuste típico por outro instrumento hábil, como carta-contrato, nota de empenho de despesa, autorização de compra ou ordem de execução de serviço. Não obstante seja assim, o TCU já alertou que: "(...) a observar o disposto nos arts. 60 e 62 da Lei nº 8.666/93, em especial ao que dispõe o §2º desse último dispositivo, no sentido de que seja confeccionado instrumento formal que possa efetivamente proteger os interesses da administração, cabendo aos gestores responsáveis a escolha do instrumento mais conveniente, tendo em vista a complexidade do objeto a ser licitado, independentemente da modalidade de licitação utilizada" (TCU – Acórdão nº 2680/2005 – 1ª Câmara). Ou seja, mesmo sendo possível o afastamento do instrumento contratual, deve a Administração avaliar a sua pertinência.

Cumpre, ainda, assinalar que o art. 95 da NLLC é de caráter exemplificativo, sendo possível a utilização de outros instrumentos hábeis, devidamente dispostos mediante ato normativo.

Doutra parte, examinando as exceções constantes dos incisos I a III, observamos que a Administração contratante, seja participante ou aderente da ata de registro de preços, poderá afastar a celebração de contrato administrativo também em caso de processamento de dispensa de licitação em razão de valor e compras com entrega imediata e integral dos bens adquiridos e dos quais não resultem obrigações futuras, inclusive quanto à assistência técnica, independentemente de seu valor, podendo adotar uns dos instrumentos acima mencionados.

Se examinarmos as hipóteses dos incisos I a III individualmente, temos que a dispensa de licitação em razão de valor encontra-se vertida no art. 75, incs. I e II, da Nova Lei de Licitações. Conforme fixa o Decreto nº 11.317/2022, cujo teor atualiza os valores estabelecidos na Lei nº 14.133/2021, enquadra-se como dispensa de licitação em face do pequeno valor para serviços e compras que não ultrapassem R$57.208,33 (art. 75, *caput*, inc. II, da NLLC). Por sua vez, enquadra-se como dispensa de licitação em razão do pequeno valor de obras e serviços de engenharia ou de serviços de manutenção de veículos automotores a monta de R$114.416,65 (art. 75, inc. I).

Outrossim, poderá o contrato administrativo ser preterido nos casos em que o objeto do ajuste seja compras com entrega imediata[116] e integral dos bens adquiridos e dos quais não resultem obrigações

---

[116] Considera-se imediata aquela aquisição com prazo de entrega de até 30 (trinta) dias da ordem de fornecimento. Art. 6º, inc. X, da Nova Lei de Licitações.

futuras, inclusive quanto à assistência técnica, independentemente de seu valor. Ou seja, existindo no edital e ata de registro de preços qualquer encargo futuro, como instalação, manutenção, visitas periódicas para observação do desempenho, retirada de resíduos, garantia etc., não pode o instrumento típico contratual ser afastado.

Dispositivo legal de significativa importância, pois afastará diversos problemas no tocante às obrigações do contratado no futuro, estabelece o §1º do art. 92 da Nova Lei de Licitações que, em caso de substituição do contrato, aplica-se, no que couber, o disposto nos incisos arrolados no seu *caput*, ou seja, deverão tais instrumentos equivalentes arrolar as cláusulas essenciais de um contrato administrativo. Logo, deverá ser avaliado caso a caso.

Na ausência de informações nesses instrumentos equivalentes atinentes aos incisos do art. 92 da NLLC, haja vista a necessidade de aplicação do princípio da segurança jurídica, deverá ser aplicado o conteúdo vertido na ata de registro de preços e no ato convocatório e, no silêncio, as informações consignadas no processo administrativo que arrimou a contratação.

Ainda tratando do art. 95 da Nova Lei de Licitações, o §2º fixa que é nulo e de nenhum efeito o contrato verbal com a Administração, salvo o de pequenas compras ou o de prestação de serviços de pronto pagamento, assim entendidos aqueles de valor não superior a R$10.000,00. Ou seja, é possível a realização de contratações verbais decorrentes da ata de registro de preços, pois a necessidade de garantia de eficiência administrativa, levando-se em consideração o apequenado valor que será despendido com a aquisição. Sobreleva dizer que não será o fato de inexistir qualquer suporte para a contratação que ocorrerá a redução de atividades fiscalizatórias relacionadas à execução do objeto contrato realizado verbalmente.

Voltando a tratar dos dispositivos regulamentares, estabelece o parágrafo único do art. 34 do regulamento federal de Sistema de Registro de Preços que os instrumentos de que trata o *caput* serão assinados no prazo de validade da ata de registro de preços.

Calha, aqui, lembrar que a ata de registro de preços classifica-se como um ajuste "a termo". Tais ajustes se extinguem em razão do escoamento do prazo de vigência lá fixado, ou seja, independentemente do consumo dos quantitativos consignados na ata de registro de preços. Forçoso é concluir que a fluência do lapso temporal é critério automático e irreversível de extinção das obrigações contratuais assumidas pelas partes.[117]

De modo consequente, ilegal será a celebração de contrato ou expedição de carta-contrato, a nota de empenho, a autorização de compra e a ordem de execução do serviço após a expiração da ata de registro de preços ou, ainda, em caso de inexistência de saldo quantitativo na referida ata, de modo a possibilitar a contratação.

Por sua vez, o contrato ou instrumento equivalente decorrente da ata de registro de preços pode ser classificado como um "contrato a termo" ou "contrato por escopo". Já esclarecemos em outra obra[118] que os "contratos por escopo" são aqueles ajustes cuja extinção não decorre do exaurimento do prazo de execução de uma obra (TCE/SP – TC-013838/026/91), mas da efetiva conclusão do projeto, na forma das especificações constantes do edital ou, ainda, com a entrega do bem adquirido (TCE/SP – TC-011332/026/13), conforme termo de referência, de modo que o prazo verificado no contrato ou ordem de serviço ou fornecimento é meramente referencial e tem por objetivo determinar um período máximo para que se execute a prestação, cuja ultrapassagem caracteriza a mora do particular. Sendo assim, "Nos contratos de escopo, a vigência contratual somente se encerra com a conclusão do respectivo objeto". (TCE/SP – TC-011332/026/13). Assim ocorre, pois a Administração Pública "busca para seu patrimônio um objeto certo e acabado" (TCE/SP – TC-010130.989.19-7).

Da extinção dos instrumentos equivalentes em caso de inexecução contratual

Adotando-se um instrumento equivalente para fins de contratação do objeto registrado em ata, é comum que os gestores do contrato procedam ao "cancelamento" da carta-contrato, da nota de empenho, da autorização de compra e da ordem de execução do serviço automaticamente, sem a instauração do processo administrativo que respeite a processualidade típica observada, quando da extinção de um regular contrato administrativo em caso de observância de inexecução contratual.

---

[117] PIRES, Antonio Cecilio Moreira; PARZIALE, Aniello. *Comentários à nova lei de licitações públicas e contratos administrativos*: Lei 14.133 de 1º de abril de 2021. São Paulo: Almedina, p. 637.

[118] PIRES, Antonio Cecílio Moreira. PARZIALE, Aniello. *Comentários à Nova Lei de Licitações Públicas e Contratos Administrativos*: Lei nº 14.133, de 1º de abril de 2021. São Paulo: Almedina. 2022.

Delimitado o problema, o "cancelamento" da carta-contrato, da nota de empenho, da autorização de compra e da ordem de execução do serviço não pode ocorrer sem que seja franqueada a oportunidade de o particular apresentar sua defesa prévia, onde sejam garantidos a ele o mais amplo direito ao contraditório, ampla defesa e direito à revisibilidade da decisão estatal, pois trata-se de extinção unilateral do instrumento equivalente ao contrato administrativo, conforme fixa o art. 95 da Nova Lei de Licitações.

De outra forma, mesmo que o cancelamento da nota de empenho, autorização de fornecimento etc. ocorra por meio de um clique em sistema informatizado, grifamos que a possibilidade aventada exige a instauração de regular processo administrativo, somente após isso, se for o caso, será declarada a extinção do contrato administrativo.

Sobre o tema, ensinam Edgar Guimarães e Joel Menezes Niebühr, *in verbis*:

> O cancelamento dos preços registrados é análogo à rescisão do contrato administrativo. O cancelamento deve ser procedido pela administração pública, garantindo-se os princípios do contraditório e ampla defesa, nos termos do artigo 5º, LV da Constituição Federal e do parágrafo único do art. 20 do Decreto Federal n.º 7.892/13.[119]

---

[119] Cf. Edgar Guimarães e Joel Menezes Niebühr in Registro de Preços. Aspectos Práticos, Fórum, Belo Horizonte, 2008, p. 112.

ARTIGO 35 – ALTERAÇÃO DOS CONTRATOS DECORRENTES DA ATA

Alteração dos contratos

Art. 35. Os contratos decorrentes do sistema de registro de preços poderão ser alterados, observado o disposto no art. 124 da Lei nº 14.133, de 2021.

1 Introdução

O contrato administrativo, em razão do interesse público, norteia-se pelo princípio da mutabilidade, podendo a qualquer momento ser alterado. Claro está que esta alteração não é livre. A sua hipótese de ocorrência e incidência encontra-se disposta a partir do art. 124 da Lei nº 14.133/2021.

De fato, o art. 104, inc. I, da Lei nº 14.133/2021, estabelece que a Administração pode modificar unilateralmente o contrato administrativo, para melhor adequação às finalidades de interesse público, vez que as demandas sociais se modificam no tempo e espaço, não podendo esse vetor principiológico, típico do Direito Administrativo, restar desprestigiado, pois umbilicalmente ligado com o interesse público.

Por sua vez, é de se consignar que o art. 124, inc. II, da Lei nº 14.133/2021, disciplina as hipóteses em que os contratos administrativos e instrumentos equivalentes decorrentes de ata de registro de preços poderão ser modificados bilateralmente, devendo, para tanto, existir concordância de uma parte quando a outra buscar formalmente[120] a alteração do ajuste nas hipóteses arroladas no inciso suprarreferido.

Para que essas modificações se afigurem como lícitas, não sendo objeto de reprovação pelos órgãos de controle, as alterações do ajuste, decorrente ou não de registro de preços, deverão derivar de um fato

---

[120] Mesmo detendo o servidor público fé pública, não há espaço no âmbito das contratações públicas para modificação verbal do escopo do contrato administrativo, bem como alteração das regras, projetos, especificações em reuniões registradas em atas, devendo tal pretensões serem realizadas por meio de termo aditivo.

superveniente surgido após[121] a celebração do contrato administrativo ou expedição do instrumento equivalente, devendo, ainda, ser apresentada a justificativa adequada,[122] por meio de devidos documentos,[123] sob pena de caracterização de falta de planejamento administrativo.

Feito esse registro preliminar, passemos, pois, a analisar tais hipóteses de modificação do contrato administrativo.

2 Acréscimo qualitativo do objeto contratado

O acréscimo qualitativo do objeto do contrato, decorrente da ata de registro de preços, permitido pelo art. 124, inc. I, "a", da Lei nº 14.133/2021, exige a incidência de um fato superveniente, tem o condão de, unilateralmente, modificar o projeto ou as especificações do objeto, para melhor adequação técnica aos seus objetivos.

Conforme ensina Marçal Justen Filho, *in verbis*:

> A melhor adequação técnica supõe a descoberta ou a revelação de circunstâncias desconhecidas acerca da execução da prestação ou a constatação de que a solução técnica anteriormente adotada não era a mais adequada. Os contratos de longo prazo ou de grande especialização são mais suscetíveis a essa modalidade de alteração. Não há muito cabimento para essa hipótese em contratos de execução instantânea ou cujo objeto seja simples e sumário.
> A hipótese da al. 'a', compreende as situações em que se constata supervenientemente a inadequação da concepção original, a partir da qual se promovera a contratação. Tal pode verificar-se, em vista de eventos supervenientes. Assim, por exemplo, considere-se a hipótese de descoberta científica, que evidencia a necessidade de inovações

---

[121] TCU – Acórdão nº 6.492/2012 – 1ª Câmara – Relatoria: Ministro Augusto Sherman Cavalcanti – "9.8. alertar o Departamento de Polícia Federal quanto às seguintes impropriedades constatadas: (...) 9.8.26. acréscimo de 25% do objeto licitado antes da assinatura do contrato, em desacordo com as hipóteses previstas no art. 65 da Lei 8.666/1993".

[122] TCU – Acórdão nº 5.154/2009 – 2ª Câmara – Relatoria: Ministro Aroldo Cedraz – "1.4. Determinações: 1.4.1. ao Instituto Brasileiro de Turismo – Embratur que: 1.4.1.3. nos casos de modificação de valor contratual em decorrência de acréscimo do objeto, formalize justificativa adequada das alterações tidas por necessárias, caracterize a natureza superveniente em relação ao momento da licitação, dos fatos ensejadores das alterações, e analise criteriosamente os itens de custo que basearem o novo valor, a fim de verificar sua razoabilidade e exequibilidade".

[123] TCU – Acórdão nº 291/2009 – 2ª Câmara – Relatoria: Ministro Augusto Sherman Cavalcanti – "9.3.1. ao proceder reajustes, repactuações ou alterações de valor nos contratos administrativos, apresente os demonstrativos devidos, juntando o memorial de cálculo ao Processo e, ainda, indique os valores mensal e anual do contrato no termo aditivo, em atendimento do princípio da clareza."

para ampliar ou assegurar a utilidade inicialmente cogitada pela Administração.[124]

A alteração qualitativa não pode, de forma alguma, desnaturar o objeto contratado, sob pena de burla à licitação, nos termos do art. 126 da Nova Lei de Licitações.[125]

Devemos observar, ainda, que os limites máximos estabelecidos no art. 125 da Nova Lei de Licitações dizem respeito tanto às modificações de caráter quantitativo (art. 124 I, "b"), quanto às alterações qualitativas (art. 124 I, "a"). Observa-se, portanto, que a Lei nº 14.133/2021 agasalhou o entendimento do TCU vertido na Decisão nº 215/1999 – Plenário.[126]

Outro aspecto que merece ser abordado é o direito do contratado, que não pode ser amesquinhado. Ainda que a Administração possa alterar unilateralmente o objeto do contrato administrativo ou instrumento equivalente decorrente de ata de registro de preços,

---

[124] Cf. *Comentários à Lei de Licitações e Contratos Administrativos*. 13. ed. São Paulo: Dialética, 2009, p. 743.

[125] "Art. 126. As alterações unilaterais a que se refere o inciso I do caput do art. 124 desta Lei não poderão transfigurar o objeto da contratação."

[126] Decisão nº 215/1999 – Plenário – Relatoria: Ministro Ministro-Substituto José Antonio Barreto de Macedo – "a) tanto as alterações contratuais quantitativas – que modificam a dimensão do objeto – quanto as unilaterais qualitativas – que mantêm intangível o objeto, em natureza e em dimensão, estão sujeitas aos limites preestabelecidos nos §§1º e 2º do art. 65 da Lei nº 8.666/93, em face do respeito aos direitos do contratado, prescrito no art. 58, I, da mesma Lei, do princípio da proporcionalidade e da necessidade de esses limites serem obrigatoriamente fixados em lei;
b) nas hipóteses de alterações contratuais consensuais, qualitativas e excepcionalíssimas de contratos de obras e serviços, é facultado à Administração ultrapassar os limites aludidos no item anterior, observados os princípios da finalidade, da razoabilidade e da proporcionalidade, além dos direitos patrimoniais do contratante privado, desde que satisfeitos cumulativamente os seguintes pressupostos:
I – não acarretar para a Administração encargos contratuais superiores aos oriundos de uma eventual rescisão contratual por razões de interesse público, acrescidos aos custos da elaboração de um novo procedimento licitatório;
II – não possibilitar a inexecução contratual, à vista do nível de capacidade técnica e econômico-financeira do contratado;
III – decorrer de fatos supervenientes que impliquem dificuldades não previstas ou imprevisíveis por ocasião da contratação inicial;
IV – não ocasionar a transfiguração do objeto originalmente contratado em outro de natureza e propósito diversos;
V – ser necessárias à completa execução do objeto original do contrato, à otimização do cronograma de execução e à antecipação dos benefícios sociais e econômicos decorrentes;
VI – demonstrar-se – na motivação do ato que autorizar o aditamento contratual que extrapole os limites legais mencionados na alínea 'a', supra – que as consequências da alternativa (a rescisão contratual, seguida de nova licitação e contratação) importam sacrifício insuportável ao interesse público primário (interesse coletivo) a ser atendido pela obra ou serviço, ou seja gravíssimas a esse interesse; inclusive quanto à sua urgência e emergência."

deve, obrigatoriamente, respeitar o equilíbrio econômico-financeiro da avença, conforme se depreende da leitura do art. 104, §2º, da Nova Lei de Licitações.[127]

A realização de alteração do objeto contratado somente é permitida após a celebração do ajuste e em momento anterior ao seu encerramento, restando prejudicada, em outras palavras, a ocorrência desse expediente antes ou após a extinção do contrato. Após a celebração da avença, não se pode olvidar a necessidade de publicar o resumo do competente termo de aditamento contratual que assentar a referida modificação do objeto, no PNCP, conforme exige o art. 174, §2º, inc. V, da Nova Lei de Licitações.

3 Acréscimo quantitativo do objeto contratado

O acréscimo quantitativo do objeto do contrato decorrente de ata de registro de preços, permitido pelo art. 124, inc. I, "b", da Lei nº 14.133/2021, tem o condão de, unilateralmente, acrescer as quantidades constantes do objeto contratado quando esse, motivado por um fato superveniente, não atender o interesse público almejado com a contratação de forma satisfatória.

Averbe-se, mais uma vez, que o art. 23 do regulamento em estudo veda a realização de acréscimo quantitativo do objeto registrado em ata.[128] Por conseguinte, considerando que referido acréscimo é afeto às quantidades contratadas, não se permite a inserção de itens relacionados a insumos e mão de obra que não passaram pelo crivo da licitação, sob pena de desnaturação do objeto, conforme estabelece o art. 126 da Nova Lei de Licitações.[129]

No âmbito desse expediente administrativo somente é permitido o aumento das quantidades referentes aos itens devidamente licitados, registrados e contratados, observados os limites constantes do art. 125 da NLLC, que determina a obrigatoriedade de o contratado aceitar, nas mesmas condições contratuais, os acréscimos ou supressões de até 25% (vinte e cinco por cento) do valor inicial atualizado do contrato que se

---

[127] "§2º Na hipótese prevista no inciso I do caput deste artigo, as cláusulas econômico-financeiras do contrato deverão ser revistas para que se mantenha o equilíbrio contratual."
[128] "Art. 23. Fica vedado efetuar acréscimos nos quantitativos estabelecidos na ata de registro de preços."
[129] "Art. 126. As alterações unilaterais a que se refere o inciso I do caput do art. 124 desta Lei não poderão transfigurar o objeto da contratação."

fizerem nas obras, nos serviços ou nas compras, e, no caso de reforma de edifício ou de equipamento, o limite para os acréscimos será de 50% (cinquenta por cento).

Lembramos, em caráter preliminar e, portanto, antes da concretização das alterações, que imperioso se faz submeter o processo administrativo ao crivo da assessoria jurídica do órgão ou entidade contratante a fim de ser verificada a legalidade da alteração contratual demandada.[130]

A alteração do objeto contratado, não é demais repetir, somente é permitida após a celebração do ajuste e em momento anterior ao seu encerramento, restando prejudicada, em outras palavras, a ocorrência dessa hipótese durante a licitação do SRP e após a extinção do contrato.

O resumo do competente termo de aditamento contratual deverá ser devidamente publicado no PNCP, conforme exige o art. 174, §2º, inc. V, da Nova Lei de Licitações.

4   Alteração bilateral dos contratos administrativos

O art. 124, inc. II, da Lei nº 14.133/2021, arrola as hipóteses em que os contratos administrativos e instrumentos equivalentes poderão ser modificados bilateralmente, devendo existir concordância de uma parte quando a outra buscar a alteração do ajuste nas hipóteses arroladas no inciso supracitado.

Como alhures, a alteração dos termos contratados somente será permitida após a celebração do ajuste ou emissão do instrumento equivalente e em momento anterior ao seu encerramento, restando prejudicada a ocorrência desse expediente durante a licitação e após a extinção do contrato.

Assim, os pedidos de alteração bilateral dos contratos administrativos, decorrente ou não de ata de registro de preços, devem ser analisados de forma parcimoniosa, uma vez que o não atendimento do pedido do particular pode acarretar a inviabilização da continuidade da execução do objeto, o que pode prejudicar o atendimento das

---

[130] O TCU, no Acórdão nº 777/2006 – Plenário, de relatoria do Ministro Valmir Campelo não aceitou, conforme consta do item 9.3.2.6, ausência de pareceres jurídicos, para fundamentar as alterações do contrato, ante o disposto no art. 38, parágrafo único, e art. 65, da Lei nº 8.666/93.

necessidades públicas com aquilo que passou pelo crivo da licitação e está sendo objeto de execução.

4.1 Substituição da garantia contratual – Art. 124, inc. II, "a", da Lei nº 14.133/2021

O art. 124, inc. II, "a", da Lei nº 14.133/2021, estabelece a hipótese de alteração bilateral do contrato, decorrente da ata, quando, por qualquer motivo, for necessária a garantia de execução do contrato, apresentada na forma do art. 96 da Nova Lei de Licitações.

No que concerne à garantia do contrato, nada obsta que o particular pleiteie a sua substituição, até porque a escolha da modalidade de caução é opção do contratado. A única restrição que fazemos é que a substituição da garantia deve atender a todas as exigências estabelecidas, mormente quanto ao seu valor.

O resumo do competente termo de aditamento contratual que assentar a modificação da garantia contratual deverá ser devidamente publicado no PNCP, conforme exige o art. 174, §2º, inc. V, da Nova Lei de Licitações.

4.2 Alteração do regime de execução – Art. 124, inc. II, "b", da Lei nº 14.133/2021

O art. 124, inc. II, "b", da Lei nº 14.133/2021, traz consigo a hipótese de alteração bilateral do contrato, especialmente quando necessária a modificação do regime de execução da obra ou do serviço, bem como do modo de fornecimento, em face de verificação técnica da inaplicabilidade dos termos contratuais originários.

Quanto à alteração do regime de execução, que, aliás, se encontra previsto no art. 6º, do inc. XXVIII até o inc. XXXIV da Nova Lei de Licitações,[131] este poderá acontecer em razão da constatação da impossibilidade de se executar a avença na forma originariamente celebrada.

---

[131] "XXVIII – empreitada por preço unitário: contratação da execução da obra ou do serviço por preço certo de unidades determinadas;
XXIX – empreitada por preço global: contratação da execução da obra ou do serviço por preço certo e total;
XXX – empreitada integral: contratação de empreendimento em sua integralidade, compreendida a totalidade das etapas de obras, serviços e instalações necessárias, sob inteira responsabilidade do contratado até sua entrega ao contratante em condições de entrada em operação, com características adequadas às finalidades para as quais foi contratado e

Logo, se verificado que o regime de execução adotado no contrato não se revela possível, ou venha a prejudicar a execução do ajuste, deve a Administração, motivadamente, promover a alteração para um regime de execução compatível com as exigências do contrato, com posterior publicação no PNCP, com supedâneo no art. 174, §2º, inc. V, da Nova Lei de Licitações.

4.3 Alteração da forma de pagamento – Art. 124, inc. II, "c", da Lei nº 14.133/2021

O art. 124, inc. II, "c", da Lei nº 14.133/2021, traça a hipótese de alteração bilateral do contrato, quando necessária a modificação da forma de pagamento, por imposição de circunstâncias supervenientes, mantido o valor inicial atualizado e vedada a antecipação do pagamento, em relação ao cronograma financeiro fixado, sem a correspondente contraprestação de fornecimento de bens ou execução de obra ou serviço.

No que diz respeito à alteração da forma de pagamento, Marçal Justen Filho, com peculiar maestria, faz importante observação, que não podemos nos furtar de trazer à baila:

> A regra da al. "c" tem de ser interpretada restritivamente, sob pena de inconstitucionalidade. O art. 37, XXI, da Constituição Federal determina que as contratações administrativas devem prever cláusulas que 'estabeleçam obrigações de pagamento, mantidas as condições efetivas da proposta...' Logo, não se pode cogitar de uma alteração acerca da forma de pagamento... A modificação das 'circunstâncias' a que alude o texto legal, não significa a simples conveniência da Administração. Não

---

atendidos os requisitos técnicos e legais para sua utilização com segurança estrutural e operacional;
XXXI – contratação por tarefa: regime de contratação de mão de obra para pequenos trabalhos por preço certo, com ou sem fornecimento de materiais;
XXXII – contratação integrada: regime de contratação de obras e serviços de engenharia em que o contratado é responsável por elaborar e desenvolver os projetos básico e executivo, executar obras e serviços de engenharia, fornecer bens ou prestar serviços especiais e realizar montagem, teste, pré-operação e as demais operações necessárias e suficientes para a entrega final do objeto;
XXXIII – contratação semi-integrada: regime de contratação de obras e serviços de engenharia em que o contratado é responsável por elaborar e desenvolver o projeto executivo, executar obras e serviços de engenharia, fornecer bens ou prestar serviços especiais e realizar montagem, teste, pré-operação e as demais operações necessárias e suficientes para a entrega final do objeto;
XXXIV – fornecimento e prestação de serviço associado: regime de contratação em que, além do fornecimento do objeto, o contratado responsabiliza-se por sua operação, manutenção ou ambas, por tempo determinado;"

pode invocar ausência de liberação de recursos ou eventos semelhantes para pleitear a alteração. A alteração da forma de pagamento deve ser acompanhada de soluções para assegurar a manutenção do equilíbrio econômico-financeiro da contratação. As circunstâncias, a que alude o texto legal, devem ser eventos que alterem as condições de execução ou de pagamento. A mutação na forma de pagamento corresponderá a essas outras alterações.[132]

Evidentemente, a alteração somente será devida caso o contratado venha a demonstrar a completa inviabilidade da forma de pagamento originariamente avençada, em razão, por exemplo, de a regra de remuneração fixada não ser a forma como o próprio mercado pratica.

Mais uma vez, lembramos que o resumo do competente termo de aditamento contratual que assentar a modificação da forma de pagamento deverá ser devidamente publicado no PNCP, conforme exige o art. 174, §2º, inc. V, da Nova Lei de Licitações.

4.4 Manutenção do equilíbrio econômico-financeiro do contrato e a revisão de preços – Art. 124, inc. II, "d", da Lei nº 14.133/2021

O art. 124, inc. II, "d", da Lei nº 14.133/2021, disciplina a possibilidade de alteração bilateral do contrato administrativo para restabelecer o equilíbrio econômico-financeiro inicial do contrato em caso de força maior, caso fortuito ou fato do príncipe ou em decorrência de fatos imprevisíveis ou previsíveis de consequências incalculáveis, que inviabilizem a execução do contrato tal como pactuado, respeitada, em qualquer caso, a repartição objetiva de risco estabelecida no contrato.

Entenda-se por equilíbrio econômico-financeiro a relação que as partes pactuaram no momento da celebração do ajuste, entre os encargos do contratado e a contraprestação pecuniária de responsabilidade da Administração. Grife-se que a manutenção desse equilíbrio é garantida constitucionalmente, na parte final do art. 37, inc. XXI, da CF/88.

Em consonância com o princípio do equilíbrio econômico-financeiro do contrato, o art. 129 da Nova Lei de Licitações estabelece que nas alterações contratuais para supressão de obras, bens ou serviços, se o contratado já houver adquirido os materiais e os colocado no local dos trabalhos, estes deverão ser pagos pela Administração pelos custos de

---

[132] Cf. *in. op. cit*, p. 887.

aquisição regularmente comprovados e monetariamente reajustados, podendo caber indenização por outros danos eventualmente decorrentes da supressão, desde que regularmente comprovados.

O preço contratual há de ser mantido durante toda a execução do contrato. Seria descabido imaginar que, uma vez imposto maior encargo a uma das partes, esta devesse suportá-lo, independentemente do equilíbrio financeiro.

Já o art. 130 estabelece que, caso haja alteração unilateral do contrato que aumente ou diminua os encargos do contratado, a Administração deverá restabelecer, no mesmo termo aditivo, o equilíbrio econômico-financeiro inicial. Garante-se, assim, a eficiência na gestão dos contratos administrativos.

A grande novidade da NLLC no tocante à garantia ao restabelecimento da equação econômico-financeira relaciona-se à previsão da cláusula de matriz de risco, devidamente estabelecida no inc. XXVII do seu art. 6º, [133] melhor delineada no art. 22 da Lei nº 14.133/21. Sobre esse assunto, ao qual remetemos a leitura, já tivemos a oportunidade de salientar que:

> A matriz de risco, prevista no inc. XXVII do art. 6º da NLLC é cláusula contratual que tem por objetivo definir os riscos e alocar as responsabilidades de cada uma das partes contratantes, com vistas a estabelecer a equação econômico-financeira da avença pública.
> Cumpre-nos esclarecer que toda e qualquer avença implica no estabelecimento de uma equação econômico-financeira do contrato. Não obstante isso, nem todo contrato terá uma matriz de risco explicitamente prevista no instrumento contratual.

---

[133] "XXVII – matriz de riscos: cláusula contratual definidora de riscos e de responsabilidades entre as partes e caracterizadora do equilíbrio econômico-financeiro inicial do contrato, em termos de ônus financeiro decorrente de eventos supervenientes à contratação, contendo, no mínimo, as seguintes informações:
a) listagem de possíveis eventos supervenientes à assinatura do contrato que possam causar impacto em seu equilíbrio econômico-financeiro e previsão de eventual necessidade de prolação de termo aditivo por ocasião de sua ocorrência;
b) no caso de obrigações de resultado, estabelecimento das frações do objeto com relação às quais haverá liberdade para os contratados inovarem em soluções metodológicas ou tecnológicas, em termos de modificação das soluções previamente delineadas no anteprojeto ou no projeto básico;
c) no caso de obrigações de meio, estabelecimento preciso das frações do objeto com relação às quais não haverá liberdade para os contratados inovarem em soluções metodológicas ou tecnológicas, devendo haver obrigação de aderência entre a execução e a solução predefinida no anteprojeto ou no projeto básico, consideradas as características do regime de execução no caso de obras e serviços de engenharia;"

De todo modo, a matriz de risco tem por finalidade promover a alocação eficiente dos riscos de cada contrato e estabelecer a responsabilidade que caiba a cada parte contratante, bem como os mecanismos que afastem a ocorrência de sinistros e mitiguem os seus efeitos, caso este ocorra durante a execução contratual.

Isso tanto é verdade que as alíneas do inc. XXVII listam os possíveis eventos que podem ocorrer após a celebração do contrato, bem como as suas eventuais consequências.

É impositivo observar que o dispositivo examinado traz consigo a figura das obrigações de resultado e obrigações de meio. Nas obrigações de resultado, o contratante estabelece a meta que o contratado deve atingir, podendo este último inovar com relação às soluções metodológicas ou tecnológicas. No que concerne às obrigações de meio, inexiste liberdade para o contratado fazer qualquer inovação, devendo seguir a concepção do contratante.[134]

Em razão de tudo que se disse, forçoso é concluir que a equação econômico-financeira do contrato há de ser preservada. Por isso, uma vez rompido o equilíbrio financeiro do contrato, cabível a revisão de preços, devendo o contratado apresentar requerimento demonstrando, pelos devidos documentos, o rompimento do equilíbrio.

É oportuno frisar que o art. 131 da NLLC estabelece que a extinção do contrato não configurará óbice para o reconhecimento do desequilíbrio econômico-financeiro, hipótese em que será concedida indenização por meio de termo indenizatório. Todavia, o seu parágrafo único crava que o pedido de restabelecimento do equilíbrio econômico-financeiro deverá ser formulado durante a vigência do contrato e antes de eventual prorrogação, nos termos do art. 107 dessa lei.

Outra novidade consignada na Nova Lei de Licitações é a possibilidade de formalização do termo aditivo em até 30 dias. Assim estabelece o art. 132 que a formalização do termo aditivo é condição para a execução, pelo contratado, das prestações determinadas pela Administração no curso da execução do contrato, salvo nos casos de justificada necessidade de antecipação de seus efeitos, hipótese em que a formalização deverá ocorrer no prazo máximo de 1 (um) mês.

Desde logo, está claro que todas as vezes que o contrato se tornar oneroso e, portanto, desequilibrado financeiramente, deverá a

---

[134] PIRES, Antonio Cecilio Moreira; PARZIALE, Aniello. *Comentários à nova lei de licitações públicas e contratos administrativos*: Lei 14.133 de 1º de abril de 2021. São Paulo: Almedina, pp. 102 e 103.

Administração, de ofício ou provocadamente, promover a revisão de preços, de modo a restabelecer o binômio serviço x preços na forma originariamente pactuada.

É importante salientar que revisão e reajuste de preços não se confundem. O reajuste é cláusula contratual que, após o decurso de tempo determinado em lei, deverá ser aplicado recompondo as perdas inflacionárias, que ocorrerá por meio de apostilamento,[135] conforme prevê o art. 136 da NLLC. A revisão de preços, diferentemente do reajuste, deverá ser aplicada em face de situações anômalas, conforme o art. 124, inc. II, "d", da Lei nº 14.133/2021, devendo, para tanto, ser celebrado um termo aditivo.

É evidente que tanto o reajuste como a revisão de preços possuem o mesmo fundamento – preservar o equilíbrio econômico-financeiro do contrato –, mas são de naturezas absolutamente distintas. A revisão de preços decorre de alteração do contrato em razão de eventos posteriores que alterem substancialmente o conteúdo ou a extensão das obrigações do contratado. Por isso, inexiste obrigatoriedade de expressa menção da manutenção do equilíbrio econômico-financeiro no instrumento contratual ou mesmo no edital de licitação. Uma vez ocorrido o fato que desequilibrou financeiramente o contrato, cabível será a recomposição dos preços.

Acerca da teoria da imprevisão, é assente na doutrina que no decorrer da execução do contrato administrativo a incidência de eventos imprevisíveis novos, não esperados pelas partes, podem tornar o ajuste impossível de ser executado, exigindo, pois, uma revisão de suas cláusulas, sob pena de ser rescindido.

Na realidade, a teoria da imprevisão é motivo de inexecução contratual, sem culpa do contratado, porque esses eventos atuam como causas justificadoras para a não realização das obrigações.

Segundo Lúcia Valle Figueiredo a teoria da imprevisão foi construída no direito francês, desenvolvida por Francis-Paul Bénoît,

---

[135] Apostilamento é uma alteração contratual cujo teor não produz ou representa uma inovação substancial no contrato administrativo, gerando, por exemplo, nova obrigação, ônus ou direito não previsto anteriormente na avença. Grife-se que o apostilamento não demanda a necessidade de publicação na imprensa oficial competente como condição de eficácia, diferentemente da celebração de um termo aditivo contratual. Na prática, a realização do apostilamento consubstancia-se em uma mera anotação da ocorrência no verso ou à margem do instrumento de contrato constante do processo administrativo.

que concebeu três modalidades: o fato do príncipe, a sujeição a fatos imprevistos e a álea extraordinária.[136]

Hely Lopes Meirelles, por seu turno, concebe as seguintes modalidades para a teoria da imprevisão: força maior, caso fortuito, fato do príncipe, fato da administração, estado de perigo, lesão e interferências imprevistas.

Para nós, e adotando parcialmente a classificação proposta por Hely Lopes Meirelles,[137] nos parece mais acertado dizer que a teoria da imprevisão desdobra-se em:

a) força maior: é todo evento humano que impede a regular execução do contrato. O exemplo clássico da doutrina é uma greve que venha a paralisar o transporte ou a fabricação de determinado produto;

b) caso fortuito: é todo evento da natureza que, em face de sua imprevisibilidade, torna impossível a regular execução do contrato. A exemplo, podemos citar uma inundação que inviabilize a continuidade de uma obra;

c) fato do príncipe: o fato do príncipe se constitui em uma determinação estatal, imprevista e imprevisível, que venha a onerar a execução do contrato. Exemplo típico de fato do príncipe é o plano econômico, a criação ou majoração de tributos,[138] que repercute na cláusula econômico-financeira do contrato;

d) fato da administração: é toda conduta da Administração, seja ela uma ação ou omissão, de forma a retardar ou impedir a execução do contrato administrativo. Em outras palavras, a própria Administração Pública contratante age de modo a inviabilizar a execução do contrato. Como exemplo, temos a não liberação do local destinado à realização de uma obra pública;

e) interferências imprevistas: implicam interferências materiais não cogitadas pelas partes na celebração do ajuste, mas que surgem durante a execução do contrato, dificultando

---

[136] Cf. *Curso de Direito Administrativo*. 8. ed. São Paulo: Malheiros, 2006, p. 537.

[137] Cf. in. *Direito Administrativo brasileiro*. 33. ed. São Paulo: Malheiros, 2007, p. 237 a 239.

[138] "Art. 134. Os preços contratados serão alterados, para mais ou para menos, conforme o caso, se houver, após a data da apresentação da proposta, criação, alteração ou extinção de quaisquer tributos ou encargos legais ou a superveniência de disposições legais, com comprovada repercussão sobre os preços contratados."

ou onerando o prosseguimento dos trabalhos. Exemplo de interferências imprevistas é a hipótese de se encontrar um terreno rochoso originariamente não previsto.

Finalmente, o resumo do competente termo de aditamento contratual que assentar a modificação da cláusula financeira deverá ser devidamente publicado no PNCP, conforme exige o art. 174, §2º, inc. V, da Nova Lei de Licitações.

ARTIGO 36 – VIGÊNCIA DOS CONTRATOS DECORRENTES DA ATA

Vigência dos contratos

Art. 36. A vigência dos contratos decorrentes do sistema de registro de preços será estabelecida no edital ou no aviso de contratação direta, observado o disposto no art. 105 da Lei nº 14.133, de 2021.

O Sistema de Registro de Preços, conforme fixa o art. 78, inc. IV, da Nova Lei de Licitações, se apresenta como um procedimento auxiliar de licitação, cuja procedimentalização é disciplinada pelo decreto em comento.

Da mesma forma como a União disciplinou seus pormenores, é dever dos demais entes administrativos e entidades da Administração direta fixar seus regulamentos, sem prejuízo da adoção do regulamento ora comentado, conforme fixa o art. 187 da Nova Lei de Licitações.[139]

Vislumbra-se, de plano, que as regras ora comentadas relacionam-se exclusivamente com o processamento da licitação do SRP, bem como a gestão das atas de registro de preços, não tratando, por conseguinte, de aspectos contratuais, cujo regime jurídico encontra-se vazado a partir do art. 104 da Nova Lei de Licitações.

Acertadamente, portanto, o dispositivo traz que a vigência dos contratos administrativos ou ajustes equivalentes decorrentes do Sistema de Registro de Preços será estabelecida no edital ou no aviso de contratação direta, devendo ser observado, para tanto, o disposto no art. 105 da Lei nº 14.133/2021.

Poderá a Administração Pública brasileira, por meio das atas processadas na forma fixada a partir do art. 86 da Nova Lei de Licitações, registrar preços para posterior celebração de contratos administrativos com os seguintes objetos: 1. fornecimento de bens não contínuos ou por escopo; 2. fornecimento de bens contínuos; 3. prestação de serviços não

---

[139] "Art. 187. Os Estados, o Distrito Federal e os Municípios poderão aplicar os regulamentos editados pela União para execução desta Lei."

contínuos ou por escopo; 4. prestação de serviços contínuos sem dedicação exclusiva de mão de obra; 5. prestação de serviços contínuos com regime de dedicação exclusiva de mão de obra; 6. execução de serviços de engenharia; e 7. execução de obras.

Explicaremos, um a um:

1 Fornecimento de bens não contínuos ou por escopo

O fornecimento de bens não contínuos ou por escopo caracteriza-se como aquela aquisição realizada pela Administração Pública que ocorre de forma pontual e não recorrente, como a compra de equipamentos de informática, mobiliários, veículos, equipamentos pesados etc. Nesses casos, a entrega é realizada de uma só vez ou parceladamente.

Já esclarecemos em outra obra[140] que os "contratos por escopo" são aqueles ajustes cuja extinção não decorre do exaurimento do prazo de execução de uma obra (TCE/SP – TC-013838/026/91), mas da efetiva conclusão do projeto, na forma das especificações constantes do edital ou, ainda, com a entrega do bem adquirido (TCE/SP – TC-011332/026/13), conforme termo de referência, de modo que o prazo verificado no contrato ou ordem de serviço ou fornecimento é meramente referencial e tem por objetivo determinar um período máximo para que se execute a prestação, cuja ultrapassagem caracteriza a mora do particular. Sendo assim, "Nos contratos de escopo, a vigência contratual somente se encerra com a conclusão do respectivo objeto". (TCE/SP – TC-011332/026/13) Assim ocorre, pois a Administração Pública "busca para seu patrimônio um objeto certo e acabado". (TCE/SP – TC-010130.989.19-7).

Além disso, "neste tipo de contrato, pela sua natureza, ocorrerá sua extinção normal com a conclusão de seu objeto, realizando a conduta específica e definida no objeto do contrato". Então, a fixação do prazo será relevante para que a Administração possa exigir do particular executante um mínimo de eficiência e celeridade necessária para a satisfação do interesse público. (TCU – Acórdão nº 1.689/2003 – Plenário)

É cristalino, portanto, que os contratos por escopo apenas se extinguem pela execução integral do objeto, seja entrega definitiva da obra ou quantitativo total de um bem, de modo que o prazo fixado no

---

[140] PIRES, Antonio Cecílio Moreira; PARZIALE, Aniello. *Comentários à Nova Lei de Licitações Públicas e Contratos Administrativos*: Lei nº 14.133, de 1º de abril de 2021. São Paulo: Almedina. 2022.

contrato ou instrumento equivalente é meramente referencial e tem por objetivo determinar um limite de prazo para que se execute a prestação (haja vista que não se admitem contratos com prazo indeterminado, a teor do art. 57, §3º, da Lei nº 8.666/93).

No entanto, se o prazo estabelecido no edital expirar sem que o fornecimento seja cumprido, o contrato não será encerrado. Nesse cenário, será necessário realizar uma prorrogação por meio de um aditamento, mesmo que posteriormente.

Nesse contexto, aliás, são as lições do mestre administrativista Hely Lopes Meirelles: "Nos contratos que só se extinguem pela conclusão do seu objeto a prorrogação independe de previsão e de licitação, porque, embora ultrapassado o prazo, o contrato continua em execução".[141]

Ainda a esse respeito, acrescentem-se os ensinamentos do mestre Diogenes Gasparini, no seguinte sentido:

> A Administração Pública comumente necessita de obras (pontes, edifícios, estradas), de serviços (pintura de prédios, auditorias, peças jurídicas) e de bens (veículos, alimentos), e para conseguir uns e outros celebra os respectivos contratos com quem, quase sempre um particular, possa atender-lhe. Concluído o objeto pelo contratado e recebido pela Administração Pública, extingue-se o contrato, independente de qualquer formalidade. Com efeito, se o contrato foi celebrado em função do desejado pela Administração e esse desejo foi plenamente satisfeito, não há razão para a continuidade do contrato.
> (…) Assim não será se o objeto do contrato for a execução de uma obra ou fornecimento de bens à Administração Pública contratante. Nesses casos, o contrato restará automaticamente prorrogado se chegou ao seu termo formal sem a conclusão da obra ou sem a entrega de todos os bens. Essa é a inteligência, pois não se contratou uma obra inacabada, nem se promoveu a compra de uns poucos bens, ainda mais quando nada será pago pela conclusão da obra ou pelo fornecimento dos bens faltantes. Nesses casos, em havendo culpa ou dolo do contratado pelo atraso, aplica-se-lhe a devida sanção, observado o indispensável processo legal, e formaliza-se, pelo tempo necessário, a prorrogação que de fato já ocorrera.[142]

---

[141] Cf. *Licitação e Contrato Administrativo*. 14. ed., 2. tir. São Paulo: Malheiros, 2007, p. 227.
[142] Cf. *Direito Administrativo*. 17. ed. São Paulo: Saraiva, 2012, p. 854 e 855.

Nesse sentido também leciona Jessé Torres Pereira Júnior, ao fazer menção à decisão proferida nos autos de processo administrativo instaurado no Tribunal de Justiça do Rio de Janeiro, *in verbis*:

> Assim é, e deve ser, porque os contratos de obras e serviços de engenharia são os chamados 'contratos por escopo', em que a vontade dos contraentes somente estará plenamente atendida se do contrato resulta a consecução do objeto, ou seja, a realização da obra ou do serviço. Nesta espécie contratual – diversamente do que ocorre nos contratos a termo ('por duração') –, o prazo é de índole apenas moratória, podendo ser prorrogado se, no tempo previsto, não houver sido viável a completa realização da obra ou do serviço de engenharia.[143]

Logo, nesse caso, ainda que vencido o prazo referencial previsto, o respectivo ajuste ou instrumento equivalente continua em vigor até a conclusão do objeto e do seu efetivo recebimento definitivo.

O prazo de vigência de um contrato de fornecimento por escopo observará o lapso fixado no edital e ata de registro de preços, devendo, sempre que for o caso, o período ser sempre ampliado caso o quantitativo fixado para entrega seja aumentado, sob pena de caracterização de violação ao princípio da proporcionalidade.

Portanto, o contrato de fornecimento contínuo decorrente da ata de registro de preços, à luz das particularidades acima estampadas, sempre será caracterizado como contrato por escopo, cujo regime jurídico já foi anteriormente apresentado, não sendo o fato de este ser originado de ata que irá retirar tal classificação.

2 Fornecimento de bens contínuos

O fornecimento de bens contínuos é uma espécie de objeto de contratos administrativos em que a entrega dos bens é realizada de forma periódica e contínua para a Administração Pública, dada a necessidade permanente. Exemplos incluem o fornecimento de materiais de limpeza, alimentos, combustíveis, materiais de escritório, água em galão, material de escritório etc.

Esclareça-se que o art. 6, inc. XV, da NLLC, conceitua fornecimentos contínuos como as compras realizadas pela Administração

---

[143] Cf. *Comentários à Lei das Licitações e Contratações da Administração Públic*. 8. ed. Rio de Janeiro: Renovar, 2009, p. 663 e 664.

Pública para a manutenção da atividade administrativa decorrentes de necessidades permanentes ou prolongadas.

No tocante ao regime jurídico de contratos com fornecimento de bens contínuos, tem-se que a Lei nº 14.133/2021 permite a contratação plurianual de fornecimento de objetos de execução continuada, por prazo de até 5 anos, conforme infere-se da leitura do art. 106 da Nova Lei de Licitações. Vejamos: "A Administração poderá celebrar contratos com prazo de até 5 (cinco) anos nas hipóteses de serviços e fornecimentos contínuos (…)".

Demais disso, tem-se o art. 107 da Nova Lei de Licitações normatizando que "os contratos de serviços e fornecimentos contínuos poderão ser prorrogados sucessivamente, respeitada a vigência máxima decenal, desde que haja previsão em edital e que a autoridade competente ateste que as condições e os preços permanecem vantajosos para a Administração, permitida a negociação com o contratado ou a extinção contratual sem ônus para qualquer das partes".

Para que tais contratos possam vigorar por até 10 anos, é dever do administrador público, na fase interna da licitação, motivar adequadamente o processo administrativo no sentido de que o objeto pretenso detém "necessidade permanente ou prolongada" para aquela Administração Pública, haja vista serem necessários para a "manutenção da atividade administrativa" do órgão ou entidade.

Não se deve mais entender como de execução continuada aqueles objetos que são fornecidos diariamente ou continuamente, podendo, desta feita, entender como contínuos bens como entrega apenas em uma ou duas vezes no exercício financeiro. Sobre tal questão, ensina Joel Menezes Niebuhr, *in verbis*:

> Todavia, para qualificar serviço ou fornecimento como contínuo não é necessário que o contratado realize algo em favor do contratante diariamente. Por exemplo, serviços de manutenção de bens móveis ou imóveis são qualificados como contínuos, muito embora não seja pessoal necessitar os préstimos do contratado diariamente. Então a rigor, os serviços ou fornecimentos contínuos são aqueles em que o contratado se põe à disposição da Administração de modo ininterrupto, sem solução de continuidade. Em vista disso, pode-se dizer que, em regra, o serviço são fornecimentos contínuos correspondem à necessidade permanente

da Administração, a algo que ela precisa dispor sempre, ainda que não todos os dias.[144]

Sobre tal questão, também leciona Ricardo Marcondes Martins, *in verbis*:

> A título de exemplo, é evidente que o serviço de limpeza, de manutenção de elevadores e de segurança continuarão sendo necessários. Da mesma forma, o fornecimento de tonner, papel higiênico e papel sulfite. Não são necessariamente 'essenciais' e não exigem necessariamente prestação ou fornecimento diários, mas dizem respeito a necessidades inerentes à própria atividade administrativa, de modo que, enquanto houver a realização da atividade, a contratação continuará sendo necessária[145]

3 Prestação de serviços não contínuos ou por escopo

A prestação de serviços não contínuos ou por escopo é outra espécie de objeto que pode ser executado por meio de contrato administrativo, a exemplo da realização de uma pintura de prédio, reforma de equipamento elétrico, elaboração de estudo etc., em que a execução da atividade é realizada em um período determinado, sendo que o esgotamento do prazo vertido no ajuste não gera extinção automática da avença, como ocorre nos contratos a termo.

Esclareça-se que o art. 6º, inc. XVII, da NLLC, conceitua serviços não contínuos ou contratados por escopo como aqueles que impõem ao contratado o dever de realizar a prestação de um serviço específico em período predeterminado, podendo ser prorrogado, desde que justificadamente, pelo prazo necessário à conclusão do objeto e obras e serviços de engenharia (art. 82, §5º, da NLLC).

Como já apontamos no item nº 1, tem-se que contratos por escopo apenas se extinguem pela execução integral do objeto, de modo que o prazo fixado é meramente referencial e tem por objetivo determinar um limite de prazo para que se execute a prestação. Contudo, ultrapassado esse prazo sem que reste concluída a obrigação, o contrato não

---

[144] Cf. NIEBUHR, Joel de Menezes. *Licitação pública e contrato administrativo*. 5. ed. Belo Horizonte: Fórum, 2022, p. 984.

[145] Cf. Coordenadores DAL POZZO, Augusto Neves; CAMMAROSANO, Marcio; ZOCKUN, Maurício. *Lei de Licitações e Contratos Administrativos Comentada*: Lei 14.133/21. São Paulo: Thomson Reuters Brasil, 2021, p. 547.

se extingue, devendo-se, nesse caso, proceder à prorrogação do ajuste, mediante aditamento, ainda que *a posteriori*.

Dessa maneira, tratando-se, *in casu*, de um contrato por escopo, nos termos supramencionados, não tendo ainda ocorrido a entrega integral do serviço contratado, nem mesmo o seu recebimento definitivo, em princípio, ainda que tenha extrapolado o prazo estabelecido para a sua execução, consequentemente, permaneceria em vigor o respectivo ajuste, podendo perfeitamente ser prorrogado, a fim de concluir o seu escopo do serviço, por meio de competente termo aditivo.

Por derradeiro, conforme já apontamos acima, a classificação "contrato por escopo", cujo regime jurídico foi apresentado no item 1, não é relativizada pelo fato de o contrato administrativo que assenta tal objeto ter sido originado de ata que irá retirar tal classificação.

4 Prestação de serviços contínuos sem dedicação exclusiva de mão de obra

Serviços contínuos é uma espécie de objeto de contrato administrativo em que a Administração Pública necessita da prestação do serviço de forma contínua e regular, como a contratação de serviços, por exemplo, a locação de máquinas pesadas ou veículos sem motorista e com fornecimento de combustível.

O traço que não pode ser observado nesse contrato é a necessidade exclusiva de mão de obra para que o serviço seja prestado, como ocorre em atividades de limpeza e vigilância. Esse tipo de contrato é celebrado por prazo determinado, com a possibilidade de prorrogação, e o contratado é remunerado pela prestação do serviço enquanto este for necessário.

Veja-se que o art. 6, inc. XV, da NLLC conceitua "serviços contínuos" como serviços contratados pela Administração Pública para a manutenção da atividade administrativa, decorrentes de necessidades permanentes ou prolongadas.

Tais ajustes são denominados de "contratos a termo" ou "por duração" ou "de execução continuada". Esses contratos se extinguem em razão do escoamento do prazo de vigência fixado no contrato administrativo, independentemente da conclusão do serviço. Ou seja, a defluência do lapso temporal é critério automático e irreversível de extinção das obrigações contratuais assumidas pelas partes.

Em relação ao prazo de vigência de contratos cujo objeto é a prestação de serviços contínuos sem dedicação exclusiva de mão de obra, tem-se que a Lei nº 14.133/2021 permite a contratação plurianual de fornecimento de objetos de execução continuada por prazo de até 5 anos, conforme infere-se da leitura do art. 106 da Nova Lei de Licitações. Vejamos: "A Administração poderá celebrar contratos com prazo de até 5 (cinco) anos nas hipóteses de serviços e fornecimentos contínuos (…)".

Demais disso, tem-se o art. 107 da Nova Lei de Licitações: "os contratos de serviços e fornecimentos contínuos poderão ser prorrogados sucessivamente, respeitada a vigência máxima decenal, desde que haja previsão em edital e que a autoridade competente ateste que as condições e os preços permanecem vantajosos para a Administração, permitida a negociação com o contratado ou a extinção contratual sem ônus para qualquer das partes".

Para que tais contratos possam vigorar por até 10 anos, é dever do administrador público, na fase interna da licitação, motivar adequadamente[146] no sentido de que o objeto pretenso detém "necessidade permanente ou prolongada" para aquela Administração Pública, haja vista ser necessários para a "manutenção da atividade administrativa" do órgão ou entidade.

5 Prestação de serviços contínuos com regime de dedicação exclusiva de mão de obra

Os serviços contínuos com regime de dedicação exclusiva de mão de obra são aqueles em que a Administração Pública necessita de uma empresa para executar um serviço cuja execução exige dedicação exclusiva de mão de obra, a exemplo da prestação de serviços de limpeza, vigilância, controlador de acesso etc.

O art. 6, inc. XVI, da NLLC, conceitua "contínuos com regime de dedicação exclusiva de mão de obra: aqueles cujo modelo de execução contratual exige, entre outros requisitos, que: a) os empregados do

---

[146] "9.3. dar ciência à Superintendência Regional do Instituto Nacional de Colonização e Reforma Agrária no Estado da Bahia sobre as seguintes desconformidades constatadas no pregão eletrônico para registro de preços (…):9.3.5. previsão de prorrogações contratuais por até sessenta meses sem comprovação de que os serviços a serem contratados teriam natureza continuada para o funcionamento das atividades finalísticas da unidade, de tal modo que sua interrupção pudesse comprometer a prestação de serviço público ou o cumprimento da missão institucional, o que contrariou o art. 57 da Lei 8.666/1993;" (Acórdão nº 10138/2017 – TCU – 2ª Câmara).

contratado fiquem à disposição nas dependências do contratante para a prestação dos serviços; b) o contratado não compartilhe os recursos humanos e materiais disponíveis de uma contratação para execução simultânea de outros contratos; c) o contratado possibilite a fiscalização pelo contratante quanto à distribuição, controle e supervisão dos recursos humanos alocados aos seus contratos;".

No tocante ao prazo de vigência de contratos cujo objeto é a prestação de serviços contínuos sem dedicação exclusiva de mão de obra, dada a necessidade recorrente ou diária, tem-se que a Lei nº 14.133/2021 permite a contratação plurianual de fornecimento de objetos de execução continuada, por prazo de até 5 anos, conforme infere-se da leitura do art. 106 da Nova Lei de Licitações. Vejamos: "A Administração poderá celebrar contratos com prazo de até 5 (cinco) anos nas hipóteses de serviços e fornecimentos contínuos (…)".

Ademais, tem-se o art. 107 da Nova Lei de Licitações: "os contratos de serviços e fornecimentos contínuos poderão ser prorrogados sucessivamente, respeitada a vigência máxima decenal, desde que haja previsão em edital e que a autoridade competente ateste que as condições e os preços permanecem vantajosos para a Administração, permitida a negociação com o contratado ou a extinção contratual sem ônus para qualquer das partes".

Por derradeiro, para que tais contratos possam vigorar por até 10 anos, é dever do administrador público, na fase interna da licitação, motivar adequadamente no sentido de que o objeto pretenso detém "necessidade permanente ou prolongada" para aquela Administração Pública, haja vista serem necessários para a "manutenção da atividade administrativa" do órgão ou entidade.

6 Execução de serviços de engenharia

Os contratos de execução de serviços de engenharia, sendo tipicamente um "contrato por escopo", são utilizados para a realização de projetos e atividades que envolvem conhecimentos técnicos específicos, como a elaboração de projetos de arquitetura e engenharia, serviços de topografia, laudos periciais, georreferenciamento, controle tecnológico e ensaios de materiais (solos, pavimentação, concreto) etc. Nesses casos, a Administração Pública contrata um profissional ou uma empresa especializada para a realização da atividade, sendo remunerada pela execução do serviço.

Esclareça-se que o art. 82, §5º, da Nova Lei de Licitações, autoriza o registro de preços de serviços de engenharia, devendo ser observados, para tanto, os requisitos cujo teor reproduzimos, *in verbis*: "§5º O sistema de registro de preços poderá ser usado para a contratação de bens e serviços, inclusive de obras e serviços de engenharia, observadas as seguintes condições: I – realização prévia de ampla pesquisa de mercado; II – seleção de acordo com os procedimentos previstos em regulamento; III – desenvolvimento obrigatório de rotina de controle; IV – atualização periódica dos preços registrados; V – definição do período de validade do registro de preços; e VI – inclusão, em ata de registro de preços, do licitante que aceitar cotar os bens ou serviços em preços iguais aos do licitante vencedor na sequência de classificação da licitação e inclusão do licitante que mantiver sua proposta original".

Esclareça-se que o prazo de vigência de um contrato cujo objeto seja um serviço de engenharia registrado em SRP deverá ser previsto, motivadamente, nos atos administrativos que antecedem a convocação do detentor da ata de registros de preços, a ser fixado ante as particularidades que se pretende executar, à luz da situação concreta.

Tem-se que o contrato de serviços de engenharia decorrente de uma ata de registro de preços caracteriza-se com contrato por escopo, cujo regime jurídico já foi acima apresentado, não sendo o fato de este ser originado de ata que irá retirar tal classificação.

7   Execução de obras

Execução de obras é outra espécie de objeto que pode estar assentado em um contrato administrativo, sendo utilizada para a construção de prédios públicos, estradas, pontes e outras obras de infraestrutura. Esse tipo de contrato envolve um alto investimento e geralmente é celebrado por prazo determinado, com pagamentos parcelados de acordo com o andamento da obra.

Esclareça-se que o art. 82, §5º, da Nova Lei de Licitações, autoriza o registro de preços de obras, devendo, para tanto, ser observados os requisitos lá fixados.

Exemplos de obras que poderiam ter seus preços registrados, temos a manutenção preventiva, corretiva, reparações, adaptações, requalificações de prédios públicos, realização de serviços de tapa-buraco etc.

O prazo de vigência de um contrato cujo objeto seja uma obra registrada em SRP deverá ser previsto, motivadamente, nos atos administrativos que antecedem a convocação do detentor da ata de registros de preços, a ser fixado ante as particularidades que se pretende executar à luz da situação concreta. Tem-se que o contrato decorrente de registro de preços caracteriza-se com contrato por escopo, cujo regime jurídico já foi apresentado, não sendo o fato de este ser originado de ata que irá retirar tal classificação.

Definições e conceitos
- **Conceito de "obra" proposto por Hely Lopes Meirelles:** "(...) Em sentido administrativo, obra é somente construção, reforma ou ampliação em imóvel. Construção é a obra originária". (2000, p. 351 e 352).
- **Definição de "obra". Anexo da Resolução nº 21/12, do Conselho de Arquitetura e Urbanismo do Brasil:** "Obra – resultado da execução ou operacionalização de projeto ou planejamento elaborado visando à consecução de determinados objetivos".
- **Definição de "obra" proposta pelo IBRAOP – Instituto Brasileiro de Auditoria de Obras Públicas na Orientação Técnica – IBR 002/2009:** "Obra de engenharia é a ação de construir, reformar, fabricar, recuperar ou ampliar um bem, na qual seja necessária a utilização de conhecimentos técnicos específicos envolvendo a participação de profissionais habilitados conforme o disposto na Lei Federal nº 5.194/66".
- **Conceito de "construção" proposto por Hely Lopes Meirelles:** "Construção, como realização material, é toda obra executada, intencionalmente, pelo homem; edificação é a obra destinada a habitação, trabalho, culto, ensino ou recreação. Nas edificações distingue-se ainda, o edifício das edículas: edifício é a obra principal; edículas são as obras complementares (garagem, dependências de serviços etc.)" (2000, p. 353).
- **Definição de "construção" proposta pelo IBRAOP na Orientação Técnica – IBR 002/2009:** "Construir: consiste no ato de executar ou edificar uma obra nova".
- **Definição de "reforma" proposta por Hely Lopes Meirelles:** "(...) reforma é melhoramento na construção, sem aumento de área ou capacidade; ampliação é alteração da construção, com aumento de área ou capacidade. Essas realizações em imóveis são consideradas obras e não serviços" (2000, p. 352).

- **Definição de "reforma" proposta pelo CONFEA:** Decisão Normativa CONFEA nº 83, de 26 de setembro de 2008, art. 2º, inc. II, "e": reforma: conjunto de técnicas pelo qual se estabelece uma nova forma e condições de uso, sem compromisso com valores históricos, estéticos, formais, arquitetônicos, técnicos etc., ressalvados os aspectos técnicos e físicos de habitabilidade das obras que norteiam determinada ação, não se aplicando, portanto, ao escopo desta decisão normativa.
- **Definição de "reforma" proposta pelo IBRAOP na Orientação Técnica – IBR 002/2009:** "Reformar: consiste em alterar as características de partes de uma obra ou de seu todo, desde que mantendo as características de volume ou área sem acréscimos e a função de sua utilização atual".
- **Definição de "Reforma de edificação" proposta pelo CAU. Anexo da Resolução nº 51/13, do Conselho de Arquitetura e Urbanismo do Brasil:** "Reforma de edificação: renovação ou aperfeiçoamento, em parte ou no todo, dos elementos de uma edificação, a serem executados em obediência às diretrizes e especificações constantes do projeto arquitetônico de reforma".
- **Definição de "fabricação" proposta pelo IBRAOP na Orientação Técnica – IBR 002/2009:** "Fabricar: produzir ou transformar bens de consumo ou de produção através de processos industriais ou de manufatura."
- **Definição de "recuperação" proposta pelo IBRAOP na Orientação Técnica – IBR 002/2009:** "Recuperar: tem o sentido de restaurar, de fazer com que a obra retome suas características anteriores abrangendo um conjunto de serviços".
- **Definição de "ampliação" proposta pelo IBRAOP na Orientação Técnica – IBR 002/2009:** "Ampliar: produzir aumento na área construída de uma edificação ou de quaisquer dimensões de uma obra que já exista".
- **Definição. Fornecimento de passagens aéreas enquadra-se no conceito de serviço, e não compra:** AGU – Orientação Normativa nº 8, de 01.04.2009 – "O fornecimento de passagens aéreas e terrestres enquadra-se no conceito de serviço previsto no inc. II do art. 6º da Lei nº 8.666, de 1993" (*Diário Oficial da União* – Seção 1 – 07.04.2009, p. 13).

- **Definição. Inexistência de definição de "serviço de engenharia" na Lei nº 8.666/93:** Acórdão nº 946/2007 – Plenário – trecho do relatório do Ministro Relator Raimundo Carreiro – "79. Mesmo que a lei 8.666/93 não defina serviços de engenharia, é inegável que fizeram parte dos contratos em questão. Na parte de 'Requisitos Gerais', relativo ao fornecimento do Compensador Estático para a SE Sinop (fls. 159/201 – Anexo 8), constam os itens '7. Serviços de Engenharia' e '8. Estudos de engenharia'. Dentro do primeiro, determina-se que estão inclusos no fornecimento o projeto básico (estudo para definir valores nominais dos componentes, características de tensão e corrente, desempenho harmônico, comportamento durante falhas, coordenação de isolamentos, cálculo de perdas), projetos civil, eletromecânico, serviços auxiliares e de estruturas. Dentro do item 8, determina-se que o contratado deverá realizar estudos de desempenho dinâmico, desempenho de harmônicos e sobretensões transitórias".
- **Definição de "serviço de engenharia" proposta pelo IBRAOP na Orientação Técnica – IBR 002/2009:** "Serviço de Engenharia é toda a atividade que necessite da participação e acompanhamento de profissional habilitado conforme o disposto na Lei Federal nº 5.194/66, tais como: consertar, instalar, montar, operar, conservar, reparar, adaptar, manter, transportar, ou ainda, demolir. Incluem-se nesta definição as atividades profissionais referentes aos serviços técnicos profissionais especializados de projetos e planejamentos, estudos técnicos, pareceres, perícias, avaliações, assessorias, consultorias, auditorias, fiscalização, supervisão ou gerenciamento".
- **Definição. Diferença entre "obra" e "serviço de engenharia":** Confira a lição proposta por Ivan Barbosa Rigolin e Marco Túlio Bottino no *Manual Prático de Licitações*, 6º ed., São Paulo: Saraiva, 2006, p. 136.
- **Definição. "Serviço de engenharia". Definição proposta pelo Tribunal de Contas da União**: TCU – Decisão nº 314/1994 – 2ª Câmara – Relatoria: Ministro Homero Santos – "1.2.9. adotar como definição do conceito de serviço de engenharia toda a atividade cuja execução exija, por determinação do CREA ou CONFEA, a supervisão de firma ou profissional de engenharia".

- **Definição. Diferenças entre "obras" e "serviços de engenharia". Dificuldade em realizar essa distinção:** Acórdão nº 2.935/2003 – 1ª Câmara – Relatório do Ministro Relator Lincoln Magalhães da Rocha – "12. O referido decreto-lei apresenta definições de 'obra' e 'serviço': Art. 5º Para os fins deste decreto-lei, considera-se: I – Obra – toda construção, reforma ou ampliação, realizada por execução direta ou indireta; II – Serviço – toda atividade realizada direta ou indiretamente, tais como demolição, fabricação, conserto, instalação, montagem, operação, conservação, reparação, manutenção, transporte, comunicação ou trabalhos técnicos profissionais; 13. Da leitura do texto percebe-se que, em alguns casos, a distinção entre obra e serviço é tênue, sendo difícil a identificação das suas diferenças, pois tanto obra como serviço podem requerer uma atividade. 14. No entanto, a doutrina aponta critérios para se estabelecer uma diferenciação. O saudoso Hely Lopes Meirelles ('in' Licitação e Contrato Administrativo, Ed. Revista dos Tribunais, 1991, 10ª ed., p. 51) afirmou: 'o que caracteriza o serviço e o distingue da obra é a predominância da atividade sobre o material empregado'. Em entendimento similar, José Cretella Júnior (in 'Das Licitações Públicas', Ed. Forense, 1996, 10ª ed., p. 63) ensina que: 'a obra pública é o corpus; o serviço realizado é o animus.'"
- **Definição. "Manutenção", para fins do Estatuto Federal Licitatório é considerado serviço:** TCU – Acórdão nº 1.323/2008 – 2ª Câmara – Trecho do voto do Ministro Relator Raimundo Carreiro – "5. A segunda razão está em que a licitação não se dirigiu à contratação de obras de engenharia, mas sim à 'Contratação de empresa para execução de serviços de manutenção preventiva, corretiva e extra-manutenção do Sistema Civil do Aeroporto Internacional de Viracopos/Campinas', consoante descrição do objeto da Concorrência nº 004/CNSP/SBKP/2001 (vol. 1, fl. 288), que, como assevera a Infraero (vol. 1, fl. 269), vincula-se ao TC nº 018/SBKP/KPAF/2001. Verifica-se, assim, que o objeto da contratação não se enquadra na definição de obra constante no art. 6º, inciso I, da Lei nº 8.666/93, qual seja: 'toda construção, reforma, fabricação, recuperação ou ampliação, realizada por execução direta ou indireta', uma vez que a finalidade da contratação em debate

foi a manutenção, em diversas modalidades, do sistema civil do Aeroporto de Viracopos".
- **Definição de "demolição" proposta pelo IBRAOP na Orientação Técnica – IBR 002/2009:** "Demolir: ato de por abaixo, desmanchar, destruir ou desfazer obra ou suas partes"..
- **Definição de "conserto" proposta pelo IBRAOP na Orientação Técnica – IBR 002/2009:** "Consertar: colocar em bom estado de uso ou funcionamento o objeto danificado; corrigir defeito ou falha".
- **Definição de "instalação" proposta pelo CAU. Anexo da Resolução nº 21/12, do Conselho de Arquitetura e Urbanismo do Brasil**: "Instalação – atividade de dispor ou conectar adequadamente um conjunto de dispositivos necessários a uma determinada obra ou serviço técnico, em conformidade com instruções e normas legais pertinentes".
- **Definição de "instalação" proposta pelo IBRAOP na Orientação Técnica – IBR 002/2009:** "Instalar: atividade de colocar ou dispor convenientemente peças, equipamentos, acessórios ou sistemas, em determinada obra ou serviço".
- **Definição de "montagem" proposta pelo CAU. Anexo da Resolução nº 21/12, do Conselho de Arquitetura e Urbanismo do Brasil**: "Montagem – operação que consiste na reunião de componentes, peças, partes ou produtos, que resulte em dispositivo, produto ou unidade autônoma que venha a tornar-se operacional, preenchendo a sua função".
- **Definição de "montagem" proposta pelo IBRAOP na Orientação Técnica – IBR 002/2009:** "Montar: arranjar ou dispor ordenadamente peças ou mecanismos, de modo a compor um todo a funcionar. Se a montagem for do todo, deve ser considerada fabricação".
- **Definição de "operação" proposta pelo CAU. Anexo da Resolução nº 21/12, do Conselho de Arquitetura e Urbanismo do Brasil:** "Operação – atividade que implica em fazer funcionar ou em acompanhar o funcionamento de instalações, equipamentos ou mecanismos para produzir determinados efeitos ou produtos".
- **Definição de "operação" proposta pelo IBRAOP na Orientação Técnica – IBR 002/2009:** "Operar: fazer funcionar

obras, equipamentos ou mecanismos para produzir certos efeitos ou produtos".
- **Definição de "conservação" proposta pelo CAU. Anexo da Resolução nº 21/12, do Conselho de Arquitetura e Urbanismo do Brasil**: "Conservação – atividade que consiste num conjunto de práticas, baseadas em medidas preventivas e de manutenção continuada, que visam à utilização de recursos naturais, construtivos, tecnológicos etc., de modo a permitir que estes se preservem ou se renovem".
- **Definição de "conservação" proposta pelo CAU. Anexo da Resolução nº 51/13, do Conselho de Arquitetura e Urbanismo do Brasil:** "Conservação: atividade que consiste num conjunto de práticas, baseadas em medidas preventivas e de manutenção continuada, que visam à utilização de recursos naturais, construtivos e tecnológicos, de modo a permitir que estes se preservem ou se renovem".
- **Definição de "conservação" proposta pelo IBRAOP na Orientação Técnica – IBR 002/2009:** "Conservar: conjunto de operações visando preservar ou manter em bom estado, fazer durar, guardar adequadamente, permanecer ou continuar nas condições de conforto e segurança previsto no projeto. ".
- **Definição de "reparação" proposta pelo CONFEA:** Decisão Normativa CONFEA nº 83, de 26 de setembro de 2008, art. 2º, inc. II – "2. reparação: ato de caráter excepcional do conjunto de operações destinado a corrigir anomalias existentes para manutenção da integridade estrutural da edificação".
- **Definição de "reparação" proposta pelo IBRAOP na Orientação Técnica – IBR 002/2009:** "Reparar: fazer que a peça, ou parte dela, retome suas características anteriores. Nas edificações define-se como um serviço em partes da mesma, diferenciando-se de recuperar".
- **Definição de "adaptação" proposta pelo IBRAOP na Orientação Técnica – IBR 002/2009:** "Adaptar: transformar instalação, equipamento ou dispositivo para uso diferente daquele originalmente proposto. Quando se tratar de alterar visando adaptar obras, este conceito será designado de reforma".
- **Definição de "manutenção" proposta pelo CONFEA:** Decisão Normativa CONFEA nº 83, de 26 de setembro de 2008, art. 2º,

inc. II – "1. manutenção: ato contínuo do conjunto de operações destinado a manter em bom funcionamento a edificação como um todo ou cada uma de suas partes constituintes, por meio de inspeções de rotina, limpeza, aplicação de novas pinturas, reparos nas instalações elétrica e hidráulica, etc.".
- **Definição de "manutenção" proposta pelo CAU. Anexo da Resolução nº 21/12, do Conselho de Arquitetura e Urbanismo do Brasil**: "Manutenção – atividade que consiste em conservar espaços edificados e urbanos, estruturas, instalações e equipamentos em bom estado de conservação e operação".
- **Definição de "manutenção" proposta pelo IBRAOP na Orientação Técnica – IBR 002/2009:** "Manter: preservar aparelhos, máquinas, equipamentos e obras em bom estado de operação, assegurando sua plena funcionalidade".
- **Definição de "transporte" proposta pelo IBRAOP na Orientação Técnica – IBR 002/2009:** "Transportar: conduzir de um ponto a outro cargas cujas condições de manuseio ou segurança obriguem a adoção de técnicas ou conhecimentos de engenharia".
- **Definição de "reparo" proposta pelo CAU. Anexo da Resolução nº 21/12, do Conselho de Arquitetura e Urbanismo do Brasil:** "Reparo – atividade que consiste em recuperar ou consertar obra, equipamento ou instalação avariada, mantendo suas características originais", recuperar ou consertar obra, equipamento ou instalação avariada, mantendo suas características originais".

ARTIGO 37 – CONSEQUÊNCIAS PARA O USO INDEVIDO DE ACESSO

> CAPÍTULO X
> DISPOSIÇÕES FINAIS
>
> Orientações gerais
>
> Art. 37. Os dirigentes e os agentes públicos que utilizarem o SRP digital responderão administrativa, civil e penalmente, na forma prevista na legislação aplicável, por ato ou fato que caracterize o uso indevido de senhas de acesso ou que transgrida as normas de segurança instituídas.
> Parágrafo único. Os órgãos e as entidades assegurarão o sigilo e a integridade dos dados e das informações do SRP digital e os protegerão contra danos e utilizações indevidas ou desautorizadas.

Dispositivo regulamentar importante e essencial é o art. 37, que ora se comenta, cujo teor alerta acerca da possibilidade de ocorrência de responsabilização dos agentes públicos envolvidos em todos os estágios do processamento e gestão do Sistema de Registro de Preços.

Veja-se que a possibilidade de responsabilização, além do servidor ou empregado público, seja efetivo ou comissionado, recairá também ao dirigente do órgão ou entidade, seja gerenciador, seja participante, seja aderente.

Assim, é oportuno frisar, haja vista que comandos que geram incursão em comportamentos tipificados como ilícitos civis, administrativos ou penais, podem ser praticados tanto por dirigentes como por servidores ou empregados públicos.

Sendo assim, por exemplo, praticando o servidor público um comportamento que não observe as normas legais e regulamentares atinentes ao sistema de contratações públicas, não guarde sigilo sobre assunto da repartição ou mantenha conduta incompatível com a moralidade administrativa, poderá contra si ter desencadeado um processo administrativo disciplinar, em face da incursão no comportamento tipificado nos incs. III, VIII e IX da Lei nº 8.112/90. Da mesma forma, caso o dirigente ou agentes públicos, vale dizer, servidores ou empregados públicos, efetivos ou comissionados, venham dolosamente frustrar a licitude de processo licitatório ou de processo seletivo para celebração de parcerias com entidades sem fins lucrativos, ou dispensá-los indevidamente, acarretando perda patrimonial efetiva, responderão civilmente no âmbito de uma ação civil pública por ato de improbidade administrativa, em razão da incursão no comportamento tipificado no art. 11, inc. V, da Lei de Improbidade Administrativa. E, por derradeiro, admitir, possibilitar ou dar causa a qualquer modificação ou vantagem, inclusive prorrogação contratual, em favor do contratado, durante a execução dos contratos celebrados com a Administração Pública, sem autorização em lei, no edital da licitação ou nos respectivos instrumentos contratuais, ou, ainda, pagar fatura com preterição da ordem cronológica de sua exigibilidade, responderá o dirigente ou agente público criminalmente, em razão da incursão no comportamento tipificado no art. 337-H do Código Penal brasileiro.

Ademais, o dispositivo em comento fixa os contornos punitivos quando ocorre a caracterização de uso indevido de senhas de acesso ou que se transgrida as normas de segurança instituídas. É importante ressaltar que tal redação regulamentar reflete o atual ambiente de contratações públicas federais, que se encontra totalmente informatizado. Todavia, para as Administrações que ainda manejam processos administrativos físicos, independentemente de previsão em regulamento, tem-se que as responsabilizações acima delineadas aplicam-se independentemente do suporte que o comando transgressor da lei venha a ocorrer.

Releva dizer, ainda, que, no âmbito das contratações públicas federais, deve o dirigente ou agente público proteger a sua senha, de modo que os atos praticados nos limites da autorização concedida pelos administradores sejam de efetivo conhecimento da pessoa que recebeu a atribuição para atuar administrativamente em ambiente eletrônico, uma vez que a divulgação ou entrega da mesma para terceiros pode gerar problemas de toda sorte.

Por derradeiro, o parágrafo único do artigo em comento estabelece que os órgãos e as entidades assegurarão o sigilo e a integridade dos dados e das informações do SRP digital e os protegerão contra danos e utilizações indevidas ou desautorizadas. Logo, deve a Administração insistentemente atuar para que não ocorram utilizações indevidas ou desautorizadas, sob pena de iniciar-se mais um novo ciclo de "apagão de canetas", ou melhor, de "geração de senhas", em que ocorrerá relutância e resistência de agentes públicos ao serem designados para atuar como agentes de contratações.

ARTIGO 38 – REGRA DE TRANSIÇÃO

> Regra de transição
>
> Art. 38. Os processos licitatórios e as contratações autuados e instruídos com a opção expressa de ter como fundamento a Lei nº 8.666, de 21 de junho de 1993, a Lei nº 10.520, de 17 de julho de 2002, ou a Lei nº 12.462, de 4 de agosto de 2011, além do Decreto nº 7.892, de 23 de janeiro de 2013, serão por eles regidos, desde que:
> I – a publicação do edital ou do ato autorizativo da contratação direta ocorra até 29 de dezembro de 2023; e
> II – a opção escolhida seja expressamente indicada no edital ou no ato autorizativo da contratação direta.
> §1º Os contratos, ou instrumentos equivalentes, e as atas de registro de preços firmados em decorrência do disposto no caput serão regidos, durante toda a sua vigência, pela norma que fundamentou a sua contratação.
> §2º As atas de registro de preços regidas pelo Decreto nº 7.892, de 2013, durante suas vigências, poderão ser utilizadas por qualquer órgão ou entidade da Administração Pública federal, municipal, distrital ou estadual que não tenha participado do certame licitatório, mediante anuência do órgão gerenciador, observados os limites previstos no referido Decreto.

As últimas semanas que precederam o início do mês de abril de 2023 foram bem irrequietas e afligentes, haja vista assentarem os últimos dias de vigência da Lei nº 8.666/1993, da Lei nº 10.520/2002 e dos arts. 1º a 47-A da Lei nº 12.462/2011.

Essa circunstância ocorreu em razão do disposto no art. 191, que assentava em redação original o seguinte teor: "Art. 191. Até o decurso do prazo de que trata o inciso II do caput do art. 193, a Administração poderá optar por licitar ou contratar diretamente de acordo com esta Lei ou de acordo com as leis citadas no referido inciso, e a opção escolhida deverá ser indicada expressamente no edital ou no aviso ou instrumento de contratação direta, vedada a aplicação combinada desta Lei com as citadas no referido inciso".

A redação do dispositivo, em um primeiro momento, gerou atuação administrativa exacerbada relacionada às contratações públicas até 31 de março de 2023, dadas as interpretações e determinações impostas pelas Administrações Públicas brasileiras. Por exemplo, a Portaria SEGES/ME nº 720, de 15 de março de 2023, exigia que os editais de licitações com a "opção de licitar" pela legislação revogada fossem inseridos no competente sistema até 28 de março de 2023, às 16h, e que a publicação ocorresse até 1º de abril de 2024. Dezenas de regulamentos com conteúdo idêntico ou assemelhado foram publicados por todo o Brasil. Logo, foi grande a corrida para garantir o processamento de licitação com arrimo na legislação que seria extinta.

Nesse período, foi publicado o Parecer nº 00006/2023/CNLCA/CGU/AGU,[147] cujo teor fixou o entendimento no sentido de que o gestor competente detém a atribuição para optar ainda na fase interna do processo licitatório por licitar ou contratar diretamente de acordo com

---

[147] "EMENTA: LEI 14.133/2021. REVOGAÇÃO DOS REGIMES LICITATÓRIOS (LEI Nº 8.666/93, LEI Nº 10.520/02 E ARTS. 1º A 47-A DA LEI Nº 12.462/11). MARCO TEMPORAL A SER UTILIZADO PARA A APLICAÇÃO DOS REGIMES LICITATÓRIOS QUE SERÃO REVOGADOS. DEMAIS ASPECTOS. EXEGESE DO ART. 191, PARÁGRAFO ÚNICO, DA LEI Nº 14.133/21.

I – A expressão legal "opção por licitar ou contratar", para fins de definição do ato jurídico estabelecido como referência para aplicação da ultratividade da legislação anterior, deve ser a manifestação pela autoridade competente, ainda na fase preparatória, que opte expressamente pela aplicação do regime licitatório anterior (Lei nº 8.666/93, Lei nº 10.520/2002 e Lei nº 12.462/2011).

II – Desde que respeitada a regra do artigo 191, que exige a "opção por licitar" de acordo com o regime anterior, ainda no período de convivência normativa, a Ata de Registro de Preços gerada pela respectiva licitação continuará válida durante toda a sua vigência, que pode alcançar o prazo máximo de 12 meses, sendo possível firmar as contratações decorrentes desta ARP, mesmo após a revogação da Lei nº 8.666/93, da Lei nº 10.520/2002 e da Lei nº 14.262/2011

III – Uma vez que a Lei nº 14.133/2021 firmou a ultratividade de aplicação do regime contratual da Lei nº 8.666/93 aos contratos firmados antes de sua entrada em vigor (art. 190 da NLLCA) ou decorrentes de processos cuja opção de licitar ou contratar sob o regime licitatório anterior seja feita ainda durante o período de convivência normativa (art. 191 da NLLCA), as regras de alteração dos contratos administrativos previstas nesta legislação anterior, mesmo após a sua revogação, poderão ser aplicadas no respectivo contrato durante toda a sua vigência.

IV – Os contratos sob o regime jurídico da Lei nº 8.666/93, que tenham sido firmados antes da entrada em vigor da Lei nº 14.133/2021 (art. 190 da NLLCA) ou decorrentes de processos cuja opção de licitar ou contratar sob o regime licitatório anterior tenha sido feita ainda durante o período de convivência normativa (art. 191 da NLLCA), terão seu regime de vigência definido pela Lei nº 8.666/93, aplicação que envolve não apenas os prazos de vigência ordinariamente definidos, mas também suas prorrogações, em sentido estrito ou em sentido amplo (renovação)."

a Lei nº 14.133/2021 ou com as leis que serão revogadas até 31 de março de 2023, podendo o edital, o aviso ou ato de autorização/ratificação da contratação direta ser publicado posteriormente. Tal entendimento foi acompanhado posteriormente pelo TCU.[148]

Ocorreu, ainda, que nos últimos dias que precederam o dia 1º de abril de 2023, a tradicional Marcha para Prefeitos, que reuniu mais de 10 mil pessoas,[149] encaminhou seus pleitos ao Presidente da República, haja vista a repartição de competências federais e repasse de recursos federais ao Município. Um de seus pedidos, nesse sentido, foi a prorrogação da vigência da Lei nº 8.666/1993, da Lei nº 10.520/2002 e dos arts. 1º a 47-A da Lei nº 12.462/2011. Tal pleito foi atendido prontamente pelo Governo Federal, sendo editada em 31 de março de 2023 a Medida Provisória nº 1.167, postergando a vigência das três leis suprarreferidas até 30 de dezembro de 2023. Posteriormente, foi editada a Lei Complementar nº 198/2023.

Nesse mesmo dia 31 de março de 2023, de modo a compatibilizar os regulamentos federais ao novo cenário transitório da Nova Lei de Licitações, o Governo Federal, muito diligente e eficiente, de modo a garantir segurança jurídica, atualizou o texto ora comentado para tornar as regras do SRP compatíveis com o novo cenário legislativo surgido em razão da medida provisória apontada.

Sendo assim, fixou o *caput* do art. 38 do regulamento comentado que os processos licitatórios e as contratações autuadas e instruídas com a opção expressa de ter como fundamento a Lei nº 8.666/93, a Lei nº 10.520/2002, ou a Lei nº 12.462/2011, ou seja, disciplinadas pelo Decreto nº 7.892/2013, serão regidos pelas referidas leis e regulamento, desde que ocorra a publicação do edital (em caso de licitação para o SRP) ou que o ato autorizativo da contratação direta ocorra até 29 de dezembro

---

[148] "9.2. firmar o entendimento, com base no art. 16, inciso V, do Regimento Interno deste Tribunal, de que: 9.2.1. os processos licitatórios e os de contratação direta nos quais houve a "opção por licitar ou contratar" pelo regime antigo (Lei 8.666/1993, Lei 10.520/2002 e arts. 1º a 47-A da Lei 12.462/2011) até a data de 31/3/2023 poderão ter seus procedimentos continuados com fulcro na legislação pretérita, desde que a publicação do Edital seja materializada até 31/12/2023; 9.2.2. os processos que não se enquadrarem nas diretrizes estabelecidas no subitem anterior deverão observar com exclusividade os comandos contidos na Lei 14.133/21; 9.2.3. a expressão legal "opção por licitar ou contratar" contempla a manifestação pela autoridade competente que opte expressamente pela aplicação do regime licitatório anterior (Lei nº 8.666/1993, Lei nº 10.520/2002 e Lei nº 12.462/2011), ainda na fase interna, em processo administrativo já instaurado." TCU – Acórdão 507/2023 Plenário (Representação, Relator Ministro Augusto Nardes).

[149] Disponível em: https://www.gov.br/secom/pt-br/assuntos/noticias/2023/03/marcha-dos-prefeitos-reune-mais-de-10-mil-pessoas-em-brasilia.

de 2023 e a opção escolhida seja expressamente indicada no edital ou no ato autorizativo da contratação direta.

Ou seja, para que o certame seja regular, deverá ocorrer, na fase interna do certame, a manifestação expressa optando pelo processamento do certame com arrimo na legislação a ser revogada e, por conseguinte, no edital ou ato autorizativo de contratação direta até 29.12.2023. Após essa data, somente serão admitidos processamentos de certames exclusivamente com arrimo na Nova Lei de Licitações.

De modo a afastar qualquer tipo de dúvida, fixa o §1º que os contratos, os instrumentos equivalentes, e as atas de registro de preços firmados em decorrência do disposto no *caput* do regulamento serão regidos, durante toda a sua vigência, pela norma que fundamentou a sua contratação. Logo, a ata de registro de preços, durante a sua vigência, deverá observar o contido na legislação a ser revogada, vale dizer, Lei nº 8.666/1993, Lei nº 10.520/2002, ou Lei nº 12.462/2011, não podendo ser utilizadas as novas regras previstas na Nova Lei de Licitações, bem como as regras previstas nesse decreto em tais compromissos. Por exemplo, não poderá a ata de registro de preços celebrada com arrimo na Lei nº 8.666/1993 ter seu prazo de vigência prorrogado por dois anos etc.

Outrossim, os contratos decorrentes da ata de registro de preços durante a sua vigência deverão observar o contido na legislação a ser revogada, vale dizer, a Lei nº 8.666/1993, a Lei nº 10.520/2002, ou a Lei nº 12.462/2011, não podendo ser utilizadas as novas regras previstas na Nova Lei de Licitações atinentes à gestão dos contratos administrativos.

No tocante ao §2º do artigo do regulamento, observa-se a possibilidade das atas processadas pelo Decreto nº 7.892/2013, durante a sua vigência, serem utilizadas por qualquer órgão ou entidade da Administração Pública federal, municipal, distrital ou estadual que não tenha participado do certame licitatório, mediante anuência do órgão gerenciador, observados os limites previstos no referido decreto.

Sobre tal questão é importante realizar alguns recortes atinentes à possibilidade de utilização da ata pelo órgão ou entidade "participante" e órgão ou entidade "aderente", principalmente após a pretensão de contratar o objeto registrado após 29 de dezembro de 2023, considerando-se o texto original da medida provisória, convertida em lei.

No tocante ao acionamento da ata de registro de preços por órgão ou entidade "participante", tendo em vista que tais unidades administrativas participaram na fase interna da licitação apresentando seu quantitativo, entende-se adequado expedir autorização de fornecimento, nota de empenho ou convocar o particular para celebrar contrato após 29 de dezembro de 2023, mesmo sendo a ata processada pela legislação revogada.

Já em relação à adesão à ata de registro de preços até 29 de dezembro de 2023, manifestamos nossa concordância em relação a tal possibilidade, haja vista que os atos preliminares de adesão foram produzidos, ainda, em momento que coexistem dois regimes.

Por sua vez, no tocante à realização de "carona", a partir de 29 de dezembro de 2023, manifestamos pela sua impossibilidade, pois os atos preliminares que desencadeiam o processo sancionatório já não mais detêm lastro em regime jurídico válido na oportunidade. Ademais, tem-se que o art. 191 da Nova Lei de Licitações trata apenas da possibilidade de optar por licitar ou contratar diretamente e não aderir à ata de registro de preços. Melhor esclarecendo, como desencadear um processo observando as regras da 14.133/21 para aderir a uma ata registrada com arrimo em um uma legislação revogada.

Demais disso, tem-se que a figura de "adesão" a uma ata de registro de preços, expressamente prevista no art. 86, §2º, da Nova Lei de Licitações, e em regulamentos de SRP editados em todo o país, enquadra-se como uma "exceção", haja vista que a regra fixada no art. 37, inc. XXI, da Constituição Federal de 1988, que concretiza o "princípio da licitação", exige a necessidade de instauração de certame para fins de contratação de fornecimento de bem, prestação de serviço ou execução de uma obra.

Melhor esclarecendo tal circunstância, ressalva Jorge Ulisses Jacoby Fernandes quando trata de afastamento da licitação para realização de uma contratação direta, aplicado plenamente ao caso concreto, *in verbis*:

> De qualquer modo, como as normas que versam sobre dispensa de licitação abrem exceção à regra da obrigatoriedade da licitação, recomenda a hermenêutica que a interpretação seja sempre restritiva, não comportando ampliação.[150]

Para que inexistam dúvidas, tem-se que tal excepcionalidade, como outras fixadas na legislação licitatória, caracteriza-se como "Direito

---

[150] Cf. *Contratação direta sem licitação*: dispensa de licitação; inexigibilidade de licitação: comentários às modalidades de licitação, inclusive o pregão. 7. ed. Belo Horizonte: Fórum, 2008, p. 489.

Excepcional". Melhor esclarecendo, tal direito são os ensinamentos do professor Carlos Maximiliano, *in verbis*:

> 270 – Em regra, as normas jurídicas aplicam-se aos casos que, embora não designados pela expressão literal do texto, se acham no mesmo virtualmente compreendidos, por se enquadrarem no espírito das disposições: baseia-se neste postulado a exegese extensiva. Quando se dá o contrário, isto é, quando a letra de um artigo de repositório parece adaptar-se a uma hipótese determinada, porém se verifica estar em desacordo com o espírito do referido preceito legal, não se coadunar com o fim, nem com os motivos do mesmo, presume-se tratar-se de um fato da esfera do Direito Excepcional, interpretável de modo estrito.[151]

Tanto é assim que o art. 86, §2º, inc. I, da Lei nº 14.133/2021 exige que a realização de "adesão" à ata de registro de preços de um órgão ou entidade na condição de "não participante" tenha a apresentação de uma justificativa superveniente que fundamente tal pretensão.

Nesse sentido, Marçal Justen Filho entende que, "deve se presumir que a necessidade de aderir supervenientemente a uma ata de registro de preço decorre ou da falha de planejamento ou de evento superveniente que gerou a necessidade não prevista originalmente página".[152]

Observa-se, assim, que a Administração deve manifestar exímio cuidado quando maneja a viabilização de contratar com particular na condição de não participante, vale dizer, "carona", sob pena de reprovação.

Deixando claro que a adesão à ata registro de preços, denominada comumente de "carona", refere-se a um expediente de exceção, e nos parece ser extremamente temerário interpretar ampliativamente tal assunto, de modo a sustentar a possibilidade de realização da adesão de uma ata de registro de preços após 30 de dezembro de 2023, convertida em lei, em razão dos efeitos da Medida Provisória nº 1.167, haja vista a possibilidade de esta pretensão ser objeto de reprovação pelos órgãos de controle e condenações de toda sorte.

Assim ocorre, pois a partir desse marco temporal todo o sistema de contratações públicas anterior estará plenamente revogado, e buscar "adesão" de uma ata a partir deste momento poderá caracterizar perante

---

[151] Cf. *Hermenêutica e aplicação do Direito*. 9. ed. Rio de Janeiro: Forense, p. 224.
[152] Cf. *Comentários à Lei de Licitações e Contratações Administrativas:* Lei 14.133/21. São Paulo: Thomson Reuters Brasil, p. 1181.

os órgãos de controle flagrante falta de planejamento administrativo, o que gerará reprovações de toda sorte, podendo tais implicações legais recaírem sobre o particular contratado.

Diferentemente será o caso de um órgão ou entidade "participante" do SRP que se encontra vinculada ao processo licitatório e ata, haja vista que o seu quantitativo pretenso encontra-se contemplado no objeto demandado. Logo, neste último caso, poderia a Administração participante do SRP acionar a ata de registro de preços para que o fornecimento ocorra a partir das referidas datas.

Não obstante a explanação, observe-se a regra de transição disposta no Decreto nº 11.462/2023, que regulamenta os arts. 82 a 86 da Lei nº 14.133/2021, que trata do Sistema de Registro de Preços, a saber: "§2º As atas de registro de preços regidas pelo Decreto nº 7.892, de 2013, durante suas vigências, poderão ser utilizadas por qualquer órgão ou entidade da Administração Pública federal, municipal, distrital ou estadual que não tenha participado do certame licitatório, mediante anuência do órgão gerenciador, observados os limites previstos no referido Decreto".

Pela leitura do dispositivo destacado, poderia ser sustentada a possibilidade da ocorrência da adesão de ata de registro de preços. Todavia, neste momento, e de modo a evitar reprovações de órgãos de controle, que inclusive pode repercutir sobre o fornecedor, mantemos a nossa opinião acima explanada.

Sobre a questão da adesão à ata de registro de preços com fundamento na Lei nº 8.666/93 após 30 de dezembro de 2023, é essencial apontar o entendimento de Ronny Charles sobre a questão, *in verbis*:

> A continuidade da aplicação da ata de registro de preços, pela aplicação da regra de ultratividade, já havia sido defendida pela Advocacia-Geral da União, através do Parecer 00006/2022/CNLCA/CGU/AGU. Contudo, enquanto relator da referida manifestação, embora tenhamos defendido a ultratividade do regime anterior para as Atas de Registros de Preços firmados com base nele, durante o período de convivência normativa, permitindo sua utilização para ulteriores contratações, não abordamos explicitamente a possibilidade de adesão para órgãos não participantes, após o período de convivência normativa.
>
> A não alusão explícita à possibilidade de adesão derivou do fato de antevermos uma peculiaridade entre o uso da Ata de Registro de Preços (ARP) pelos órgãos gerenciador e participantes, em relação ao uso para adesão à ARP, por órgão não participante.

Para o gerenciador e participante, que integraram o processo de licitação que gerou a ARP, a "opção" por adotar o regime anterior (antigo) para as futuras contratações decorrentes da Ata foi necessariamente definida durante o período de convivência normativa, o que garante a aplicação da regra de ultratividade do artigo 191 da Lei nº 14.133/2021.

Já em relação à adesão, é possível que mesmo o início do processo para atendimento da demanda administrativa ocorra meses após a publicação da Ata, inclusive depois do fim do período de convivência normativa, quando não mais caberia a opção por licitar ou contratar de acordo com o regime anterior (antigo).

O Decreto federal nº 11.462/2023, ao regulamentar o Sistema de Registro de Preços no âmbito federal, expressamente admitiu a adesão a tais instrumentos auxiliares ainda regidos pelo Decreto federal nº 7.892/2013, durante suas vigências (das Atas). Nesta senda, o § 2º de seu artigo 38 estabeleceu que as atas de registro de preços regidas pelo Decreto nº 7.892, de 2013, durante suas vigências, poderão ser utilizadas por qualquer órgão ou entidade da Administração Pública federal, municipal, distrital ou estadual que não tenha participado do certame licitatório, mediante anuência do órgão gerenciador, observados os limites previstos no referido Decreto.

Em sentido diverso, o Plenário do Tribunal de Contas do Estado do Espírito Santo emitiu opinião definindo que se o pedido de adesão do "carona" e a respectiva concessão pelo órgão responsável pela ata de registro de preços forem realizados dentro do período temporal estabelecido pelas regras de transição da Nova Lei de Licitações, até 29/12/2023 (convivência normativa), os contratos decorrentes seguirão a mesma legislação prevista na ata, desde que pactuados durante a sua vigência, ainda que formalizados após a referida data limite (TCE/ES. Parecer em Consulta 00016/2023-1 – Plenário. Processo: 00879/2023-4). Como se vê, o TCE/ES restringiu em 2024 a possibilidade de utilização pelos órgãos não participantes, para atas regidas pelo regime anterior.

Pois bem: se, por um lado, é defensável a tese de que a continuidade da validade da ARP traria necessariamente como consequência a possibilidade de adesão, como definido pelo regulamento federal, por outro lado, importante ponderar que a adesão se equipara a uma forma anômala de contratação direta, cujo processo pode se iniciar meses depois a publicação da ata de registro de preços.

Sendo a decisão de realizar a contratação de acordo com regime das leis antigas, ainda no prazo de convivência normativa (condição definida pelo legislador, em seu artigo 191, para preservar a ultratividade do regime anterior), parece legítimo que tal decisão, ocorrida ainda em 2023, justifique posterior adesão, mesmo que ela apenas se conclua em 2024.

Contudo, seria legítimo admitir que um processo de contratação iniciado apenas em junho de 2024, portanto sob a égide exclusiva da Lei nº 14.133/2021, chegasse em julho ou agosto de 2024 à decisão de adesão a uma Ata de Registro de Preços lastreada na Lei nº 8.666/93? Necessário perceber que a "opção" pela contratação com base no regime antigo seria totalmente extemporânea ao período de convivência normativa, que durou apenas até o fim de dezembro de 2023, não se justificando a aplicação da regra de ultratividade normativa, ao menos não nos termos do artigo 191 da Lei nº 14.133/2021.

Em tese, conforme entendimento que defendemos em congressos e eventos durante todo o ano de 2023, novas demandas que surjam em 2024, após a revogação da legislação antiga, deveriam se submeter à legislação nova, inclusive em relação ao planejamento da contratação e em relação à regra que veda hibridismo entre o regime novo e as legislações antigas, o que impediria a adesão a atas lastreadas no regime antigo. Assim, embora sejam claramente legítimas as adesões cujo procedimento tenha se iniciado com a devida opção pela adoção do regime antigo, ainda no período de convivência normativa, é questionável a defesa da ultratividade normativa para novas demandas surgidas após a revogação da Lei nº 8.666/93, da Lei nº 10.520/2002 e da Lei do RDC, quando não mais seria admitida tal opção, pelo regime definido no artigo 191 da Lei nº 14.133/2021.

Nada obstante, até que seja apresentada alguma restrição por parte dos órgãos de controle ou mesmo mudança do regulamento federal, convém ponderar que o Decreto federal nº 11.462/2023 admitiu, sem qualquer restrição, a adesão a atas de registro de preços regidas pelo Decreto nº 7.892, de 2013, durante suas vigências, mesmo durante o ano de 2024.[153]

Vale a pena também colacionar o entendimento do Professor Leonardo Mota Meira, *in verbis*:

> Outra situação, no entanto, entendemos não ser possível a utilização da ata de registro de preços por órgão não participantes, mesmo com a permissão do Decreto nº 11.462/2023. Que seria a situação na qual a opção pela adesão ocorra após 29.12.2023, exatamente, com fundamento na própria regra para adesão e no art. 191, da Lei nº 14.133/2021. Explicamos:

---

[153] Tópico baseado em trecho do livro *Leis de Licitações Públicas Comentadas* (TORRES, Ronny Charles Lopes de. *Leis de licitações públicas comentadas*. 15. ed. São Paulo: Juspodivm, 2024 – No prelo). Disponível em: https://www.portaldecompraspublicas.com.br/blog/a-utilizacao-das-atas-de-registros-de-precos-baseadas-nas-leis-8-666-93-10-520-2002-e-rdc-apos-suas-revogacoes-217. Acesso em: 27 fev. 2024.

Como já nos posicionamos, para ser realizada a adesão, o órgão não participante deverá discutir, na fase de planejamento, se aquela solução registrada é a que lhe atende e, uma vez, concluindo que sim, a autoridade competente emitirá posicionamento definindo que a opção escolhida foi a adesão à referida ata de registro de preços, regida, no nosso exemplo, pelo Decreto nº 7.892/2013, que regulamento o SRP da Lei nº 8.666/93. Mas, vejam: o art. 191, da Lei nº 14.133/2021 determina que opção pela escolha da legislação a ser seguida deverá ocorrer até 29.12.2023, enquanto vigente, ainda, a Lei nº 8.666/93. Após essa data, não existe mais opção em contratar pela legislação antiga, se o órgão não estava integrando o processo licitatório e já havia sido lançado o edital até 29.12.2023.

Como já comentamos, não existe órgão "carona" antes da existência da ata e, logicamente, não há como haver um planejamento desse órgão discutindo uma adesão de uma ata inexistente.

Nesse sentido, então, não há possibilidade de, por exemplo, em janeiro de 2024, após ser realizado o Estudo Técnico Preliminar para se discutir a necessidade e as soluções possíveis, se optar por aderir a uma ata regida pelo Decreto nº 7.892/2013, cuja licitação foi fundamentada na Lei nº 8.666/93 ou, no caso de pregão, pela Lei nº 10.520/02.

Entendemos que, mesmo o Decreto nº 11.462/2023 permitindo a utilização, durante sua vigência, das atas de registro de preços regidas pelo Decreto nº 7.892/2013 por órgão não participantes do processo licitatório inicial, não tem como esse órgão optar por seguir as regras dessa licitação após 29.12.2023, simplesmente, porque essa é a regra clara do art. 191, da Lei nº 14.133/2021.

Não há como optar por utilizar a legislação antiga após 29.12.2023.

Referida interpretação é extensiva à situação, por exemplo, da licitação ser publicada até 29.12.2023, ocorrendo em janeiro de 2024, com a ata assinada em fevereiro de 2024, mesmo que pela legislação antiga, pela mesma razão: como o órgão não participante não está presente no processo licitatório inicial, não há como aplicar a regra do parágrafo único do art. 191 e não há como ele optar antes de 29.12.2023.

CONCLUSÃO

Observamos, então, que, de acordo com a situação construída no processo licitatório inicial, a possibilidade de adesão a atas de registro de preços regidas pelos Decreto nº 7.892/2013, mesmo com a permissão do Decreto nº 11.462/2023, deverá observar o caso concreto específico.

Não há, entendemos, como padronizar a utilização, para qualquer situação, dessa ata de registro de preços, por um órgão não participante, visto que temos as regras de limitação de prazo de opção constantes no art. 191, da Lei nº 14.133/2021, em conjunto com o prazo determinado pelo art. 193.

Nesse sentido, é fundamental que os órgãos que vislumbram, sempre, que a adesão à ata de registro de preços será sempre a melhor solução, sem demandar estudo necessário acerca da viabilidade da adesão, o façam e optem até 29.12.2023. Após essa data, entendemos não ser possível optar por utilizar, como órgão não participante, de atas regidas pelo Decreto nº 7.892/2013.[154]

---

[154] Disponível em: https://ronnycharles.com.br/utilizacao-das-ata-de-registro-de-precos-regidas-pelo-decreto-no-7-892-2013-apos-29-12-2023/. Acesso em: 26 fev. 2024.

ARTIGO 39 – COMPETÊNCIA DO SECRETÁRIO DE GESTÃO E INOVAÇÃO DO MINISTÉRIO DA GESTÃO E DA INOVAÇÃO EM SERVIÇOS PÚBLICOS

Art. 39. O Secretário de Gestão e Inovação do Ministério da Gestão e da Inovação em Serviços Públicos poderá editar normas complementares necessárias à execução do disposto neste Decreto.

De modo a evitar a expedição de novos decretos federais, o que assoberba a Secretaria Especial para Assuntos Jurídicos do Palácio do Planalto, o Presidente da República, por meio do art. 39 do regulamento estudado, delegou ao Secretário de Gestão e Inovação do Ministério da Gestão e da Inovação em Serviços Públicos a competência regulamentar complementar, permitindo que tal agente político venha a editar normas suplementares necessárias à execução do disposto no regulamento que ora se comenta.

ARTIGO 40 – REVOGAÇÕES

> Revogações
>
> Art. 40. Ficam revogados em 30 de dezembro de 2023:
> I – o Decreto nº 7.892, de 2013;
> II – o Decreto nº 8.250, de 23 de maio de 2014; e
> III – o art. 1º do Decreto nº 9.488, de 30 de agosto de 2018.

Estabelece o art. 40 do regulamento federal em estudo que ficam revogados em 30 de dezembro de 2023, o Decreto nº 7.892, de 2013, o Decreto nº 8.250, de 23 de maio de 2014, bem como apenas o art. 1º do Decreto nº 9.488, de 30 de agosto de 2018.

Analisando tal redação regulamentar, observa-se que o Presidente da República, da mesma forma que fixou na Medida Provisória nº 1.167/2023,[155] garantiu um novo lapso para a Administração Federal ainda utilizar o Decreto nº 7.982/13 a ser num futuro próximo devidamente extinto. Logo, afigura-se necessário que as instruções contidas nesses regulamentos estejam vigentes enquanto perdurar a vigência das leis que a NLLC vem substituir.

---

[155] "O presidente Luiz Inácio Lula da Silva editou uma medida provisória (MP) 1.167/2023 que prorroga até 30 de dezembro a validade de três leis sobre compras públicas: a antiga Lei de Licitações (Lei 8.666, de 1993), o Regime Diferenciado de Compras – RDC (Lei 12.462, de 2011) e a Lei do Pregão (Lei 10.520, de 2002). A matéria foi publicada na sexta-feira (31) em edição extra do *Diário Oficial da União*.
Com a prorrogação, órgãos e entidades da administração pública federal, estadual ou municipal podem publicar editais nos formatos antigos de contratação até o dia 29 de dezembro de 2023. A opção escolhida deve estar expressamente indicada no edital.
A MP altera a nova Lei de Licitações e Contratos Administrativos (Lei 14.133, de 2021), que unifica toda a legislação sobre o assunto e deveria ter entrado em vigor no dia 1º de abril. A norma deu prazo de dois anos para os gestores públicos se adaptarem às novas regras. A prorrogação do prazo foi um pleito dos prefeitos que estiveram reunidos durante a 24ª Marcha a Brasília em Defesa dos Municípios, realizada em março. De acordo com levantamento da Confederação Nacional de Municípios (CNM), 60% das cidades não conseguiram cumprir o prazo de adequação à nova lei, que exige treinamento de pessoal, mudança em rotinas administrativas e investimentos em tecnologia." (Disponível em: https://www12.senado.leg.br/noticias/noticias/materias/2023/04/03/medida-provisoria-prorroga-prazo-de-adequacao-a-nova-lei-de-licitacoes).

Tanto o Decreto nº 9.488/2018 quanto o Decreto nº 8.250/2014 empreendem modificações no Decreto nº 7.892, de 23 de janeiro de 2013, que regulamenta o Sistema de Registro de Preços previsto no art. 15 da Lei nº 8.666, de 21 de junho de 1993.

A revogação desses decretos, dessa forma, afasta qualquer tipo de entendimento no sentido de eventualmente apontar residual vigência de um regulamento de contratação, que, até que venha nova decisão em sentido contrário, será efetivamente extinto em 30 de dezembro de 2023.

Haja vista a coexistência de regimes, iniciar o processo administrativo utilizando-se da legislação que perderá a vigência em breve poderá afastar a utilização das novidades e benesses contidas no novo regulamento em estudo.

Logo, ressalta-se que as novas ferramentas disponíveis de processamento do certame e gestão de atas somente poderão ser utilizadas para os certames cujo preenchimento no sistema optou pela condução pela Lei nº 14.133/2021.

ARTIGO 41 – VIGÊNCIA

> Vigência
>
> Art. 41. Este Decreto entra em vigor em 31 de março de 2023. Brasília, 31 de março de 2023; 202º da Independência e 135º da República.
>
> LUIZ INÁCIO LULA DA SILVA
> Esther Dweck
> Este texto não substitui o publicado no DOU de 31.3.2023 – Edição extra

Fixa o regulamento, no art. 41, que o seu teor entra em vigor em 31 de março de 2023, ou seja, na data de sua publicação, inexistindo, assim, *vacatio legis*.

Entende-se como adequada tal decisão do Presidente da República, haja vista ser esse o último regulamento mais importante para efetivamente permitir que a União utilize o Sistema de Registro de Preços com todos os benefícios previstos na Lei nº 14.133/2021.

Sendo assim, a partir dessa data, poderão os atos preparatórios de futuros certames já preverem todos os mecanismos ou instrumentos, os quais, nos parece, farão a Administração Pública efetivamente implementar o princípio da eficiência administrativa no âmbito das contratações públicas.

Haja vista a possibilidade de coexistência de regimes de contratação pública, customizados e individualizados nos competentes sistemas, recomenda-se atenção quando da escolha das regras, sejam as constantes da Lei nº 8.666/93, sejam as da Lei nº 14.133/2021, nas ferramentas eletrônicas, pois a eleição realizada recairá seus efeitos, inclusive, na gestão dos contratos administrativos ou instrumentos equivalentes decorrentes da ata de registro de preços.

REFERÊNCIAS

BANDEIRA DE MELLO, Celso Antônio. *Curso de direito administrativo*. 27. ed. rev. atual. até a EC 64, de 04.03.2010. São Paulo: Malheiros, 2010.

CARVALHO FILHO, José dos Santos. *Manual de direito administrativo*. 30. ed. rev., atual. e ampl. São Paulo: Atlas, 2016.

DAL POZZO, Augusto Neves; CAMMAROSANO, Márcio; ZOCKUN, Maurício. *Lei de licitações e contratos administrativos comentada*: Lei 14.133/21. São Paulo: Revista dos Tribunais; Thomson Reuters Brasil, 2021.

FERNANDES. Jorge Ulisses Jacoby. *Sistema de Registro de Preços e Pregão*. 2. ed. Belo Horizonte: Fórum, 2008.

FERNANDES. Jorge Ulisses Jacoby. *Vade-Mécum de Licitações e Contratos*. 2. ed. Belo Horizonte: Fórum, 2005.

FERRAZ, Sérgio; DALLARI, Adilson Abreu. *Processo Administrativo*. 3. ed. São Paulo: Malheiros, 2012.

FIGUEIREDO, Lúcia Valle. *Curso de Direito Administrativo*. 8. ed. São Paulo: Malheiros, 2006.

FORTINI, Cristiana (coord.). *Registro de Preços*: análise crítica do Decreto Federal nº 7.892/13, com as alterações posteriores. 3. ed. rev., ampl. e atual. Belo Horizonte: Fórum, 2020.

GASPARINI, Diogenes. *Direito Administrativo*. 13. ed. São Paulo: Saraiva, 2008.

GUIMARÃES, Edgar. Instrumentos auxiliares das licitações e contratos administrativos. *In:* DI PIETRO, Maria Sylvia Zanella (coord.). *Licitações e contratos administrativos*: inovações da Lei 13.133/2021. 1. ed. Rio de Janeiro: Forense, 2021.

GUIMARÃES, Edgar; NIEBUHR, Joel de Menezes. *Registro de preços:* práticos e jurídicos. Belo Horizonte: Fórum, 2008.

JUSTEN FILHO, Marçal. *Comentários ao RDC*. São Paulo: Dialética, 2013.

JUSTEN FILHO, Marçal. *Comentários à lei de Licitações e Contratos Administrativos*. 12. ed. São Paulo: Dialética, 2008.

MEIRELLES, Hely Lopes. *Direito Administrativo Brasileiro*. 33. ed. São Paulo: Malheiros, 2007.

NIEBUHR, Joel de Menezes. *Licitação pública e contrato administrativo*. 5. ed. Belo Horizonte: Fórum, 2022.

NOHARA, Irene Patrícia. *Direito antônimo*. 5. ed. atual. e rev. São Paulo: Atlas, 2015.

PARZIALE, Aniello. *Sanções no* âmbito das contratações das estatais: regime jurídico, segurança jurídica e aspectos relevantes, no prelo.

PARZIALE, Aniello. *As sanções nas contratações públicas*: as infrações, as penalidades e o processo administrativo sancionador. Belo Horizonte: Fórum, 2021.

PIRES, Antonio Cecilio Moreira; PARZIALE, Aniello. *Comentários à nova lei de licitações públicas e contratos administrativos:* Lei 14.133 de 1º de abril de 2021. São Paulo: Almedina.

TORRES, Ronny Charles Lopes de. *Prorrogação da ata e renovação dos quantitativos fixados na licitação*. Disponível em: https://ronnycharles.com.br/prorrogacao-da-ata-e-renovacao-dos-quantitativos-fixados-na-licitacao/. Acesso em: 1º jun. 2023.

ÍNDICE REMISSIVO

A

Acréscimo de quantitativo de ata de registro de preços. Vedação – p. 187
Acréscimo quantitativo do contrato decorrente da ata de registro de preços – p. 266
Adequação do termo de referência e projetos – Atribuição do órgão gerenciador – p. 72
Adaptação – Definição – p. 292
Adesão à ata de registro de preços – p. 237
   Limites da adesão – p. 247
   Prazo para a realização da adesão – p. 242
   Vedação à adesão – p. 253
Adjudicação por itens – p. 129
Adjudicação por lotes – p. 107
Adoção do SRP – p. 35
Alimento perecível – p. 58
Alteração da forma de pagamento – p. 269
Alteração dos contratos decorrentes da ata – p. 263
Alteração qualitativa do objeto decorrente da ata – p. 264
Alteração quantitativa do objeto decorrente da ata – p. 266
Alteração bilateral do objeto decorrente da ata – p. 267
Alteração do regime de execução – p. 268
Alteração ou atualização de preços registrados – p. 191
Amostra – p. 146
Ampliação – Definição – p. 288
Aplicação de sanções – Atribuições do órgão gerenciador – p. 82
Aplicação de sanções – Atribuições do órgão participante – p. 94
Assinatura da ata de registro de preços – p. 163
Atualização do preço registrado – p. 209
Auxiliar tecnicamente o órgão gerenciador – Atribuições do órgão participante – p. 92

C

Cadastro reserva de fornecedores – p. 157
Cancelamento da ata – p. 215
Cancelamento da nota de empenho – p. 261
Cancelamento do registro do fornecedor – p. 215
Cancelamento dos preços registrados – p. 225
Cancelamento de item da ata – p. 132
Caso fortuito – p. 194, 228, 230
Compra nacional – p. 31
Compra centralizada – p. 32, 39, 75, 234
Compromisso da ata de registro de preços – p. 171
Conduzir as negociações para alteração ou atualização da ata – Atribuições do órgão gerenciador – p. 79
Conservação – Definição – p. 292
Construção – Definição – p. 287
Confirmação de aceitação da demanda dos participantes – Atribuições do órgão gerenciador – p. 70
Consolidação de demandas – Atribuições do órgão gerenciador – p. 72

Contrato por escopo – p. 203
Convocação dos licitantes remanescentes para assinatura da ata – p. 131, 166, 160, 167, 169 e 213
Convocação dos licitantes que compõem o cadastro de reserva – p. 168
Critérios de julgamento – menor preço ou de maior desconto – p. 107 e 111
Cotação de preços diferentes pelo proponente – p. 123

D
Decisão judicial – Uso do SRP – p. 149
Deliberação quanto a adesão posterior – Atribuições do órgão gerenciador – p. 80
Designação da comissão de contratação – p. 151
Determinação de estimativa – Atribuições do órgão gerenciador – p. 80
Dispensa de Licitação para Registro – p. 149
Disponibilidade orçamentária – p. 153
Divulgação de programa ou projeto federal – Atribuição do órgão gerenciador – p. 75

E
Economia de escala – p. 120, 121, 125
Edital de SRP – p. 117
Entrega do objeto registrado – p. 37, 74, 124, 165, 169, 172
Estimativa do quantitativo do gerenciador – p. 76
Estimativa do quantitativo do participante – p. 72 e 143

F
Fabricação – Definição – p. 288
Fato do príncipe – p. 195
Fatos imprevisíveis – p. 194
Força maior – p. 194
Formação do cadastro reserva – p. 157
Formalização da ata de registro de preços – p. 157

Fornecimento de bens contínuos – p. 280
Fornecimento de bens não contínuos ou por escopo – p. 278

G
Garantia que os atos para participação da ata sejam aprovados pelas autoridades – Atribuição do órgão participante – p. 87
Gerenciamento da ata – Atribuições do órgão gerenciador – p. 189

H
Habilitação dos licitantes para formação do cadastro reserva – p. 160
Hipóteses de cancelamento do registro de fornecedor e de preços – p. 215 e 225
Histórico do sistema de registro de preços – p. 15

I
Inclusão de novos itens – Atribuições do órgão participante – p. 70
Indicação limitada a unidades de contratação – p. 57
Intenção de registro de preços – IRP – p. 99
Inexigibilidade de licitação – p. 149

L
Liberação de compromissos – p. 206

M
Maior desconto – Critério de julgamento – p. 107
Manifestar a sua concordância com o objeto registrado – Atribuição do órgão participante – p. 76
Medicamento – Uso do SRP – p. 152
Menor preço – Critério de julgamento – p. 105
Montagem – Definição – p. 291

N

Negociação para alteração ou atualização dos preços registrados – Atribuições do órgão gerenciador – p. 205

O

Obra – Definição – p. 26
Operação – Definição – p. 291

P

Penalidades – p. 82, 94 e 134
Prazo de vigência da ata – p. 177
Prazo de vigência do contrato decorrente da ata – p. 277
Prestar as informações solicitadas pelo órgão ou pela entidade gerenciadora – Atribuições do órgão participante – p. 96
Prestação de serviços contínuos com dedicação de mão de obra – p. 283
Prestação de serviços de engenharia – p. 24 e 46.
Promoção da instrução processual – Atribuições do órgão gerenciador – p. 140
Prorrogação da ata de registro de preços – p. 178, 179 e 180

Q

Quantidade mínima a ser cotada – p. 122

R

Reajustamento de preços – p. 196, 197 e 198
Realização de pesquisa de mercado – Atribuições do órgão gerenciador – p. 73
Recomposição de preços – p. 209
Reforma – Definição – p. 26
Regras de transição – p. 299

Registro da sua intenção de participar do SRP – Atribuições do órgão participante – p. 86
Renovação dos quantitativos – p. 180
Remanejar de quantitativos da ata – Atribuições do órgão gerenciador – p. 77
Remanejamento das quantidades da ata – Expediente – p. 233
Repactuação de preços – p. 198
Reparo – Definição – p. 293
Reparação – Definição – p. 292

S

Serviços de engenharia – Definição – p. 24 e 25
Solicitação de adesão de ata de registro de preços – p. 237
Substituição da garantia contratual – p. 268

T

Tomar conhecimento da ata e das suas alterações – Atribuição do órgão participante – p. 93
Transporte – Definição – p. 293
Tributos – criação, alteração ou extinção de quaisquer tributos ou encargos legais – p. 195

V

Vedação à participação do órgão ou da entidade em mais de uma ata – p. 130
Vigência da ata de registro de preços – p. 177

Z

Zelar pelos atos relativos ao cumprimento das obrigações assumidas pelo fornecedor – Atribuição do órgão participante – p. 94

Esta obra foi composta em fonte Palatino Linotype, corpo 10
e impressa em papel Offset 75g (miolo) e Supremo 250g (capa)
pela Gráfica Formato.